普通高等院校公共基础课程系列教材

大学生体育与健康

胡德刚 ◎ 主 编

清华大学出版社
北京

内 容 简 介

本书根据中共中央办公厅、国务院办公厅印发的《关于全面加强和改进新时代学校体育工作的意见》，依据《全国普通高等学校体育课程教学指导纲要》《"健康中国 2030"规划纲要》《体育强国建设纲要》等文件编写而成。

本书主要内容包括体育理论知识、田径、足球、篮球、排球、乒乓球、羽毛球、网球、游泳、冰雪、健美操、瑜伽、武术、定向、轮滑等。

本书可作为普通高等院校体育课教材，也可作为体育锻炼参考用书。

图书在版编目（CIP）数据

大学生体育与健康 / 胡德刚主编. -- 北京：清华大学出版社，
2024. 12. --（普通高等院校公共基础课程系列教材）.
ISBN 978-7-302-67801-4

Ⅰ. G807.4；G647.9

中国国家版本馆 CIP 数据核字第 2024P6S262 号

责任编辑：刘士平
封面设计：张鑫洋
责任校对：刘　静
责任印制：丛怀宇

出版发行：清华大学出版社
　　　　网　　址：https://www.tup.com.cn, https://www.wqxuetang.com
　　　　地　　址：北京清华大学学研大厦 A 座　　　　邮　　编：100084
　　　　社 总 机：010-83470000　　　　　　　　　　邮　　购：010-62786544
　　　　投稿与读者服务：010-62776969, c-service@tup.tsinghua.edu.cn
　　　　质量反馈：010-62772015, zhiliang@tup.tsinghua.edu.cn
印 装 者：三河市科茂嘉荣印务有限公司
经　　销：全国新华书店
开　　本：185mm×260mm　　　印　　张：16　　　字　　数：382 千字
版　　次：2024 年 12 月第 1 版　　　　　　　　印　　次：2024 年 12 月第 1 次印刷
定　　价：49.00 元

产品编号：103873-01

本书编写委员会

主　编　胡德刚　北京建筑大学

副主编　郭美娟　北京工业大学
　　　　周惠娟　中华女子学院
　　　　耿　洁　北京科技大学
　　　　胡晓琛　北京语言大学
　　　　顾克娟　中国社会科学院大学

编　委　（按姓氏首字母排序）
　　　　曹玉仙　天津外国语大学附属滨海外国语学校
　　　　迟小鹏　北京外国语大学
　　　　付成霖　北京市丰台区丰台第八小学
　　　　郭兰兰　对外经济贸易大学
　　　　胡雁宾　北京中医药大学
　　　　贾　秦　河北师范大学附属民族学院
　　　　李伟才　北京警察学院
　　　　石　帅　深圳市龙华区新华中学教育集团
　　　　王　佳　北京工业大学
　　　　王　品　北京物资学院
　　　　熊梅汀　中华女子学院
　　　　许启晓　北京工业大学
　　　　张宏宇　北京信息科技大学
　　　　张倩倩　上海交通大学
　　　　张　旋　中国社会科学院大学

前　言

本书根据中共中央办公厅、国务院办公厅印发的《关于全面加强和改进新时代学校体育工作的意见》，依据《全国普通高等学校体育课程教学指导纲要》《"健康中国 2030"规划纲要》《体育强国建设纲要》等文件编写而成。本书在编写时努力贯彻教学改革的有关精神，根据大学生身心发展特点及社会需求，努力体现以下特色。

1. 立足大学教育，突出实用性和指导性

（1）本书编写内容定位科学、合理、准确，力求降低理论知识的难度；将价值塑造、知识传授和能力培养三者融为一体，促进学生德智体美劳全面发展，以适应其终身体育能力发展的需要；以"健康第一"为指导思想，既突出学生对运动技术运用能力的培养，又保证学生掌握必备的基本理论知识，实现"练"有所思，"学"有所悟；贯彻课程建设综合化思想，合理协调基础理论知识与基本技能之间的密切关系，将不同的知识有机联系起来，为学生奠定必要的健身知识与技能基础。

（2）本书内容立足体现为复合型人才培养目标服务，注重"通用性教学内容"与"特殊性教学内容"的协调配置，体现出新编教材对不同地区、不同专业既有"统一性"要求，又有选择上的"灵活性"和"差异性要求"，尽量满足不同层次、不同地区、不同职业的需要。

（3）本书内容通俗易懂，标准新、内容新、方法新。突出实践性和指导性，拉近现场与课堂教学的距离，丰富学生的感性认识。本书邀请了部分中学和小学教师参与编写与审定，确保大、中、小学紧密衔接，聚焦提升学生核心素养。

（4）全书贯通式渗透了奥林匹克精神和中华体育精神，利于在教学实践中落实"立德树人"的根本任务；将体育课程与创新人才培养相结合，培养具有崇高精神追求、高尚人格修养的高素质人才。

2. 以学生为中心，创新编写体例

（1）针对部分教学内容，在书中设置具有直观性和带有感情色彩的引导文、知识链

接、小贴士、图片等，让学习内容表现出通俗性、生动性、实用性和指导性等，以此激发学生对该课程的学习热情和学习兴趣，缩短理论与实际应用之间的差距，构建理论与应用之间的纽带，培养创新能力和自学能力。

（2）设置类型多样的思考题，降低难度，突出针对性和实用性，立足加强学生对知识点的理解和掌握。改变单一的"考学生"的教学观念，树立如何引导、服务和帮助学生掌握知识的新理念。

（3）部分内容可以通过分组教学、课外锻炼、专题讨论等方式开展教学，引导学生积极主动地交流与探讨，营造创新与探讨的开放式教学环境，提高学生的探索兴趣，加深学生对相关知识的理解和应用。

3. 重视学生个性发展需要，渗透探索精神、创新意识、爱国教育等

（1）体现以人为本，面向学生个性发展需要，在部分章节中设置"学练提示"等栏目，创造相互交流的学习氛围，激发学生的学习兴趣，培养学生的分析能力和自学能力。

（2）介绍成熟的新知识、新技能，并面向实际应用，使学生在日常锻炼中能够运用正确的方法。

（3）注重在课程学习和实践教学活动中渗透爱国主义教育、社会公德教育、心理健康教育，激发学生的爱国热情和敬业精神。

本书由北京建筑大学教材建设项目资助出版。

本书在编写过程中参考了大量的文献资料，在此向文献资料的作者致以诚挚的谢意。由于编者水平有限，书中难免有错误和不妥之处，恳请广大读者批评指正。

编　者

2024 年 11 月

CONTENTS
目录

第一章

大学体育概述

作为最早出现的原始教育，体育是人类学习生存技巧和生产劳动的产物，是伴随人类社会历史进程而逐渐发展起来的，对人类的发展起着举足轻重的作用。体育是顶尖的教育形式，体育教育中广泛蕴含着育人因素，对于即将走向社会的大学生而言，了解体育运动的基本知识和内涵，掌握一项终身体育运动技能是非常重要的。

学习目标

1. 认识体育的概念。
2. 了解体育的起源、发展过程及体育对大学生发展的作用。
3. 理解奥林匹克运动及其内涵与价值。

第一节
体育的产生和发展

人类生存和社会发展的需要是体育产生的根源和发展的动力。体育的历史源远流长，它是人类最早的教育形式，在其自身的流变过程中，积淀了丰富的内涵。通过本节的学习，可以更加深入认识体育的概念、产生及发展的历史根源。

一、什么是体育

体育分为广义体育和狭义体育。广义体育又称体育运动，是指以身体练习为主要形式，以增强体质、促进人的发展、丰富社会文化生活和促进精神文明为目的的一种有意识、有组织的社会活动，它是社会大文化的一部分。狭义的体育即身体教育，是一个发展身体，增强体质，传授锻炼身体的知识、技能，培养道德和意志品质的教育过程，是教育的组成部分，是培养全面发展的人的一个重要方面。体育的分类比较复杂，按照活动场所可以分为家庭体育、学校体育、社会体育；按照参与者年龄可以分为婴幼儿体育、青少年体育、中老年体育；按照自身属性可以分为竞技体育、群众体育；按照发展年代可以分为古代体育、近代体育、现代体育。

二、体育的产生

在历史的长河中，体育是伴随着人类社会产生和发展的。在早期原始社会，人类劳动的直接目的是生存，原始人为了生存和保卫自身安全，常与野兽和自然灾害做斗争，还要跋山涉水寻找食物等，如图 1-1 所示。他们通过各种身体活动和使用生产工具培养了多种技能，从而发展了走、跑、跳、投、游泳、格斗等基本活动能力，提高了包含速度、力量、耐力、灵敏度在内的多方面身体素质，并逐步形成了以生存为直接目的的体育文化。所以，原始人在生产劳动和生存竞争中的身体活动是原始体育的最初形态。

图 1-1　原始人捕食

三、体育的发展

体育是伴随人类社会的历史进程发展起来的，从原始体育到当今体育，经历了古代体育、近代体育、现代体育三个时期。

1. 古代体育

原始社会的瓦解是随着私有制的出现开始的，自从人类进入奴隶社会，人类社会生活中逐渐出现了教育、文化、艺术、宗教、军事等复杂的社会现象，人的身体活动与这些社会现象相结合，体育就随之发展起来。

在古希腊，斯巴达人为了保护家园不得不战斗，把男士培养成强壮的武士，以战争为直接目的的体育锻炼便开始盛行。到雅典时期，体育开始由贵族统治，年轻人不仅被培养成军人，还被培养成多才多艺、能言善辩、善于商业的政治家和商人，人们在各方面得到了发展。古希腊人信奉神灵，在祭祀活动中，带有宗教色彩的竞技运动受到人们喜爱。角力、赛跑、拳击、格斗、射箭等体育活动逐渐兴起，并在全希腊规模的体育竞技赛会和宗教性祭祀的集会上进行比赛和表演，这也是古代奥运会的雏形。

公元前148年，罗马人击败了希腊人，体育重新以战争为目的，但古罗马的体育充斥着血腥和暴力，贵族们把角斗士与动物的厮杀作为娱乐项目观看。中世纪的大部分时期，罗马的天主教会接受了农民的球赛，成为现在很多球类运动的发源时期。在早期古罗马角斗士的基础上，中世纪骑士比武非常盛行，中世纪后期出现了骑士学校，许多军事体育的内容经过改造成为18世纪学校体育课的活动内容。

我国古代体育发源很早，公元前2500年，就先后创造了蹴鞠、摔跤、射箭、武术、投壶等体育项目。周朝时出现"六艺"教育，即礼、乐、射、御、书、数，其中便包含身体训练。秦朝到宋朝又先后出现达摩祖师创立的"十八罗汉手"、百戏、五禽戏等。

2. 近代体育

文艺复兴表面上看是古希腊、罗马文化的复兴，实质上是新兴资产阶级反封建、反宗教统治的新文化运动。文艺复兴提倡资产阶级人性，提倡个性自由，人文主义思潮推动了教育的发展，身体运动首先进入学校，成为培养人的重要内容。人文主义者将竞争精神列为受教育者应具备的首要品格，认为人由身心组成，人的发展应该包括身体发展，理想的完整教育应该包括体育在内，而不只是进行心灵训练，从此肌肉强健、发达的身体重新成为人们欣赏的对象。

启蒙运动是一场声势浩大的思想运动，自由、平等、博爱，成为体育人文价值观的基准。启蒙运动提倡普及文化教育运动，启蒙思想家大力宣扬知识的作用，为德、智、体全面发展的教育思想的确立提供了思想依据。

3. 现代体育

18—19世纪，现代西方体育随着现代教育思想和现代教育而形成。到了19世纪末，学校体育经过科学化、课程化的改造，确立了自己独特的文化形态，进而重新进入社会文化生活。21世纪，无论是发展中国家还是发达国家，都在寻求保存各自生活方式和发展民族文化对策。作为民族文化重要组成部分的体育文化，是人类社会发展到一定阶段的产物，在为社会经济、政治、文化建设服务的同时，获得自身发展。现代体育的社会功能已经大大超过增强人民体质的范围，总之，社会不能没有体育，未来社会更加需要体育。

第二节
体育对大学生发展的作用

人类的进步史也是一部人类对体育认识的发展史。体育作为社会文化的重要组成部分，作为提高人类素质的重要途径，对促进人的全面发展有着积极重大的意义。

一、体育的功能

（一）健身功能

"强身健体"是体育的本质功能。体育运动可以促进青少年骨骼、肌肉和大脑的生长发育，提高其观察力、记忆力、想象力和思维能力。体育锻炼还能提高人体心血管系统、呼吸系统的机能水平，调适和保持心理健康。

（二）教育功能

1. 学校体育的教育功能

学校体育是学校教育的重要组成部分。学校体育向学生传授了体育文化、科学锻炼知识，提高了学生对体育的欣赏能力和文化素养。同时，学校体育还使学生掌握了基本运动技能，如田径、体操、球类等，发展了学生身体素质，使学生感受到了克服困难、积极进取、团结协作、公平竞争等情感，锻炼了学生的意志品质，为其将来担任社会角色和适应社会生活、工作打下良好基础。

2. 社会体育的教育功能

体育具有竞技性、群聚性、国际性、礼仪性等特点，在激发爱国情感、振奋民族精神、培养社会公德等方面有着积极的教育作用。在体育比赛中，参赛选手与同伴、对手和观众之间的情感交流，可以激起其强烈的荣誉感、责任心、集体观念和奋发向上的进取精神；在体育运动中，每一个参与者都要遵守运动规则，这种习惯和意识延伸到社会生活，就会使其遵纪守法，遵守社会规范，懂得合理竞争等。

（三）娱乐功能

顾拜旦曾这样感慨："啊！体育，你就是乐趣！想起你，内心充满欢喜，血液循环加剧，思路更加清晰。你可以使忧伤的人散心解闷，你可以使快乐的人生活更加甜蜜！"

在现代生活中，随着科学化、机械自动化生产方式的进步，人们的劳动强度逐渐降低，空闲时间逐渐增多，因此余暇体育、户外运动、娱乐体育、健身活动得到发展，成为现代人业余生活和娱乐的重要部分，也成为人与人相互交流的重要途径。

（四）经济功能

体育运动的发展为社会创造了无限的商机。早在 2000 年，全球体育产业的总产值就高达 4 000 亿美元。澳大利亚、加拿大、日本、英国、德国、法国和意大利等发达国家的体育产业，总产值约占国内生产总值（GDP）的 1% ～ 1.5%。随着体育运动在中国的不断发展，中国的体育产业也已经成为新的经济增长点。所以，体育产业从某种意义上讲，推动了经济的发展。

（五）政治功能

在古代社会，体育多被用于战争，同样也被用于"神圣休战"。在现代社会，体育在政治上的作用多用于外交服务、展示民族地位和威望、促进民族团结。体育可以改善和促进国家之间的关系，如中国的"乒乓外交"，促使中美关系正常化。体育竞赛可以提高国家地位和威望，振奋民族精神，创造安全的社会环境，如 2008 年的北京奥林匹克运动会使我国被世界更多的国家认可。

二、体育促进大学生发展

（一）体育是促进人的活动及其能力全面发展的重要基础

1.体育增强了大学生的体质，为德育和智育的发展奠定了基础

体育运动为大学生承担各种艰巨的学习任务打下坚实的身体基础，是其智力水平提高和思想境界升华的前提。1917年4月1日，毛泽东在《体育之研究》一文中指出"体者，载知识之车而寓道德之舍也""体育一道，配德育与智育，而德智皆寄于体。无体是无德智也"，明确地阐述了体育、智育和德育的关系。

2.体育可以提高大学生的个体能力和集体能力

当大学生投身体育运动，融入赛场时，其身体得到锻炼，意志得到磨砺，同时获得了"实现自我"与"超越自我"的满足感。体育运动还能够实现集体能力的共同提高。一个个成绩的刷新和纪录的突破，既是个体能力的发挥，更是集体能力的整合。

（二）体育是增加社会交往、丰富社会关系的重要纽带

1.体育增加了大学生社会交往的机会

体育是一种有目的、有意识的社会活动。大学生参与体育活动的过程，就是在与同伴的默契配合、在与对手的斗智斗勇、在与大自然的融合中获得心理满足的过程，它满足了人的自尊心、自信心和自豪感。一场体育比赛可以使大学生们从陌生到相识，从相识到相知，建立友谊，结成朋友，从而扩大了大学生们的社会交往范围，满足了大学生们交往、合作的需求。

2.体育可以培养大学生良好的竞争秩序，使大学生的社会关系更丰富

在社会主义市场经济条件下，人与人之间的利益关系越来越明显，体育的经济价值也日益受到人们的关注。体育的经济价值不仅在于体育活动本身带来的经济利益关系，更主要的是它把公平竞争的体育原则引入市场经济，改善了人们的经济关系。人们在竞争中逐步认识到公平竞争与合作双赢对利益双方的重要作用。体育竞争的原则促使人们不断地向健康的经济利益关系迈进，对纯洁社会关系、改善社会风气也起到了促进作用。

（三）体育是促进人的个性自由发展的重要条件

1.体育能够增强大学生的体质

体育运动可以改善大脑的供血情况，促进大脑皮层的兴奋和抑制，使兴奋和抑制更加集中，神经功能的均衡性和灵活性得以加强，还可以使大脑对体外刺激的反应更加迅速、准确，提高大脑的分析综合能力。经常从事体育运动可以刺激骨骼的增长，改善血液供应状态，增加肌肉的营养物质，提高人的工作能力。体育运动能增加人体内的能量消耗，加速新陈代谢和血液循环，从而全面改善循环系统、呼吸系统、消化系统、排泄系统的机能，使人体的各方面都能得到均衡发展。

2.体育能够促进个人心理的发展和完善

人的健康机体是一个稳定的统一体，良好的情绪和平稳的心理状态，有利于保持和促

进整个机体的稳定和平衡。大学生经常参加体育运动可以转移注意力，及时调节消沉和沮丧等不良情绪和低落的心理状态，保持心情舒畅、精神愉快，使机体成为一个良好情绪的储存器，积蓄积极力量，还可以培养良好的意志品质和高尚的道德情操，使人的认知、情感、意志等心理因素得到健康的发展，从而使人的身心健康保持最佳状态。

3. 体育能够促进大学生思想道德素质和科学文化素质的提高和进步

体育运动能够把道德教育的内容融入其中，使大学生在不知不觉中受到道德教育，提升道德层次，培养道德素质，激发大学生的爱国热情。同时，体育是教育的重要组成部分，它能够向大学生传授有关身体健康和体育运动的基本知识和技能，并使大学生在学习和训练的过程中提高文化素质和运动技能，养成良好的运动习惯。

（四）体育是实现个人价值和社会价值的重要手段

人在体育运动中展示的是个人魅力，经受的是心理考验，肯定的是自我努力，实现的是自我价值。精彩的比赛体现了运动员德、智、体、美、勇的高度统一，是其力与美的完美结合。运动员在运动中充分地展示自我和实现自身价值也成为体育雅俗共赏的魅力所在。大众对运动员努力与成绩的肯定与认同，是运动员社会价值的实现。

社会主义精神文明建设的主要目的在于培养有理想、有道德、有文化、有纪律的社会主义公民。体育不仅能够锻炼身体，而且能够促进德、智的发展，是实现大学生全面发展的重要途径和手段。

第三节
大学体育文化的构建

大学体育文化是大学文化的重要组成部分。良好的大学体育文化氛围会产生巨大的心理感染气氛，使学生产生积极的情感体验，产生对体育的浓厚兴趣，激发他们强烈的学习动机，并使他们积极地参与体育锻炼。

一、大学体育文化的定义及内容

（一）大学体育文化的定义

大学体育文化是指所有的大学师生、员工在体育教学、健身活动、运动竞赛、体育设施建设等活动中形成和拥有的所有物质和精神财富。

（二）大学体育文化的内容

大学体育文化包括物质文化、精神文化、制度文化、行为文化四个基本层面。

（1）大学体育物质文化，表现为体育建筑、体育场馆、设施、器材等。

（2）大学体育精神文化，主要指校园体育的价值观、审美观、与乐观、意识形态、体育心理等，如对身体、余暇、娱乐的态度，对校园体育象征意义的理解等。

（3）大学体育制度文化，具体表现在学校的体育政策、制度、体制、管理体系等。

（4）大学体育行为文化，具体表现在学校体育的组织，如课外活动、课余训练，以及竞赛、运动会等。

二、大学体育文化的价值

（一）促进学校发展

大学体育文化是在长期教学实践中逐步形成的，是一种文化的历史沉淀，代表着一所大学校园文化的发展程度。体育活动开展不好、群体活动不普及的大学大多是无生气、育人不景气的学校，而大学体育文化丰富多彩、生动活泼的大学对外声誉一般都很高。大学体育文化是大学的一张名片，起着促进学校发展的作用。

（二）传承体育文化

体育文化博大精深，蕴含了人类发展的哲理，而大学校园是传承体育文化的主要阵地，通过构建和发展大学体育文化，将千百年积淀下来的体育文化传播开来，让学生了解体育、学习体育、传承体育、发展体育，吸取体育文化中的精华，弃其糟粕，将传统体育文化和现代体育精神相融合，使体育的发展适应人类和社会的需求。

（三）体现教育价值

大学体育文化在培养全面、合格的人才上具有其他教育所没有的独特功能，它包括提高学生身体素质和机能；使学生获得体育理论和卫生知识，掌握运动技术；培养学生终身体育意识、能力和习惯；使学生养成良好的道德品质等，如体育竞赛中的公平竞争、遵守规则、尊重对手、求真求实、拼搏进取、团队意识、集体荣誉感等。

（四）营造和谐氛围

大学体育文化所创造的氛围能激发大学生愉快地、自主地从事身体锻炼，能充分挖掘大学生潜力，激发他们去创造、享受体育运动，以求获得知识的满足感、技能提高的喜悦感，以及失败后战胜困难的超越感、运动后的轻松愉悦感，提高大学生感受美、欣赏美、创造美的能力，塑造大学生美的人格和心灵，同时消除大学生心理和情绪上的自我干扰和摩擦。

（五）积累实践经验

大学体育活动的开展是大学生自我管理、自我提高、不断社会化的过程，它加强了学生之间的交流，提高了学生的实践能力；大学体育社团具有社会实践价值，可以让社团中的学生懂得组织与执行、竞争与共赢、分工与合作的价值，使学生在担任不同角色的过程中不断积累实践经验。

三、构建大学体育文化

大学体育精神文化中涉及的主体对校园体育的价值观、审美观、意识形态、体育心理等，如对身体、余暇、娱乐的态度，对校园体育象征意义的理解等方面都寓于大学体育物

质文化、行为文化，以及制度文化中，并得以发展。因此，大学体育文化的构建，主要集中于对大学体育物质文化、行为文化，以及制度文化的构建。

（一）大学体育物质文化的构建

大学体育物质文化，表现为校园体育运动的形式、设施等可直观的物质形态，如校园内的体育场馆、体育设备、体育器材等。体育建筑、场地、设施是学生进行体育锻炼必不可少的物质基础。因此，大学体育物质文化建设主要集中在改善大学的场馆设施、体育设备，并合理使用现有的场地和器材，方便学生开展和参与各项体育活动。

（二）大学体育行为文化的建构

大学体育行为文化是大学体育文化的综合形态。大学体育行为文化的建构具体表现为以下几个方面。

1. 不断加强体育课程建设

体育课是大学体育文化的最基本形式。体育课程的设置既要给学生传授体育理论知识、技术技能，以及科学锻炼身体的方法，也要增加趣味性，让大学生养成锻炼习惯，形成终身锻炼的体育意识。

2. 推进体育教学改革

大学体育教学改革应以终身体育为主线，坚持"面向未来、面向全体学生"，努力提高教学质量，做到实际、实效、实用。

3. 打造校园精品体育活动

大学体育文化应该是多样化的，通过开展丰富多彩的体育活动，培养学生自我锻炼的习惯和兴趣。每年开展的各种体育文化活动善于抓住受学生关注、贴近学生、贴近生活的热点项目和活动，力争不断创新，把更多的学生吸引过来。

（三）大学体育制度文化的建构

大学体育文化建设必须要有强有力的组织领导机制做保障。学校应有主管体育工作的校长，并有健全的校院系体育工作的组织机构，团委、学生处能积极配合学校体育文化的建设并积极、主动、有计划地开展活动。同时，大学要建立健全学校体育的各项规章制度，让学校体育的管理方式、教学活动、竞技比赛、运动场馆、运动器材管理等制度化，并且保证其严格实施、有效进行，逐步使这些规章制度为学生接受和习惯。领导重视、各职能部门大力支持是大学体育文化蓬勃发展的前提。

第四节
奥林匹克运动

奥林匹克运动对人类社会物质文明和精神文明起着积极的促进作用。经过一个多世纪的发展，奥林匹克运动形成了一个庞大的体系，成为凝聚人类社会体育思想、制度和科技文化的知识宝库。

一、古代奥林匹克运动

（一）古代奥运会的形成

古希腊人崇拜力量和智慧，他们在祭坛前向神灵献上技艺，展现自己的健与美，博取诸神欢心。由于宙斯是诸神之王，祭献宙斯的奥林匹亚竞技会便发展成整个希腊民族统一的祭祀竞技赛会。于是，以竞技形式进行的祭祀逐渐占据了祭祀大会的主导地位，这就形成了古代奥运会。

（二）古代奥运会的兴盛

古代奥运会从公元前 776 年起，到公元 394 年止，经历了 1170 年，共举行了 293 届。最初的古代奥运会仅有一项赛事——"斯泰德"（stadion）短跑，即场地跑（stade race）。公元前 724 年，第 14 届奥林匹克运动会出现了折返跑（2-stade race），又称双跑。到公元前 720 年，比赛里程约 3 英里（5000 米）的长距离跑出现。公元前 520 年，最后成为古代奥运会赛事赛跑项目的是武装赛跑（hoplite race），参赛者戴全盔或部分盔甲，手持盾，佩戴护颈甲或头盔，跑一个或两个双跑。随着时间推移，更多赛事加入奥运会，如拳击、角力、搏击、五项全能等。

除了赛事逐年丰富以外，参赛规模也由仅有伊利斯城邦的公民参加扩大到整个希腊大陆的城邦都有资格参加，但参赛者必须是经审查合格的居民。随着项目增多，规模扩大，比赛时间也由最初的一天，延长到最繁荣时的七天。比赛场地——阿尔蒂亚斯神域，最初只用篱笆围着，长 200 米，宽 175 米，大约到公元前 6 世纪，庙区才建有赫拉神庙。到公元前 470 年，在赫拉神庙南面建起了宙斯神庙。随着竞技运动的正规化，古希腊人把草坪改造成东西长 212.5 米，南北宽 28.5 米的长方形场地，同时在奥林匹亚还修建了体育馆、角力场、裁判台、浴场、祭司住房等。

（三）古代奥运会的衰亡

公元前 5 世纪，伯罗奔尼撒战争使各国元气大伤，打破了城邦原有的和谐，引起了城邦之间的混乱，社会风气开始衰败，城邦制度的衰落使古代奥运会失去了持续发展的根基。随着奥运会的职业化与商业化，奥运会不再是全希腊神圣的祭典和民族文化的聚会，而成为少数职业选手为金钱而参赛的职业比赛，导致越来越多的人对体育运动丧失了兴趣。到公元前 394 年，教育观念的变化及基督教的垄断致使一些运动场馆改成基督教堂，狄奥多西一世下令终止古代奥运会。

二、现代奥林匹克运动

14—18 世纪，欧洲思想文化领域兴起的三大思想文化运动为现代奥林匹克运动的兴起奠定了基础。19 世纪末，奥林匹克运动在资本主义产生和发展的新条件下兴起，出现在世界的舞台上。

（一）现代奥林匹克运动的产生

在创办现代奥林匹克运动过程中，出现了众多先驱者，其中法国教育家皮埃尔·德·顾

图 1-2　皮埃尔·德·顾拜旦

拜旦（Pierre De Coubertin，以下简称"顾拜旦"）的贡献最为突出，如图 1-2 所示。因为战争，顾拜旦萌发了通过体育比赛，让各国青年相互了解、消除偏见，进而消除战争的想法。1891 年，他创办了《体育评论》，积极宣传复兴奥林匹克运动的理想，争取国内外支持。1892 年，顾拜旦遍访欧洲，宣传奥林匹克理想。1893 年，顾拜旦在巴黎召开了一次国际性体育协调会，讨论创办奥林匹克运动会问题。

1894 年 6 月 16 日至 24 日于巴黎索邦神学院召开了"国际体育运动代表大会"，此次大会有来自美国、英国、法国、希腊等 12 个国家的 49 个体育组织的代表参加，并通过了《复兴奥林匹克运动会》和成立国际奥林匹克委员会（International Olympic Committee）的决议，希腊人泽麦特里乌斯·维凯拉斯（Demetrius Vikelas）任国际奥委会第一任主席，顾拜旦为秘书长。大会批准了由顾拜旦草拟的第一部《奥林匹克宪章》，确定了国际奥委会的宗旨、职能和制度，规定每隔四年在某个国家的大城市举行奥运会。也正是通过顾拜旦的努力，1896 年 4 月 6 日至 15 日，第 1 届奥林匹克运动会在雅典举行，奥林匹克运动终于重登历史舞台。

（二）现代奥林匹克运动的发展

现代奥林匹克运动自 1896 年开始至 2021 年，已举办了 32 届。百余年间，奥林匹克运动大致经历四个发展过程：第一次世界大战前的早期奥林匹克运动处于艰难的摸索阶段；两次世界大战期间，奥林匹克运动的竞技模式已经基本形成，奥林匹克思想和组织框架也已经基本确立；冷战期间的奥林匹克运动得到了迅速发展；20 世纪 70 年代后由于旧有的封闭模式和外部环境的不适应，奥林匹克运动一度陷入各种危机中。萨马兰奇的全面改革，使奥林匹克运动摆脱了政治、经济等方面的危机，显现出勃勃生机，奥林匹克运动进入一个新的发展时期。从参加第一届奥运会的来自 14 个国家的 241 名运动员到 2021 年参加东京奥运会的来自 204 个国家的 11 669 名运动员，现代奥林匹克运动已经成为世界范围内具有全人类性质的集会。

三、中国与奥林匹克运动

20 世纪上半叶，中国的政治、经济、文化相对落后，中国运动员在奥运会上表现不佳。1949 年，中华人民共和国的成立为奥林匹克运动在中国发展提供了广阔的空间，虽然在 20 世纪 50—70 年代，中国与一些国际体育组织关系曾一度出现停顿，但奥林匹克运动在中国的发展从未停止。20 世纪 80 年代，奥林匹克运动在中国的发展，进入了全面繁荣的历史阶段。

（一）中国早期奥林匹克运动

1. 奥林匹克运动的启蒙

1910 年 10 月，第 1 届全国运动会（简称"全运会"）在南京举行，第 1 届全运会也是第一次以奥运会模式和内容为榜样举行的运动会，它使一个以奥运会形式为蓝本的体育赛事活动逐渐走向中国。

2. 奥林匹克运动在中国的初步开展

（1）中华全国体育协进会的建立

1924年8月，"中华全国体育协进会"成立大会在上海召开，会议推选张伯苓为名誉会长，王正廷为名誉主席董事等。在中华体育协进会的外文文档中，保留着1930年国际奥委会整理的57个国家奥委会名单，其中有"中国：中华全国体育协进会"，以及其通信地址和联系人。至1947年，王正廷、孔祥熙、董守义三人先后被遴选为国际奥委会会员。

（2）第一次参加奥林匹克运动会

1928年，第9届奥运会在荷兰的阿姆斯特丹举行。中国派了驻荷兰公使罗忠诒和正在美国进修体育专业的中华全国体育协进会名誉干事宋如海出席大会，而未派运动员参赛。1932年，第10届奥运会在美国洛杉矶举行，中华全国体育协进会在张学良将军的资助下，成立了参赛代表团，最终经过各种艰难险阻只有刘长春一名运动员顺利参加了奥运会比赛。

（二）新中国时期的奥林匹克运动

1. 新中国成立初期的奥林匹克运动（1949—1979年）

1952年7月29日，团长荣高棠率领中国代表团40人抵达赫尔辛基，由于抵达时距离第15届奥运会闭幕仅剩5天，只有游泳选手吴传玉赶上了百米仰泳预赛。1954年，国际奥委会第49届全会承认中华全国体育总会为中国国家奥委会。1956年，中华体育总会拟派选拔的93名选手参加在澳大利亚墨尔本举行的第16届奥运会，但为了抵制"两个中国"，中国最终没有参加此次奥运会，并宣布与国际奥委会断绝关系。

2. 奥林匹克运动在中国的新发展（1979年以后）

1979年10月25日，国际奥委会执委会通过了恢复中国在国际奥委会合法席位的决议。会议确认代表全中国奥林匹克运动的是中华人民共和国奥委会；设在中国台北的奥委会作为中国的一个地方性机构留在国际奥委会内，正式名称为中国台北奥林匹克委员会。

1984年，中国首次派出庞大体育代表团，参加了在洛杉矶举行的第23届奥运会。射击运动员许海峰取得第23届奥运会的第1枚金牌，中国实现了在奥运会场上奖牌"零"的突破。在以后的每届奥运会，中国逐步与世界体育强国拉近差距，1988年在汉城（现首尔）召开的第24届奥运会上，中国体育代表团在游泳、赛艇等项目上实现了奖牌"零"的突破；1992年在巴塞罗那举行的第25届奥运会上，中国体育代表团奖牌总数位居"第二集团"首位；2000年在悉尼举行的第27届奥运会上，中国在金牌榜和奖牌榜上跻身到"第一集团"；2004年在雅典举行的第28届奥运会上，中国在金牌榜居第二位，奖牌总数居第三位，并历史性地在13个项目上获得冠军；2008年，北京成功主办了第29届奥运会，中国体育代表团共获得51枚金牌、21枚银牌、28枚铜牌，中国位居金牌榜首位，奖牌榜第二位，是参加奥运会以来最好的成绩；2021年在东京奥运会，中国创造了境外参加奥运会的最好成绩。

（三）2008年北京奥运会

从1991年起，北京就开始了申办奥运会的历程，在1993年蒙特卡洛国际奥委会第101

次全会上不幸以两票之差惜败悉尼；1999 年，怀揣着奥运梦想的中国人再次踏上申奥之路。2001 年 7 月 13 日，在莫斯科国际奥委会第 112 次全会上，北京终于获得了 2008 年第 29 届夏季奥运会的主办权。经过七年筹备，2008 年 8 月 8 日至 24 日，第 29 届奥林匹克运动会在中国北京成功举办。

2008 年北京奥运会的主题口号——"同一个世界，同一个梦想"集中体现了奥林匹克精神的实质和普遍价值观，"绿色奥运、科技奥运、人文奥运"的理念得到世界各国的赞许，提升了中国的国际形象，增强了民族凝聚力，促进了精神文明建设，淬炼了国民心态，促进了中国尤其是首都北京的建设，更有助于奥林匹克运动在中国的发展和奥林匹克精神的普及。

（四）2022 年北京冬季奥运会

2022 年 2 月 4 日至 20 日，中国成功举办了第 24 届冬季奥林匹克运动会。北京创造了在同一个城市举办夏季和冬季两个奥运会的历史，被称为"双奥之城"。北京冬奥会的成功举办弘扬了奥林匹克精神和中华体育精神，推动了我国冰雪运动的发展，为中国从体育大国迈向体育强国打下了更为坚实的基础。"一起向未来"的主题口号体现了团结和集体的力量，体现了奥林匹克运动的核心价值观和愿景，以及追求世界统一、和平与进步的目标，在"绿色、共享、开放、廉洁"的办奥理念的指引下，向世界呈现了一届无与伦比的冬奥盛会。

思考题

1. 结合学习内容，谈谈你对体育的认识。
2. 体育对大学生的发展有哪些作用？
3. 奥林匹克精神的内涵是什么？

第二章
现代健康观

健康是生命的象征、幸福的保证。人人需要健康，人人向往长寿，健康有利于你我他。人的健康状况受到多种因素的影响，但体育锻炼对健康的影响最大。现代医学和体育科学的研究都表明，体育锻炼是增进健康之法宝。

学习目标

1. 了解什么是健康，健康的标准。
2. 了解健康的生活方式。
3. 了解什么是平衡膳食，如何改善自己的饮食结构。

第一节
生活方式与健康

随着经济的发展和生活的富裕，人们对生活质量的追求越来越高。正确的健康观，正确的生活方式，可以让我们远离疾病，享受美好生活。

一、科学的健康观

（一）健康的定义

1948 年，世界卫生组织（World Health Organization，WHO）指出："健康不仅仅是指没有疾病或虚弱，而是在身体、心理和社会适应方面的完好状态。"1989 年，世界卫生组织又给健康重新下了定义："健康不仅仅是躯体没有疾病，而且具备心理健康、社会适应良好和道德健康，只有具备了上述四个方面的良好状态，才是一个完全健康的人。"这个定义更加全面、科学、完整、系统，因为它不仅对人类的健康状态做出了准确的判断，而且对人类健康的内涵表述得更加深刻。

（二）健康的内容

健康的内容包括身体健康、心理健康、保持良好的社会适应能力和道德健康。

（1）身体健康是指具有强壮的体力和体魄，主要包括生理状况良好，没有疾病并能抵御各种疾病的侵袭，身体发育匀称，体重标准，能适应自然环境的变化。

（2）心理健康是指心理上能够控制自己，能够正确对待外界的客观影响，并使心理处于平衡状态。在日常生活中，能够调节自己的行为，克服各种困难；能够调节疲倦、抑郁、沮丧、孤独等消极情绪；也能够忍受各种精神打击，从而保证自己的人格完整，达到心理平衡。

（3）保持良好的社会适应能力是指能够建立良好的人际关系，有自我调节各种复杂环境及其变化的能力，常表现为尊重自己和尊重他人，言行举止符合年龄特征，能够适应社会上可能出现的问题，具有辨别是非的能力，遇事冷静思考，能够乐观地生活。

（4）道德健康是指能够做到不损人利己，接受社会公认的社会准则，并以此来约束自己的言行；具有辨别善恶、美丑、荣辱、是非的能力。

（三）健康的标准

健康是指人的生理、心理、社会关系这三者处于最佳状态。健康和疾病是一组相对的概念，增进健康要从身体、心理、社会适应三个角度来考虑，防治疾病也要从身体、心理、社会适应和环境等多个因素着手。为此，世界卫生组织提出了健康的十个标准，包括身体、心理、社会适应三个方面。这个标准具有一定的局限性，但是大学生们可以加以对照，灵活运用。

健康具有十个标准。

（1）精力充沛，能从容不迫地应付日常生活和工作的压力而不感到过分紧张和疲劳。

（2）处事乐观，态度积极，乐于承担责任，事无巨细不挑剔，工作有效率。

（3）善于休息，睡眠良好。

（4）应变能力强，能适应环境的各种变化。

（5）具有抗病能力，能够抵抗一般性感冒和传染病。

（6）体重得当，身材均匀，站立时头、肩、臂位置协调。

（7）眼睛明亮，反应敏锐，眼睑不发炎。

（8）牙齿清洁，无空洞，无龋齿，无痛感；齿龈颜色正常，不出血。

（9）头发有光泽，无头屑。

（10）肌肉、皮肤富有弹性，走路轻松有力。

二、健康的生活方式

（一）生活方式的概念

生活方式（life style）指的是不同的个人、群体或全体社会成员在一定的社会条件制约和价值观念指导下所形成的满足自身生活需要的全部活动形式与行为特征的体系。它包含了人们的衣、食、住、行、劳动工作、休息娱乐、社会交往、待人接物等物质生活和精神生活的价值观、道德观、审美观等。生活方式包括生活活动条件、生活活动主体和生活活动形式三部分基本要素。

（二）生活方式对健康的影响

世界卫生组织对影响健康的因素进行过如下总结：健康 =60% 的生活方式 +15% 的遗传因素 +10% 的社会因素 +8% 的医疗因素 +7% 的气候因素。随着人民生活水平的提高及生活习惯的改变，生活方式疾病成为人类的头号杀手。生活方式疾病是指与生活方式选择有关的疾病，发病的原因多与生活方式密切相关，包括饮食、运动、吸烟、饮酒等。

1. 不良生活方式对健康的危害

现代人类所患疾病中有 45% 与生活方式有关。世界卫生组织称，与生活方式选择有关的疾病，包括糖尿病和某些癌症，每年导致超过 1000 万人过早死亡。因生活方式疾病而死亡的人数在中国一直居高不下。不健康的生活方式直接或间接与多种慢性非传染性疾病有关，如高血压、冠心病、肥胖、糖尿病、恶性肿瘤等。世界卫生组织发现，每年过早离世的人当中约有 600 万人是因为抽烟，330 万人与酗酒有关，320 万人是缺乏体育活动，170 万人因为摄入盐分过多。全世界超过 4 000 万五岁以下儿童被视为肥胖，超过 80% 的青少年锻炼不足。

拥有不良的生活方式的人群不仅患糖尿病、消化性溃疡、心脑血管疾病和癌症的风险大幅增加，而且 45 岁以后的死亡率比生活方式健康的人群高出数倍。对于生活方式疾病，真正的危害不是来自疾病本身，而是来自日常生活中对危害健康的因素认识不足，不懂得生活方式与疾病的关系，没有"健康生活方式"的概念。这些才是今后生活方式疾病对人类真正的威胁所在。

2. 推荐健康的生活方式

健康的生活方式是指人必须和社会相适应，也要和环境相和谐，要有健康的人生观与世界观，一分为二地看待世界上的事，摆正自己在社会生活中的位置，这是心理健康的基础。预防生活方式疾病的根本措施是养成良好的生活方式和改变不良生活习惯。健康的生活方式包括：保证睡眠时间；不吸烟；维持正常体重；避免过度饮酒；定期运动；每天吃早餐；等等。总之，维持健康的生活方式就是从日常生活点滴做起，从改变吸烟、酗酒等不良的生活习惯做起，从合理安排膳食结构做起。

📖 **知识链接**

健 康 谚 语

一个中心：以健康为中心。

两个基本点：小事糊涂一点，对人大度一点。

三大快乐：助人为乐，知足常乐，自得其乐。

四大基石：平衡膳食，适量运动，戒烟戒酒，心态平衡。

不健康的生活方式

① 不合理膳食。

② 吸烟酗酒。

③ 缺乏运动和体力活动。

④ 心理压力和紧张情绪。

3. 如何养成健康的生活方式

不良的生活方式很多是从儿童青少年时期逐渐形成的。为了预防这些疾病的产生，过健康文明的生活，我们应该从哪些方面做起呢？

第一，合理膳食。

第二，经常进行体育锻炼。

第三，养成良好的生活习惯。

第四，拥有健全的心理。

健康生活方式是需要培养的，培养的主动性在于人们自己。生活方式管理的观念就是强调个体对自己的健康负责。

在日常生活中，我们一方面应该注意合理饮食和身体锻炼，另一方面更要陶冶自己的情操，开阔自己的心胸，避免长时间处在紧张的情绪状态中。如果感到自己的心情持续不快时，要及时进行心理自我调适，必要时到心理门诊或心理咨询中心接受帮助，以确保心理和生理的全面健康。

第二节
营养与健康

我们的身体需要持续不断的能量，以满足生活、工作，以及完成身体功能的需求。了解自己的营养状况、学习营养知识、做到平衡膳食，对于提高大学生学习、生活的质量有重要意义。

一、营养状况自我评价

营养状况是衡量大学生健康状况的重要指标，它不仅反映学生现时的营养水平，还可为其合理膳食提供科学依据。世界卫生组织推荐用标准体重作为评价现时营养状况的指标。下面介绍两种评价营养状况的方法。

（一）标准体重

男性：[身高（cm）–80]×70%＝标准体重；女性：[身高（cm）–70]×60%＝标准体重。体重在 ±10% 标准体重范围内为正常。体重低于标准体重 10%～20% 为轻度营养不良，体重低于标准体重 20% 以上为中度营养不良；体重高于标准体重 10%～20% 为超重，体重高于标准体重 20% 以上为肥胖。

（二）体重指数 BMI

BMI 计算方法为

$$体重指数 = 体重 \div 身高^2$$

式中，体重的单位为千克（kg），身高的单位为米（m）。

从上式可以看出，在身高相等的情况下，体重越重，体重指数越大。它与皮脂厚度密切相关，是衡量营养状况和肥胖程度的较好标准。当体重指数为 18.5～24.9 时为正常，体重指数为 25.0 以上为超重，体重指数为 18.5 以下为消瘦。

二、营养知识

（一）营养素

机体摄取、消化、吸收、代谢和利用食物中的养分以满足自身生理需要的整个过程称为营养。食物所提供的营养物质叫营养素。

（二）人体所需的营养素及其来源

人体需要的营养素归纳起来分为七大类，分别是蛋白质、脂肪、维生素、糖类（碳水化合物）、矿物质、水和膳食纤维。

1. 蛋白质

蛋白质是一切生命的基础，在体内不断合成与分解，是构成、更新、修补组织和细胞的重要成分，它参与物质代谢及生理功能的调控，保证机体的生长、发育、繁殖、遗传并供给能量。肉、蛋、奶、鱼、豆是蛋白质的主要食物来源。

2. 脂肪

脂肪是能量的来源之一，它协助脂溶性维生素（维生素 A、维生素 D、维生素 E、维生素 K 和胡萝卜素）的吸收，保护和固定内脏，防止热量消失，保持体温。油脂是脂肪的主要食物来源。

3. 维生素

维生素是维持人体健康所必需的物质，需要量虽少，但大多数维生素不能由人体合成或合成量不足，必须从食物中摄去。维生素分为水溶性（维生素 B 族、维生素 C）和脂溶性（维生素 A、维生素 D、维生素 E、维生素 K 等）两类。它们对人体正常生长发育和调节生理功能至关重要。蔬菜、水果是维生素的主要食物来源。

4. 糖类

糖类是人体的主要能源物质，人体所需能量的 70% 以上由糖类供给。它也是组织和细胞的重要组成成分。五谷类是碳水化合物的主要食物来源。

5. 矿物质

矿物质是骨骼、牙齿和其他组织的重要成分，能活化荷尔蒙及维持主要酵素系统，具有十分重要的生理机能调节作用。蔬菜、水果是矿物质的主要食物来源。

6. 水

水是人体内体液的主要成分，是维持生命所必需的物质，约占体重的 60%，具有调节体温、运输物质、促进体内化学反应和润滑的作用。水的主要来源是我们每天所饮用的水和食物中的水分。

7. 膳食纤维

膳食纤维是指植物中不能被消化吸收的成分，是维持健康不可缺少的因素，它能软化肠内物质，刺激胃壁蠕动，辅助排便，并降低血液中胆固醇及葡萄糖的吸收。玉米、糙米、全麦粉、燕麦、豆类和各种蔬菜、水果是膳食纤维的主要食物来源。

三、合理膳食

（一）什么是平衡膳食

平衡膳食又称健康膳食，是指膳食中所含营养素的数量充足、种类齐全、比例适当，并且与机体的需要保持平衡。平衡的膳食由多种食物构成，能为人体提供足够的热能和各种营养素，满足其正常生理的需要，而且能保持各种营养素之间的平衡，以利于消化和吸收。营养学权威部门——中国营养学会经过调查研究后公布的中国居民平衡膳食宝塔，是科学进食的指南。它是根据中国居民的膳食结构特点设计的，把平衡膳食的原则转化成各类食物的组成，并以直观的宝塔形式展示出来，便于群众理解和在日常生活中使用，如图 2-1 所示。

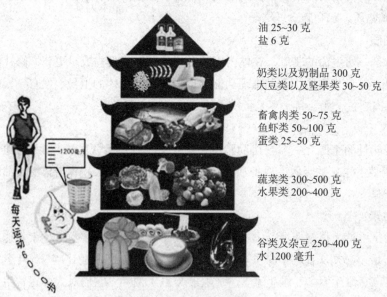

图 2-1　中国居民平衡膳食宝塔

（二）改善饮食结构

中国居民平衡膳食宝塔为居民提出了一个在营养上比较理想的膳食模式。利用平衡膳食宝塔改善饮食结构时要注意几个要点：①确定自己的食物需要；②同类可互换，调配丰富多彩的膳食；③要合理分配三餐食量；④要因地制宜，充分利用当地资源；⑤要养成习惯，长期坚持。针对上述问题应注意以下几点。

（1）食物多样，主食以谷类为主。

（2）多吃蔬菜、水果和薯类。

（3）常吃奶类、豆类或其制品。

（4）经常吃适量的鱼、禽、蛋、瘦肉，少吃肥肉和荤油。

（5）食量、体力活动要平衡，保持适宜体重。

（6）吃清淡少盐的膳食。

（7）饮酒应限量。

（8）吃干净卫生、不变质的食物。

四、运动与营养

运动与营养是促进健康的两大基本要素，而运动与营养又是相互促进、相互影响、密切相关的。营养在运动中的作用如下。

（一）提升体育锻炼的效果

体育锻炼与合理营养的结合可有效增强体质和提高健康水平，合理营养的关键作用在于调节能量平衡，提高人体的代谢能力，改善身体成分，减少体脂，增加瘦体重，促进锻炼后的身体恢复，有助于体育锻炼效果的提高。

（二）提高运动竞技能力

合理营养可以保证运动中能源物质的良好利用，为运动员提供适宜的能量，任何形式的运动均以能量消耗为基础，但人体内可被快速动用的能量储备有限。

合理营养是机体代谢平衡的保障，能源物质在人体内合成或分解需要一系列的酶的催化，维生素和微量元素多数是辅助酶的组成部分和催化剂。

合理营养使运动员具有适宜的体重和体脂成分，有利于解决运动训练中的特殊问题。

合理营养有利于预防运动损伤，肌纤维中糖原的水平与运动损伤的发生有直接关系。

（三）可延缓运动性疲劳的发生

无论是日常锻炼，还是运动员的专项训练，都有一个疲劳与恢复的过程，运动性疲劳，即运动能力下降时有发生，而有效补充营养可以延缓疲劳，加快机体的恢复。

第三节
体育锻炼与健康

有规律、有节制地进行体育锻炼，可以达到从多方面促进健康的目的。事实表明，体育锻炼既可以促进人的身体健康，也可以促进人的心理健康。

一、体育锻炼与身体健康

（一）体育锻炼能改善人体神经系统的生理功能

经常从事体育锻炼可使人体中枢神经系统兴奋和抑制更加集中，从而改善神经活动过程的均衡性和灵活性，提高大脑的综合分析能力，使人体能够适应外界环境的变化；并能改善中枢神经对内脏器官的调节能力，增强人的体质，提高其健康水平。

（二）体育锻炼可改善心血管功能

经常从事体育锻炼者，心血管功能会产生许多良好变化，主要包括：安静时的心率下降、心脏每搏输出量（心脏每次跳动时输出的血量）增大和心脏体积增大等心功能改善。例如，一般人的心脏重 0.3 千克左右，而运动员的心脏重 0.5 千克左右。一般人的心脏容量为 765～785 毫升，而经常参加体育锻炼的人为 1 015～1 027 毫升，并且心肌收缩力更强，每搏输出量更大，从而使每分钟心跳的次数减少。经常从事体育锻炼会使体内能量消耗增加，代谢产物增多，新陈代谢旺盛，血液循环加快，减少脂质在血管壁的弹性，促使体内脂肪的消耗，并能使具有保护性作用的高密度脂蛋白增加，这些对预防心血管疾病都有积极作用。

（三）体育锻炼可增强肌肉功能，延缓骨骼衰老

在体育锻炼的过程中，肌肉反复用力做功，因而可以刺激肌肉细胞中有关能量代谢、蛋白质合成等酶活性的增加，促进肌肉蛋白的合成，达到增强肌肉力量和耐力的目的。体育锻炼可促进骨骼对矿物质的吸收，可在一定程度上避免骨质疏松的发生，如多走可以使腿骨增粗；常举重物可以使臂骨增粗，且骨质密度增加；长跑运动员的脊柱骨矿物质较一般正常人多 40%。实际上，能使骨骼增粗的运动不仅仅是那些负重的运动，所有的体育运动都能达到这样的效果。因为在肌肉收缩期间，连接肌肉的骨会受力，其对钙等矿物质的吸收就会相应增加，对预防骨质疏松就有一定作用。

（四）体育锻炼是控制体重的重要方法

人之所以会体重增加，甚至肥胖，是因为能量摄入和能量消耗的不平衡。对成年人而言，体内的脂肪堆积增加或过多，是造成体重增加或肥胖的主要因素。肥胖会使肌体的心血管功能，呼吸功能，肝、肾的正常运转受到损害，还会增加骨骼和肌肉的负担，容易造成骨质疏松和肌肉损伤，同时肥胖对内分泌激素分泌量及其功能正常发挥也会有不良影响。随着现代化程度的不断加深，人们生活方式的改变使人们为生存而付出的体育活动日益减少，这在很大程度上导致了肥胖的产生，肥胖已成为现代社会威胁人们健康和寿命的主要疾病之一。而有规律的体育锻炼，可以使人获得最佳的体重和机体成分，避免肥胖的产生。

此外，体育锻炼对人体生长发育有积极影响，对人体防治疾病有较为全面的作用。体育锻炼可以提高人体某些免疫能力，使其避免生物病原体的侵害；可以提高人体的各种自救能力，使其避免机械外力的伤害；可以提高人体对自然的适应能力，减少物理和化学因素对其的毒害；可以提高人体新陈代谢的水平，减少、推迟或避免各种代谢疾病和老年

疾病的发生；可以提高父母的遗传素质，防止和减少疾病的发生；可以加速病愈后的康复，各类患者可以通过医疗体育的多种手段恢复肢体功能，增强抵抗能力，以补充医药手段的不足。

二、体育锻炼与心理健康

（一）体育锻炼以其注意力转移促进心理健康

分散注意力假说（distraction hypothesis）认为，体育锻炼给人们提供了一个机会，使他们能够分散对自己的忧虑和挫折的注意。诸如慢跑、游泳等运动能使参与者在锻炼时进入自由联想状态。在单调重复技术动作中，冥想、思考等思维活动，可以促进脑力恢复。这种注意力的有效集中和（或）转移，可以达到调节情绪的作用，从而有利于锻炼者的心理健康。若瑟夫（Joseph）等人进行的研究分析表明：长期的体育锻炼在减少消极情绪方面比放松练习或其他能分散注意又令人感到愉快的活动更有效。人们在进行体育锻炼的时候，其注意力从烦琐的工作中转移到所进行的体育活动，体育锻炼能够使人暂时摆脱烦恼和忧愁，从而起到缓解和改善人们的心理作用。

（二）体育锻炼以其人际关系协调促进心理健康

社会交互作用假说（social interaction hypothesis）认为：在体育锻炼中与朋友、同事等进行交往是令人愉快的，具有改善人的心理健康的作用。人们在体育活动过程中，运用语言符号系统相互交流信息，沟通感情，建立起良好的人际关系。我国著名的医学心理学家丁瓒指出，人类的心理适应，最重要的就是对人际关系的适应，所以人类的心理病态，主要由于人际关系的失败而来。集体活动可以使人产生亲近感，使人身心欢快，有助于消除孤独症、恐惧症等。

（三）体育锻炼以其娱乐性缓解不良心绪

唤醒理论（arousal theory）认为，每个人都有一个感到愉快、舒服的中枢神经最佳唤醒水平。适宜的体育锻炼有助于达到这一水平，从而使人感到快乐。在任何条件下进行的体育活动，都必然使人产生显著的心理活动。研究表明：强度适宜的体育活动，通过各种感觉信息的输入，可提高唤醒水平，使人精神振奋、消除疲劳、摆脱烦恼；对于精神不振、心境差的人具有显著的治疗调节作用。经常进行体育运动，可以锻炼人的意志，增强自信心，并具有减轻应激反应，以及降低紧张情绪的作用，从而促进心理健康。

（四）体育锻炼能增强社会适应能力

社会适应能力是指个人为了更好地在社会上生存，而做出适应性改变的能力。具有良好社会适应能力的人在交往中有自信心和安全感，能与人友好相处，心情舒畅，少生烦恼。体育锻炼对于提高人们的社会适应能力具有重要的作用。因为体育锻炼总是在一定的社会环境中进行的，它总是与群体产生着交往和联系，人们在运动中能够较好地克服孤僻，忘却烦恼和痛苦，协调人际关系，扩大社会交往，提高社会适应能力。

第四节
大学生体质健康测试与标准

《国家学生体质健康标准》（以下简称《标准》）的实施是高等学校体育工作中的重要环节，也是整个学校教育评价体系的重要组成部分。大学生体质健康标准的测试评价体系，可以使学生及时了解自己的体质健康状况，帮助其调整学习和锻炼的目标。

一、大学生体质健康标准解读

（1）《标准》从身体形态、身体机能和身体素质等方面综合评定学生的体质健康水平，是促进学生体质健康发展、激励学生积极进行身体锻炼的教育手段，是国家学生发展核心素养体系和学业质量标准的重要组成部分，是学生体质健康的个体评价标准。

（2）《标准》的学年总分由标准分与附加分之和构成，满分为120分。标准分由各单项指标得分与权重乘积之和组成，满分为100分。附加分根据实测成绩确定，即对成绩超过100分的加分指标进行加分，满分为20分。大学的加分指标为男生引体向上和1 000米跑，女生1分钟仰卧起坐和800米跑，各指标加分幅度均为10分。

（3）根据学生学年总分评定等级：90.0分及以上为优秀，80.0～89.9分为良好，60.0～79.9分为及格，59.9分及以下为不及格。

（4）每个学生每学年评定一次，记入国家学生体质健康标准登记卡。学生毕业时的成绩和等级，按毕业当年学年总分的50%与其他学年总分平均得分的50%之和进行评定。

（5）学生测试成绩评定达到良好及以上者，方可参加评优与评奖；成绩达到优秀者，方可获得体育奖学分。测试成绩评定不及格者，在本学年度准予补测一次，补测仍不及格，则学年成绩评定为不及格。学生毕业时，《标准》测试的成绩达不到50分者，按结业或肄业处理。

（6）学生因病或残疾可向学校提交暂缓或免予执行《标准》的申请，经医疗单位证明，体育教学部门核准，可暂缓或免予执行《标准》，并填写"免予执行《国家学生体质健康标准》申请表"，存入学生档案。确实丧失运动能力、被免予执行《标准》的残疾学生，仍可参加评优与评奖，毕业时《标准》成绩需注明免测。

二、大学生体质健康测试项目与权重

大学生体质健康测试项目与权重如表2-1所示。

表2-1　大学生体质健康测试项目与权重

测 试 对 象	测 试 指 标	权重/%
大学一年级至大学四年级	体重指数（BMI）	15
	肺活量	15
	50米	20
	立定跳远	10

续表

测 试 对 象	测 试 指 标	权重/%
大学一年级至大学四年级	引体向上（男）/一分钟仰卧起坐（女）	10
	坐位体前屈	10
	1 000 米（男）/800 米（女）	20

三、各单项评分标准

（一）体重指数（BMI）

体重指数（BMI）单项评分表如表 2-2 所示。

表 2-2　体重指数（BMI）单项评分表　单位：千克/平方米

等级	单项得分	大学男生	大学女生	备　　注
正常	100	17.9~23.9	17.2~23.9	体重指数（BMI）＝体重（kg）÷身高^2（m^2）
低体重	80	≤17.8	≤17.1	
超重		24.0~27.9	24.0~27.9	
肥胖	60	≥28.0	≥28.0	

（二）肺活量

肺活量单项评分表如表 2-3 所示。

表 2-3　肺活量单项评分表　　单位：毫升

等级	单项得分	男 生		女 生	
		大一、大二	大三、大四	大一、大二	大三、大四
优秀	100	5 040	5 140	3 400	3 450
	95	4 920	5 020	3 350	3 400
	90	4 800	4 900	3 300	3 350
良好	85	4 550	4 650	3 150	3 200
	80	4 300	4 400	3 000	3 050
及格	78	4 180	4 280	2 900	2 950
	76	4 060	4 160	2 800	2 850
	74	3 940	4 040	2 700	2 750
	72	3 820	3 920	2 600	2 650
	70	3 700	3 800	2 500	2 550
	68	3 580	3 680	2 400	2 450
	66	3 460	3 560	2 300	2 350
	64	3 340	3 440	2 200	2 250
	62	3 220	3 320	2 100	2 150
	60	3 100	3 200	2 000	2 050

等级	单项得分	男 生		女 生	
		大一、大二	大三、大四	大一、大二	大三、大四
不及格	50	2 940	3 030	1 960	2 010
	40	2 780	2 860	1 920	1 970
	30	2 620	2 690	1 880	1 930
	20	2 460	2 520	1 840	1 890
	10	2 300	2 350	1 800	1 850

（三）坐位体前屈

坐位体前屈单项评分表如表 2-4 所示。

表 2-4　坐位体前屈单项评分表　　　单位：厘米

等级	单项得分	男 生		女 生	
		大一、大二	大三、大四	大一、大二	大三、大四
优秀	100	24.9	25.1	25.8	26.3
	95	23.1	23.3	24	24.4
	90	21.3	21.5	22.2	22.4
良好	85	19.5	19.9	20.6	21
	80	17.7	18.2	19	19.5
及格	78	16.3	16.8	17.7	18.2
	76	14.9	15.4	16.4	16.9
	74	13.5	14	15.1	15.6
	72	12.1	12.6	13.8	14.3
	70	10.7	11.2	12.5	13
	68	9.3	9.8	11.2	11.7
	66	7.9	8.4	9.9	10.4
	64	6.5	7	8.6	9.1
	62	5.1	5.6	7.3	7.8
	60	3.7	4.2	6	6.5
不及格	50	2.7	3.2	5.2	5.7
	40	1.7	2.2	4.4	4.9
	30	0.7	1.2	3.6	4.1
	20	−0.3	0.2	2.8	3.3
	10	−1.3	−0.8	2	2.5

（四）立定跳远

立定跳远单项评分表如表 2-5 所示。

表 2-5　立定跳远单项评分表　　　　单位：厘米

等级	单项得分	男　生		女　生	
		大一、大二	大三、大四	大一、大二	大三、大四
优秀	100	273	275	207	208
	95	268	270	201	202
	90	263	265	195	196
良好	85	256	258	188	189
	80	248	250	181	182
及格	78	244	246	178	179
	76	240	242	175	176
	74	236	238	172	173
	72	232	234	169	170
	70	228	230	166	167
	68	224	226	163	164
	66	220	222	160	161
	64	216	218	157	158
	62	212	214	154	155
	60	208	210	151	152
不及格	50	203	205	146	147
	40	198	200	141	142
	30	193	195	136	137
	20	188	190	131	132
	10	183	185	126	127

（五）男生引体向上、女生一分钟仰卧起坐

男生引体向上、女生一分钟仰卧起坐评分表如表 2-6 所示。

表 2-6　男生引体向上、女生一分钟仰卧起坐评分表　　　单位：次

等级	单项得分	男　生		女　生	
		大一、大二	大三、大四	大一、大二	大三、大四
优秀	100	19	20	56	57
	95	18	19	54	55
	90	17	18	52	53
良好	85	16	17	49	50
	80	15	16	46	47

续表

等级	单项得分	男 生		女 生	
		大一、大二	大三、大四	大一、大二	大三、大四
及格	78			44	45
	76	14	15	42	43
	74			40	41
	72	13	14	38	39
	70			36	37
	68	12	13	34	35
	66			32	33
	64	11	12	30	31
	62			28	29
	60	10	11	26	27
不及格	50	9	10	24	25
	40	8	9	22	23
	30	7	8	20	21
	20	6	7	18	19
	10	5	6	16	17

（六）50 米跑

50 米跑单项评分表如表 2-7 所示。

表 2-7　50 米跑单项评分表　　　　　　　　　单位：秒

等级	单项得分	男 生		女 生	
		大一、大二	大三、大四	大一、大二	大三、大四
优秀	100	6.7	6.6	7.5	7.4
	95	6.8	6.7	7.6	7.5
	90	6.9	6.8	7.7	7.6
良好	85	7	6.9	8	7.9
	80	7.1	7	8.3	8.2
及格	78	7.3	7.2	8.5	8.4
	76	7.5	7.4	8.7	8.6
	74	7.7	7.6	8.9	8.8
	72	7.9	7.8	9.1	9
	70	8.1	8	9.3	9.2
	68	8.3	8.2	9.5	9.4
	66	8.5	8.4	9.7	9.6
	64	8.7	8.6	9.9	9.8
	62	8.9	8.8	10.1	10
	60	9.1	9	10.3	10.2

续表

等级	单项得分	男　生		女　生	
		大一、大二	大三、大四	大一、大二	大三、大四
不及格	50	9.3	9.2	10.5	10.4
	40	9.5	9.4	10.7	10.6
	30	9.7	9.6	10.9	10.8
	20	9.9	9.8	11.1	11
	10	10.1	10	11.3	11.2

（七）男生1 000米跑、女生800米跑

男生1 000米跑、女生800米跑评分表如表2-8所示。

表2-8　男生1 000米跑、女生800米跑评分表　　单位：分·秒

等级	单项得分	男　生		女　生	
		大一、大二	大三、大四	大一、大二	大三、大四
优秀	100	3'17"	3'15"	3'18"	3'16"
	95	3'22"	3'20"	3'24"	3'22"
	90	3'27"	3'25"	3'30"	3'28"
良好	85	3'34"	3'32"	3'37"	3'35"
	80	3'42"	3'40"	3'44"	3'42"
及格	78	3'47"	3'45"	3'49"	3'47"
	76	3'52"	3'50"	3'54"	3'52"
	74	3'57"	3'55"	3'59"	3'57"
	72	4'02"	4'00"	4'04"	4'02"
	70	4'07"	4'05"	4'09"	4'07"
	68	4'12"	4'10"	4'14"	4'12"
	66	4'17"	4'15"	4'19"	4'17"
	64	4'22"	4'20"	4'24"	4'22"
	62	4'27"	4'25"	4'29"	4'27"
	60	4'32"	4'30"	4'34"	4'32"
不及格	50	4'52"	4'50"	4'44"	4'42"
	40	5'12"	5'10"	4'54"	4'52"
	30	5'32"	5'30"	5'04"	5'02"
	20	5'52"	5'50"	5'14"	5'12"
	10	6'12"	6'10"	5'24"	5'22"

四、加分指标评分表

（一）男生引体向上、女生一分钟仰卧起坐

男生引体向上、女生一分钟仰卧起坐评分表如表2-9所示。

表2-9　男生引体向上、女生一分钟仰卧起坐评分表　　　单位：次

加分	男　生		女　生	
	大一、大二	大三、大四	大一、大二	大三、大四
10	10	10	13	13
9	9	9	12	12
8	8	8	11	11
7	7	7	10	10
6	6	6	9	9
5	5	5	8	8
4	4	4	7	7
3	3	3	6	6
2	2	2	4	4
1	1	1	2	2

注：引体向上、一分钟仰卧起坐均为高优指标，学生成绩超过单项评分100分后，以超过的次数所对应的分数进行加分。

（二）耐力跑

耐力跑分为男生1 000米跑、女生800米跑，其评分表如表2-10所示。

表2-10　耐力跑评分表　　　单位：秒

加分	男　生		女　生	
	大一、大二	大三、大四	大一、大二	大三、大四
10	-35"	-35"	-50"	-50"
9	-32"	-32"	-45"	-45"
8	-29"	-29"	-40"	-40"
7	-26"	-26"	-35"	-35"
6	-23"	-23"	-30"	-30"
5	-20"	-20"	-25"	-25"
4	-16"	-16"	-20"	-20"
3	-12"	-12"	-15"	-15"
2	-8"	-8"	-10"	-10"
1	-4"	-4"	-5"	-5"

注：1 000米跑、800米跑均为低优指标，学生成绩低于单项评分100分后，以减少的秒数所对应的分数进行加分。

思考题

1. 健康的标准是什么？
2. 如何养成健康的生活方式？
3. 谈谈体育锻炼对健康的影响。

第三章

心理健康与身体健康

健康并不代表一切，但丧失健康就等于丧失一切。对于大学生来说，健康是每天愉快生活、快乐学习的必要条件。充分认识健康、学会管理健康，就能获得最佳的健康状态。

第一节 大学生心理健康

作为当代大学生，我们要在竞争日益激烈、生活节奏变快、价值趋向多元化的社会环境中立足，不仅要掌握一门乃至多门技能，还要有健康良好的心理素质，只有这样才能使自己真正的融入社会，更大限度地发挥自己的特长。

一、大学生心理健康标准

（1）能保持对学习较浓厚的兴趣和求知欲望。

（2）能保持正确的自我意识，接纳自我。自我意识是人格的核心，指人对自己与周围世界关系的认识和体验。

（3）能协调与控制情绪，保持良好的心境。心理健康者经常能保持愉快、自信、满足的心情，善于从行动中寻求乐趣，对生活充满希望，情绪稳定性好。

（4）能保持和谐的人际关系，乐于交往。

（5）能保持完整统一的人格品质。心理健康的最终目标是保持人格的完整性，培养健全人格。人格完整是指人格构成的气质、能力、性格和理想、信念、人生观等各方面平衡发展。

（6）能保持良好的环境适应能力，包括正确认识环境及处理个人和环境的关系。

（7）心理行为符合年龄特征。一个人的心理行为如果经常严重地偏离自己的年龄特征，一般就是心理不健康的表现。

二、大学生常见的心理问题

（一）学习问题

大学生常见的学习问题主要表现为：学习目的的问题、学习动力问题、学习方法问题、学习态度问题，以及学习成绩差等。大学期间，学习往往不再如高中阶段那样得到绝大多数人的重视，目的不明确、动力不足、态度不好构成了学习问题的主要方面。

（二）人际关系问题

如何与周围的同学友好相处，建立和谐的人际关系，是大学生面临的一个重要课题。同高中阶段相比，大学生对人际关系问题的关注程度超过了学习，也成为大学生心理困扰的主要来源之一。人际关系问题常常表现为难以和别人愉快相处，没有知心朋友、缺乏必要的交往技巧、过分委曲求全等，以及由此而引起的孤单、苦闷、缺少支持和关爱等痛苦感受。

（三）性格与情绪问题

性格障碍是大学生较为严重的心理障碍，其形成与成长经历有关，原因较为复杂，主要表现为自卑、怯懦、依赖、神经质、偏激、敌对、孤僻、抑郁等。

（四）神经症问题

长期的睡眠困难、焦虑、抑郁、强迫、疑病、恐怖等都是神经症的临床表现症状。

三、大学生心理健康问题原因分析及解决方法

（一）环境、角度的变化引发心理冲突

大学生的角色地位及生活环境与高中时期有着很大的不同。首先，大学生要自己安排生活，靠自己的能力处理学习、生活、人际等方方面面的问题，但据调查，80%的学生以前在家没有洗过衣服，生活自理能力差，对父母有较强的依赖性。生活问题对这部分学生

造成了一定的压力。其次，大学中评判学生优劣的标准已不再是单纯的学习成绩，还包括了组织管理能力、人际交往能力及其他一些因素，这种标准的多样化使部分成绩优秀而其他方面表现平平的学生感到不适应，其自尊心受到强烈的震撼，心理上产生失落和自卑。

针对这种情况，首先，要提高独立生活能力，这是入学适应的第一步，也是适应社会生活的重要一步。其次，需学会正确地评价自己，在不同环境下能够客观地评价自己及他人的长处和短处，并认识到优、缺点是每个人都有的，应当发扬优点，克服缺点，而不应因为缺点的存在就自卑或自暴自弃。

（二）学习压力造成的焦虑心理

大学更注重学生的自学能力，部分学生由于学习方法不当导致成绩不理想，因而产生挫折感，伴之而生的紧张不安的情绪就是焦虑。适度的焦虑水平及必要的觉醒和紧张对人的学习、工作是必要的，但持续而重度的焦虑则会使人丧失自信，干扰正常思维，从而妨碍学习。

因此，应建立正确而适度的学习标准，确立适合的抱负水平，避免由于期望值过高而造成的过度焦虑；应提高自学能力，掌握适合自己的学习方法，制定良好的学习措施，有效提高学习成绩。如果焦虑严重且持续时间较长，则要通过心理咨询帮助排除。

（三）人际交往障碍导致情绪及人格障碍

青少年生活在一个相对封闭的环境中，使他们不善于交际。另外在大学中，人际关系比高中要复杂得多，要求学生学会与各种类型的人交往，逐步走向社会化。但部分学生不能或很难适应，总是以自己的标准去要求他人，因而造成人际交往障碍。人际交往障碍会导致沟通不畅，心理紧张，情绪压抑，产生孤独感，从而影响正常的学习和生活。

人际关系不良的同学，首先，要学会正确对待自己和他人，克服认知偏见，学会换位思考、宽容、忍让。其次，要加强个性修养，战胜自卑、羞怯，纠正虚伪自私等不良个性特征。最后，要掌握一定的交际原则和技巧，以便建立正常的人际关系，确保学习和生活的正常进行。

（四）自身心理素质的不足

自身心理素质不足一般表现为自我认识片面，情感脆弱、冲动、不稳定，意志薄弱，怯懦、虚荣、冷漠、固执，缺乏正确的人生观和积极的人生态度，耐挫力差，不懂得心理健康，缺乏心理调节的技巧。

针对这种状况，大学生应丰富心理知识，增强心理健康意识，学习心理调节的基本技能，并力求训练和提高自身心理素质，必要的时候也可寻求专家及心理卫生机构的帮助。

第二节
大学生身体健康

身体健康是指具有强壮的体力和体魄，主要包括生理功能状态良好，没有疾病并能抵御各种疾病的侵袭，身体发育匀称，体重标准，能适应自然环境的变化。

一、身体健康的标准

大学生的身体发育已经日益成熟，体能和智力的发育已经达到了相当的水平，从外表看表现为精神饱满、体重适当、身材匀称、走路轻松、眼睛明亮、头发有光泽、牙齿清洁、肌肉和皮肤富有弹性。

世界卫生组织认为现代人身体健康的标准是"五快"。

1. 吃得快

吃得快是指胃口好、吃得香、不挑食，充分反映了肠胃功能的完好及机体各系统的协调与统一。

2. 便得快

便得快是指大便规律、无便秘、排泄通畅，表明肠胃功能完好及植物神经调节功能正常。

3. 睡得快

睡得快是指上床后能很快入睡，且睡得很深，不容易被惊醒。醒来后头脑清楚、精神饱满、精力充沛、没有疲劳感，表明神经系统完好和各脏器协调。

4. 说得快

说得快是指思维能力好，语言表达准确、清晰、流畅，表明思维清楚而敏捷、反应良好、大脑功能正常。

5. 走得快

走得快是指步履轻盈、行走自如、活动灵活、表明精力充沛、心肺功能正常。

二、反映大学生身体健康的主要指标

（一）身体形态

身体形态测量是定量化研究人体外部特征的重要方法。它是研究人体的生长发育规律、体质水平、营养状况必不可少的方法手段，同时也是衡量身体健康水平的重要组成部分。身体形态的测量内容，主要有体格测量、体型测量、身体成分测量和身体姿势测量等。身体形态由人的体格、体型、姿势及身体组成成分等组成。在一般的身体形态测量中，常用体格中的身高、坐高、体重、胸围等几项指标。大学生的身体形态主要通过体重指数（BMI）来体现，具体标准请查阅本书第二章第四节的内容。

（二）身体机能

生理机能是指人体各器官系统的功能状态。人体的生理指标种类较多，但常用脉搏、血压和肺活量等生理指标，来反映心血管系统和呼吸系统的生长发育和机能水平。

1. 脉搏

脉搏也称心率，是心脏节律性收缩和舒张，由大动脉内的压力变化而引起四肢血管壁扩张和收缩的一种搏动现象。正常人的脉搏频率和心跳频率是一样的，而且节律均匀、间隔相等。正常人在运动后、饭后、酒后、精神紧张及兴奋时均可脉搏加快，但很快可恢复正常水平。长期进行体育锻炼的人或运动员的脉搏较慢。正常人的安静脉搏在 60 ～ 100 次 /

分。脉搏是了解人体心血管系统功能的简易可行的指标，对早期发现人体心血管疾病具有一定的现实意义。

2. 血压

血压是指心脏收缩时血液流经动脉管腔内对管壁产生的侧压力，是心室射血和外周阻力共同作用的结果。心率、心输出量、血管的外周阻力和动脉弹性等因素都与血压的变化有密切关系。一般收缩压主要反映心脏每次搏动输出血量的多少，舒张压主要反映外周阻力的大小。血压是检查和评价心血管系统功能的重要指标。血压过低或过高都会给机体带来严重影响。血压维持在正常范围内，对于保证全身各器官系统功能具有十分重要的意义。因此，血压是评价成年人体质状况和衡量健康水平的一个重要指标。血压通常以右上臂肱动脉血压为标准。正常成人安静时收缩压为 90 ～ 140 毫米汞柱，舒张压为 60 ～ 90 毫米汞柱，脉压差为 30 ～ 40 毫米汞柱。

3. 肺活量

肺活量是指一个人全力吸气后所呼出的最大气体量，是一种常用的、反映呼吸机能的指标。肺活量代表一个人的最大呼吸幅度，与人的性别、年龄，以及身高、体重、胸围等因素有关，是评价人体生长发育和体质状况的一项常用机能指标。

（三）身体素质

身体素质通常指的是人体肌肉活动的基本能力，是人体各器官系统的机能在肌肉工作中的综合反映。身体素质一般包括力量、速度、耐力、灵敏、柔韧等。身体素质经常潜在地表现在人们的生活、学习和劳动中，也自然地表现在体育锻炼方面。一个人身体素质虽与遗传有关，但与后天的营养和体育锻炼的关系更为密切，正确的方法和适当的锻炼，可以从各个方面提高身体素质水平。

三、大学生保持身体健康的途径

（一）良好的饮食习惯

（1）早饭吃好，午饭吃饱，晚饭吃少。

（2）不要挑食和偏食。

（3）吃饭要定时定量，不要暴饮暴食。

（二）规律的体育锻炼

（1）经常进行体育锻炼。

（2）每星期进行 3 次或 3 次以上、每次持续时间至少 30 分钟的体育锻炼。

（3）多进行能增进心肺功能的有氧运动。

（三）充足的休息

休息有助于松弛神经和恢复体力，应每天休息 8 小时，包括夜间睡眠和日间的精神放松。有规律的睡眠及松弛习惯有助于调节身体，促进食物的消化及废物的排除。同时，充足的睡眠保证了营养和血液的供应，有助于保持头脑清醒。

第三节
科学安排健身计划

大学生如果能把安全、高效的健身计划融入生活，那么在身材、外貌及自我感觉上都将会取得正面改善。

一、如何制订健身计划

（一）了解自己的身体状况

在制订健身计划之前，必须对自己的身体健康状况和体质有所了解，你可以通过定期体检了解自己的身体健康状况，通过体质、体能测试掌握自己的身体适应力，从而有针对性地选择适合自己并可以持续终身的运动项目和方式。

（二）建立短期和长期目标

一般来说你可以以学校的一个学期为一个阶段，或者把一个学期划分为几个阶段，然后再确定每一阶段的锻炼目标。

（三）选择适合自己的运动项目

在做出选择之前，你可以先了解一下不同锻炼项目在内容、作用、生理指标等方面的情况，根据自己的兴趣、爱好，选择一些安全、方便、能满足自己身心需求、有可能发展成为自己终身运动项目的内容。

至少选择 1～2 个主项和 2 个以上的替代项目，以便灵活运用。

（四）制订周计划表

制订切实可行的周计划表是健身计划的重要环节。根据自己的具体情况安排好一周的锻炼时间，然后确定每次锻炼的详细内容。为了制订个性化的健身方案，我们可以参考以下运动健身的四要素。

1. 运动频度

运动频度是指每周锻炼的次数。为提高与健康有关的体能水平，建议每周锻炼 3～5 次。

2. 运动强度

运动强度是指锻炼时人体承受的生理负荷量。不同个体的运动能力是有差异的，需要通过监测来确定运动强度是否适宜。你可以根据最大心率百分比和自觉疲劳程度（RPE）来确定运动强度。

（1）最大心率百分比

在健身运动中，运动强度的设定要以控制在人体有氧代谢工作范围内为原则，即以有氧代谢供能为主进行运动。在进行有氧运动时，应该让自己的心率控制在本人最大心率的 60%～85%，这个心率数称为"目标心率"或"靶心率"。进行有氧运动时可以用以下方法计算自己的目标心率：

$$最大心率 = 220 - 年龄$$

目标心率 = 最大心率 ×（60% ～ 85%）

（2）自觉疲劳程度（RPE）

RPE 是在持续运动中判断体力水平的可靠指标，可用来评定有氧耐力运动的运动强度。它主要依靠运动者在运动过程中，凭借主观感觉去判断运动强度，表 3-1 为自觉疲劳程度（RPE）量表。

表 3-1　自觉疲劳程度（RPE）量表

RPE	主观运动感觉	相对强度/%	相应心率
6	安静	0.0	60
7	非常轻松	7.1	70
8		14.3	
9	很轻松	21.4	90
10	轻松	28.6	110
11		35.7	
12	稍费力	42.9	130
13		50.0	
14		57.2	
15	费力	64.3	150
16	很费力	71.5	170
17		78.6	
18		85.8	
19	非常费力	95.0	195
20	精疲力竭	100	最大心率

3. 运动时间

运动时间指的是每次运动的持续时间。运动产生的效应是运动强度和时间的乘积。研究表明，要有效地提高体能水平，除了花费在准备活动和整理活动的时间外，每次锻炼的时间应持续在 30 分钟以上。

4. 运动类型

所选择的健身运动类型也非常重要。进行不同类型的健身运动练习可以产生不同方面的健身效果，所以必须选择适合自己的健身运动类型。

（五）记录自己的锻炼感受

做记录可以帮助你坚持健身计划。你可以以星期为单位，记录下所有的健身活动，如运动强度和运动时间。你不但可以及时了解自己的健身效果，同时也便于对健身计划进行调整和修改。

（六）重新修改健身计划

对你目前的做法进行分析，然后对自己的健身计划做出相应的改变。如果对某些练习感到厌倦，可以换一些新的、有趣的练习。此外，天气、设施条件，以及个人情况的变化

往往也需要你对健身计划做出调整。

至此，一套适合你的健身计划就制订好了。

二、科学锻炼的原则

体育锻炼方法虽然简单易学，但要想科学地安排体育锻炼，提高锻炼效果，避免伤病事故，就必须遵循体育锻炼的基本原则。

（一）循序渐进原则

体育锻炼的循序渐进是指在学习体育技能和安排运动量时，要由小到大、由易到难、由简到繁，逐渐进行。

（二）全面发展原则

对多数体育锻炼者来说，进行体育锻炼并不是单纯发展某一运动能力或身体某一器官的生理机能，而是通过体育锻炼使整体机能全面、协调发展。所以，在体育锻炼时，要注意活动内容的多样性，促进身体机能全面提高。

（三）区别对待原则

在体育锻炼时，还要根据每个锻炼者的年龄、性别、爱好、身体条件、锻炼基础等不同情况做区别对待，使体育锻炼更具有针对性。

（四）经常性原则

只有经常参加体育活动，锻炼的效果才会明显、持久，所以体育锻炼要经常化，不能三天打鱼，两天晒网。

（五）安全性原则

从事任何形式的体育锻炼都要注意安全，如果体育锻炼安排得不合理，违背科学规律，就可能出现伤害事故。

第四节
正确认识运动性疲劳

大学生了解运动性疲劳的产生原因，掌握运动性疲劳的恢复方法，可以合理安排锻炼计划，更加科学、有效地进行体育锻炼。

一、认识运动性疲劳

（一）运动性疲劳的概念及分类

运动性疲劳（sports fatigue）是指由运动引起的肌肉最大收缩或者最大输出功率暂时性下降的生理现象。肌肉运动能力下降是运动性疲劳的基本标志和本质特性。在1982年的第

5 届国际运动生物化学会议上，运动性疲劳被定义为："机体的生理过程不能持续其机能在特定水平或不能维持预定的运动强度。"

运动性疲劳在人体中可分为躯体性疲劳和心理性疲劳。这两种不同性质的疲劳有不同的表现：躯体性疲劳表现为动作迟缓，不灵敏，动作的协调能力下降，失眠、烦躁与不安等；心理性疲劳是由心理活动造成的一种疲劳状态，其主观症状有注意力不集中，记忆力障碍，理解、推理困难，脑力活动迟钝、不准确等。

（二）运动性疲劳的判断

对运动性疲劳程度的判断，一般应根据以下三个方面来综合评定。

（1）主观症状：疲乏、头晕、心悸、恶心等。

（2）客观体征：面色、排汗量、呼吸、动作、注意力等。

（3）客观指标：各器官、系统的生理、生化指标的变化情况，如肌肉力量、肌肉硬度、握力、心电图、心率、腱反射、肺活量、血压、尿蛋白等。

二、运动性疲劳产生的机理

人们工作或运动了一段时间会出现组织、器官，甚至整个机体工作能力暂时下降的现象，这就叫疲劳。疲劳是一种生理现象，经过休息疲劳会消失，工作能力又重新得到恢复。生理学对疲劳产生的原因有以下论述。

（一）神经系统的影响学说

无论是由脑力劳动还是体力劳动引起的疲劳，都是大脑皮质的保护性作用。当机体疲劳时，中枢神经系统将会产生一种特殊的功能，即保护性抑制，使肌肉组织不因过度消耗而受损，保护神经细胞免于过分疲劳。在这种意义上，疲劳是对机体起保护作用的一种"信号"。

（二）能源物质的耗竭学说

肌肉活动到疲劳时，能源物质（如糖原、三磷酸腺苷、磷酸肌酸等）的含量下降。因此，有人提出疲劳是由这些物质的耗竭而引起的。不论从事脑力劳动还是体力劳动，都需要不断消耗能量。轻微运动，能量消耗得较少，反之亦然。人体的能量供应是有限的，随着劳动过程的进行，体能被不断消耗，这时可以转化为能量的能源物质"肌糖原"储备耗竭或来不及补充，人体就产生了疲劳。

（三）疲劳物质的蓄积学说

运动时，在肌肉和血液中会逐渐积累起某种疲劳物质（如乳酸、丙酮酸等酸性物质），使人的体力衰竭。乳酸分解后会产生液体，滞留在肌肉组织中未被血液带走，使肌肉肿胀，进而压迫肌肉间血管，使肌肉供血越发不足。因此，有人提出疲劳是肌肉收缩时物质代谢产物的堆积所致。

（四）机体内环境稳定性的失调学说

运动引起体内平衡紊乱状态，从而产生了疲劳。当肌肉活动和收缩时，体内淀粉的含量减少，分解为乳酸，并放出热能供肌肉活动，当体内淀粉含量不足或供不应求时，机体就会产生明显的疲劳现象。当机体休整后，肝脏又源源不断地提供淀粉，肌肉本身也有能力将一部分乳酸恢复为淀粉，并将另一部分乳酸送回肝脏重新合成，使运动状态继续进行下去。另外，运动中产生的酸性代谢产物可以使机体体液 pH 值下降，pH 值下降到一定数值时，细胞内外的水离子浓度就会发生变化，人体就不能继续从事运动。因此，有人认为疲劳是机体内环境稳定性的失调所致。

三、运动性疲劳的恢复方法

（一）适当休息

1. 积极性休息

有研究证明运动后采用积极性休息的方式能帮助机体更快地消除疲劳。例如，剧烈运动后，进行 3 ~ 5 分钟的慢跑或其他动力性整理活动，可加速全身血液再次重新分配，促进乳酸的消除与利用，减少肌肉的延迟性酸痛。积极性休息可根据实际情况安排在训练的中间或训练结束之后，也可以安排独立的一天来进行。

2. 恢复性姿势

恢复性姿势（restorative poses）又称静力性牵张练习，有助于运动之后的身体恢复，可以使人体更好地由紧张逐步过渡到安静状态，减缓身体局部由于乳酸堆积产生的酸痛感。

3. 睡眠

睡眠对身体机能恢复非常重要。在睡眠状态下，人体内代谢以同化作用为主，异化作用减弱，从而使人的精力和体力均得以恢复。静卧可以减少身体的能量消耗，并且大部分能量物质的合成和再生基本上都是在睡眠时进行的。因此，运动后保证充足的睡眠时间（一般为 8 ~ 9 小时 / 天），有助于加速身体机能的恢复。

（二）物理恢复

大强度和大运动量训练之后，通常可采用按摩、理疗、吸氧、洗热水澡、冷水刺激皮肤、电兴奋、用甜或酸的水漱口、闻芳香气味等方法缓解疲劳。

（三）补充营养

大量运动后身体会出现营养流失和疲劳症状，所以需要补充身体所缺的营养物质，这是帮助身体恢复的重要途径。要根据不同性质的身体练习补充不同的食物。

思考题

1. 健身时的原则有哪些？如何科学制订一套完整的健身计划？
2. 如何判断运动性疲劳？运动性疲劳的恢复方法有哪些？
3. 尝试着给自己和家人制订运动计划。

第四章

运动损伤的预防和应急处理

在体育运动中发生的损伤称为运动损伤。大学生了解和掌握运动损伤产生的原因、预防及处理方法，可以避免在体育运动中受到伤害，进而有效地、安全地进行体育锻炼。

📖 学习目标

1. 了解运动损伤的预防措施。
2. 了解和掌握常见运动损伤的症状和应急处理方法。

第一节
运动损伤发生的主要原因

大学生精力旺盛，各项身体素质发展正处于高峰时期，好胜心强，在参加运动时经常因为身体上和心理上的优势而忽略危险的存在，从而导致运动损伤的发生，影响学习和生活。

一、思想上麻痹大意

思想上麻痹大意，冒失地进行体育活动；或情绪急躁，急于求成，忽视了循序渐进和量力而行的原则，往往是造成运动损伤的重要原因。

二、准备活动不当

不做准备活动或准备活动不充分是造成运动损伤的另一个主要原因。在许多情况下，学生在没有做好准备活动的前提下就投入紧张的运动中，此时神经和肌肉的兴奋性较低，对较大的刺激反应迟钝；肌肉、韧带的力量较小，伸展性不够；关节活动的幅度不大，身体协调性差。在这种情况下最容易发生肌肉拉伤和关节扭伤。

三、运动量过大

当进行长时间的大运动量比赛后，没有进行适当的休息，而是接着再进行剧烈的运动，此时身体各方面的功能已经大幅度下降。长时间的运动会使身体出汗较多，导致体内电解质平衡紊乱，引起肌肉兴奋性增高而发生肌肉痉挛，同时还会引起低血糖症。

四、身体状态不佳

在睡眠、休息不佳或伤病初愈阶段，以及疲劳时肌肉力量、身体协调性显著下降的情况下参加剧烈运动或进行高难度动作时，就有可能发生运动损伤。所以运动前一定要对自己的身体情况有所了解。

五、气候恶劣

冬季的气温较低，伴有刺骨的寒风，在这样的条件下跑步或进行球类活动，如果呼吸方法不对，很容易患上支气管炎。

此外，运动场地及其设施不完善、运动时的服装和鞋袜不符合体育卫生要求等都可能成为运动损伤的原因。

第二节
常见运动损伤症状与应急处理

大学生了解常见运动损伤的症状，掌握应急处理措施，在发生运动损伤时能做出正确判断与应急处理，可以有效减少运动损伤对人体的伤害。

一、擦伤

擦伤是人体的皮肤由于受到外力的摩擦而发生的表皮破损的情况。

（一）症状

创口处有组织液或血液渗出，常伴随表皮脱落。擦伤属于毛细血管出血的一种，血色鲜红，血液如水珠从创面渗出，量少，可自动凝固。

（二）应急处理

小面积擦伤，可以用生理盐水洗净创口，创口周围用浓度为 75% 的酒精消毒，局部擦红汞药水，无须包扎。关节附近的擦伤经消毒处理后，采用消炎软膏涂抹，并进行包扎。创口较深、污染较重时，应注射破伤风抗毒血清，并给予抗生素治疗。

擦伤应急处理的主要原则：先清理、再消毒、创口异物仔细除；配敷料、缠纱布、包扎妥当疤痕无。

📋 小贴士

红汞药水与碘酒、碘伏不能用于同一伤口，因为碘可与红汞药水中的汞发生反应，生成剧毒的碘化汞，易引起汞中毒。

二、撕裂伤

在剧烈运动，或受到突然强烈的撞击时，容易造成肌肉撕裂。撕裂伤可分为开放性损伤和闭合性损伤。以下介绍轻度开放伤的处理。撕裂伤应视伤情及时安排送医。

（一）症状

常见的撕裂伤有眉际撕裂、跟腱撕裂等。开放性损伤会出现出血、周围红肿、疼痛等症状。

（二）应急处理

轻度开放伤，用红汞药水涂抹即可；伤口大时，则需止血和缝合。若伤情和污染较重，应注射破伤风抗毒血清，并给予抗生素治疗。撕裂伤中，以头面部皮肤撕裂伤最为多见，如篮球运动中，眉弓被对方肘部碰撞引起眉际皮肤撕裂等。

三、软组织挫伤

软组织挫伤是钝性暴力直接作用于人体某处而引起的局部或深层软组织的急性闭合性损伤，是体育运动中最常见的损伤。

（一）症状

1.单纯性挫伤

单纯性挫伤是指皮肤和软组织的挫伤。挫伤后疼痛多为初轻后重，初为广泛性钝痛，仍可以活动，数小时后，疼痛加剧。伤后即出现皮下组织的局限性血肿，逐渐出现大面积皮下瘀斑，且肿胀扩散，伤处压痛明显，皮内或皮下组织中有硬结。

2.混合性挫伤

混合性挫伤是指在皮肤和软组织受到挫伤的同时，还合并有其他组织、器官的损伤。

伤者除有明显的局部症状外，常可发生休克、昏迷等严重后果。

（二）应急处理

软组织挫伤一定要正确处理，软组织挫伤恢复得比较缓慢，如果处理不当，可能会留下不同程度的功能性障碍。软组织挫伤分为急性损伤和慢性损伤两种，急性损伤如果未处理好，将会转变为慢性损伤，出现劳损。下面主要针对急性损伤的处理进行介绍。

（1）发生急性损伤时，不要慌张，要摆正心态，了解自身损伤的情况和程度。

（2）处理急性损伤时，主要遵循"RICE 原则"，即制动（Rest）、冰敷（Ice）、加压（Compression）、抬高（Elevation）。

> **📖 知识链接**
>
> 制动（Rest）：立即停止运动，让损伤部位马上处于静止状态。
>
> 冰敷（Ice）：可以减轻疼痛和痉挛，减缓细胞代谢速率，降低细胞坏死风险，控制损伤部位的肿胀（20～30分钟一次，间隔为皮肤回暖后再冷敷，直至疼痛缓解）。
>
> 加压（Compression）：使损伤部位皮下出血现象减轻，并促进淤血吸收。
>
> 抬高（Elevation）：把损伤部位抬到比心脏高的位置，减轻皮下组织出血，促进静脉的回流，减轻肿胀。

（3）24～48小时，要制动、止血、防止肿胀、镇痛和减轻炎症，24小时后，去除包扎绷带，外敷新伤药；48小时后，可以去有条件的医院进行理疗、针灸、按摩、外敷药品等。

（4）肿胀疼痛消失后，也不能大意，这时候，挫伤尚未完全恢复，常会伴随无力、酸胀，要继续坚持理疗、按摩、中药熏洗，再加上增强肌力和关节力量的练习。

（5）若有伤员发生混合性挫伤并出现休克，首先要在现场对其进行抗休克急救处理，保温、止痛、止血，同时，应尽快请医生来处理或将伤员送到医院。

四、肌肉拉伤

肌肉主动猛烈收缩或被动过度牵伸，超过了肌肉本身所能承担的限度，而引起的肌肉组织损伤，称为肌肉拉伤。

（一）症状

有典型的受伤动作，且大多伴有撕裂声，肿胀明显，不久出现皮下瘀斑。伤处压痛明显，肌张力增高，可触及痉挛肌肉。轻度拉伤者伤处疼痛，可行走，在运动时疼痛加剧；重度拉伤者行走疼痛，并出现跛行。

（二）应急处理

在进行肌肉拉伤的处理时，主要遵循"RICE 原则"，即制动、冰敷、加压、抬高，如图 4-1 所示。

五、关节韧带扭伤

韧带附着在邻近骨端上，用以连接两骨。韧带多数呈条索状或片状，由胶原纤维与弹性纤维混合组成，具有较强的抗拉能力，可以保护关节在正常范围内活动。关节韧带扭伤多指关节发生了超范围的活动，同拉伤有相似之处，其主要是关节内外侧副韧带损伤，而迫使关节活动受限，如图 4-2 所示。

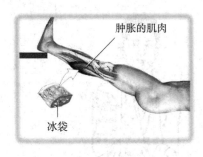

图 4-1 冰敷

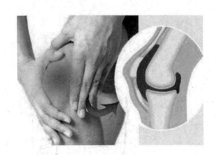

图 4-2 韧带扭伤

（一）症状

韧带扭伤后关节周围疼痛、肿胀，伴有血管破裂而出血，立刻出现皮下淤血和血肿。韧带扭伤后还会出现活动受限、局部压痛明显的症状，韧带完全断裂者的关节稳定性差，甚至活动异常。

（二）应急处理

扭伤与拉伤有一定的相似处，其实都是关节周围韧带和肌肉在活动时发生过度变化而扭曲造成的损伤。当处理扭伤这类运动损伤时，要遵循"RICE 原则"。

六、关节脱位

脱臼就是关节脱位，我们的关节通常由两块骨构成，若两个骨端脱离了正常位置，就会发生错位，即脱臼。

（一）症状

关节脱位常伴随剧烈的疼痛，会使我们丧失正常的活动能力，受伤部位还会出现畸形状态。在参与运动的过程中，常出现肩关节、肘关节的脱位。

（二）应急处理

1.应急步骤

（1）保持静止、不要活动，更不可揉搓受伤的部位，避免再度受伤。

（2）检查是否有其他伤处，注意保暖并防止休克，通常以坐姿最舒服。

（3）确认受伤程度。

（4）进行临时简单的应急固定。

（5）联系教师或拨打急救电话，送往医院。

2. 肩关节脱臼的应急固定

将 2 条三角巾分别折成宽带状，一条用于悬挂前臂，另一条绕过受伤侧上臂，在健康侧的腋下打结，如图 4-3 所示。

3. 肘关节脱臼的应急固定

将可弯折的夹板弯成贴合肘关节的角度，放置于肘后，用绷带包扎，再利用三角巾挂起前臂，如图 4-4 所示。

图 4-3　肩关节固定　　　　　　　图 4-4　肘关节固定

七、骨折

骨折是指由于外伤或病理等原因致使骨质部分或完全断裂，是运动损伤中损伤程度较为严重的一种损伤。常见的骨折分类方法有两种：按照骨断裂的程度划分，分为不完全性骨折和完全性骨折；按照骨周围软组织的损伤程度划分，分为闭合性骨折和开放性骨折。

（一）症状

骨折时骨折段移位可使患肢外形发生改变，主要表现为缩短。正常的肢体在骨折后出现不正常活动，常伴随剧烈的疼痛、肿胀、淤血、畸形，产生骨摖音、骨擦感和功能性障碍等。

（二）应急处理

固定的主要目的是防止骨折端移位导致的二次损伤，同时缓解疼痛。在现场急救中，固定均为临时性的，因此一般以夹板固定为主，也可以用木板、竹竿、树枝等替代。固定范围必须包括骨折邻近的关节，如发生前臂骨折时，固定范围应包括肘关节和腕关节。如果事故现场没有这些材料，则可以利用伤者自身进行固定：上肢骨折者可将伤肢与躯干固定；下肢骨折者可将伤肢与健侧肢体固定。

1. 骨折的急救原则

①防休克；②原地固定；③止血包扎。

2. 常见的外固定方式

（1）锁骨骨折

锁骨骨折采用"双环包扎法"固定。先取 3 条三角巾并折叠成宽带，在双肩腋下填上软布团或棉花；然后用 2 条宽带分别绕过伤者两肩在背后打结，形成两个肩环；再用第 3

条宽带在背后穿过两个肩环，拉紧打结，最后将两前臂缚扎固定或将伤侧肢挂在胸前，如图 4-5 所示。

（2）肱骨骨折

肱骨骨折具体做法是屈肘成直角，用两块小夹板分别放在伤臂的内、外侧；用 3 ~ 4 条宽带将骨折处上下部敷好，再用吊带悬挂前臂于胸前；最后用宽带或三角巾将伤臂固定于体侧。

（3）前臂骨折

前臂骨折应用两块小夹板分别放在前臂的掌侧和背侧，夹板从肘到掌，屈肘 90°，拇指朝上；用 3 ~ 4 条宽带缚扎夹板；再用小悬臂带把前臂挂于胸前，如图 4-6 所示。

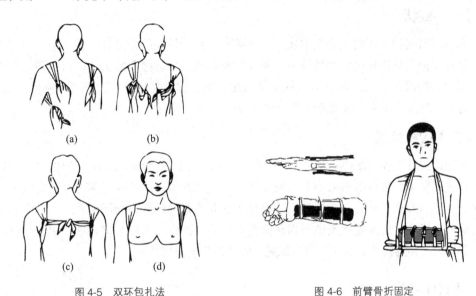

图 4-5 双环包扎法　　　　　　　　　图 4-6 前臂骨折固定

（4）小腿骨折

小腿骨折应用两块小夹板放在小腿的内、外侧，两块夹板上自大腿中部，下至足部；用 4 ~ 5 条宽带分别在膝上、膝下及踝部缚扎固定，如图 4-7 所示。没有夹板时也可用健肢当夹板，固定方法一样。

图 4-7 小腿骨折固定

（5）踝足部骨折

踝足部骨折采用直角夹板固定。脱鞋，取一块直角夹板置于小腿后侧；用棉花或软布在踝部和小腿下部垫好后，再用 3 条宽带分别在膝下、踝上和足部缚扎固定。

如果无法及时处理，请马上联系老师或拨打 120 急救电话。遇有呼吸、心跳停止者先实行心肺复苏术，出血休克者先止血，病情有根本好转后再进行固定。院外固定时，对骨折后造成的畸形禁止整复，不能把骨折断端送回伤口内，只要适当固定即可。代用品的夹板要长于两头的关节并一起固定。夹板应光滑，夹板靠皮肤一面，最好用软垫垫起并包裹两头。固定时应不松、不紧而且牢固。固定四肢时应尽可能暴露手指（足趾）以观察是否有指（趾）尖发紫、肿胀、疼痛、血循环障碍等症状。

八、脑震荡

脑震荡一般是头部遭受外力打击后，即刻发生的短暂性脑功能障碍，是一种轻型脑损伤。

（一）症状

伤后即出现神志不清或完全昏迷，持续数秒、数分钟或数十分钟，但一般不超过半小时。昏迷时全身肌肉松弛、面色苍白、腱反射减弱或消失、瞳孔放大、脉搏细弱。清醒后伤员对受伤的经过不能回忆，但对往事能清楚记忆，常常伴随头痛、恶心、呕吐等症状，有时还会出现失去平衡、视觉障碍和身体疲劳。

（二）应急处理

立即让伤员平卧、保持安静，防寒或防暑，不可随意搬动伤员，不能让伤员坐或站立。对于昏迷不醒者，可通过掐人中或闻氨水的方法使之苏醒。由于脑震荡可与颅内血肿或脑挫伤并存，因此伤员经过急救处理后，应卧床静养，要对伤员进行严密观察，以便及时发现其他颅脑病变。如发现严重脑颅损伤的伤者，应立即将其送往医院处理，护送时应让伤者平卧，用衣物等将其头固定，避免摇晃、震动以免加重病情。

九、肌肉痉挛

肌肉痉挛是肌肉不自主地强直性收缩，俗称抽筋。在日常运动中，痉挛出现的部位多为小腿，即小腿腓肠肌，其次为足底部屈趾肌。痉挛有的时候是会扩散的，如小腿腓肠肌痉挛不及时处理也会引起大腿肌群痉挛。

（一）症状

发病部位的肌肉剧烈挛缩发硬，疼痛难忍，痉挛肌肉所涉及的关节屈伸功能有一定障碍，发生肌肉痉挛的运动员不能坚持参加运动和比赛。发作常持续数分钟。

（二）应急处理

不太严重的肌肉痉挛，只要反向牵引肌肉 3 ～ 5 分钟，一般就可以使其缓解。牵引时切忌用力过猛，用力宜均匀、缓慢，以免造成肌肉拉伤。腓肠肌痉挛时，可伸直膝关节，同时用力将踝关节充分背伸，拉长痉挛的腓肠肌；屈拇肌和屈趾肌痉挛时，可将足及足趾背伸，同时在痉挛肌肉部位做按摩，手法以揉捏、重力按压为主，如图4-8所示。可针刺或点掐委中、承山、涌泉等穴位，处理时需要保暖。严重肌肉痉挛有时需要采用麻醉才能缓解。

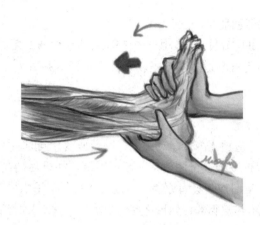

图 4-8 治疗肌肉痉挛

在游泳时发生肌肉痉挛，不要慌张，若自己无法处理或缓解，先深吸一口气，仰浮于水面，并立即呼救。在水中缓解腓肠肌痉挛的方法是：先深吸一口气，仰浮于水面，用痉挛肢体对侧的手握住痉挛肢体的脚趾，用力向身体方向拉，同时用同侧的手掌压在痉挛肢体的膝盖上，帮助将膝关节伸直，待缓解后，慢慢游向岸边。在水中缓解大腿肌肉痉挛时的方法是：先深吸一口气，仰卧于水面，双手抱住小腿用力贴近大腿，并用力向前伸直。缓解上肢肌肉痉挛，可反复用力屈伸肘关节，或进行用力握拳、张开等动作。待肌肉痉挛得以缓解后，不要再继续游泳，应上岸休息，并注意保暖、对症治疗。

十、运动性腹痛

腹痛是运动中常见的症状，通常是由激烈的运动引起的一种短暂的、一时性的、非疾病原因的紊乱，并且时常在运动过程中或运动结束时发生。这种直接由运动引起的腹部疼痛称为运动中腹痛，主要见于中长跑、篮球等运动项目。

（一）症状

运动性腹痛多表现为钝痛或胀痛，一般多发生在右上腹，其次是左上腹和下腹部。疼痛程度与运动负荷和运动强度有关。运动负荷或运动强度越大，疼痛越剧烈。

1. 肝脾淤血

开始运动时速度过快或强度太大，使大量的血淤积在肝脾，肝脾被膜上的神经受牵扯，而引起肝脾区疼痛。此外，剧烈运动时，呼吸急促而表浅或呼吸无节奏，会引起胸膜腔内压上升、腔静脉和肝脾静脉回流障碍，导致肝脾淤血肿大而腹痛。

2. 呼吸肌痉挛

呼吸肌包括肋间肌和膈肌，呼吸肌痉挛会引起季肋部和下胸部锐痛，患者往往不敢做深呼吸。呼吸肌痉挛可能是由于运动中未注意呼吸节律与运动的协调，未注意加深呼吸，以至于呼吸肌功能紊乱，呼吸表浅急促，呼吸肌收缩不协调并过于频繁、紧张而发生的痉挛或细微损伤。另外，准备活动不充分，心肺功能跟不上肌肉工作的需要，使呼吸肌缺氧，也可造成呼吸肌痉挛，并使疼痛加剧。

3.胃肠道痉挛或功能紊乱

运动时，肌肉和内脏血流量重新分配，骨骼肌血流量增加，而胃肠道血流量相对减少，胃肠道缺血、缺氧，引起胃肠道痉挛或蠕动紊乱，牵扯胃肠道上的神经，因而出现疼痛、绞痛。

（二）应急处理

出现运动性腹痛时，应适当降低运动强度，减慢速度，同时做深呼吸，调整呼吸节律，手按腹痛位置，微微弯腰慢跑进行调整，一般可缓解。如果疼痛尚未减轻，要停止运动，并根据三种不同的腹痛类型判断腹痛原因。运动停止后，可请求同伴帮忙点掐内关、足三里和三阴交穴，用热毛巾热敷腹部，如果疼痛尚未消失，就要及时到医院就医。

十一、运动性中暑

正常人的体温一般保持在 36～37℃。在运动、训练等情况下，体内代谢过程加快，产热量增加，体热通过皮肤的辐射、传导、对流及蒸发等方式散发于外界，以保持体温正常。当气温超过皮肤温度时，或环境中有热辐射源，或空气湿度高且通风不好，皮肤不仅散热困难，反而会从外界受热，从而造成体内热量积蓄引起中暑，如图 4-9 所示。

图 4-9 运动性中暑

（一）症状

常见的中暑主要分为热射病、日射病、热痉挛和热衰竭。

（1）热射病主要表现为身体高热，体温升高可达 40℃，甚至 42℃；无汗，颜面灼热潮红；呼吸细弱、脉率快（可达 140 次/分钟），甚至昏迷。严重者会因出现心、肺、脑、肝、肾的并发症而死亡。

（2）日射病轻症者头痛、头晕、恶心和呕吐；重症者也可出现昏迷。

（3）热痉挛患者体温升高不明显，但负荷较重的肌肉，尤其是下肢肌肉易发生痉挛，疼痛难忍。轻症者一般是对称性肌肉痉挛，重症者大肌肉群也会发生痉挛。

（4）热衰竭患者一般无高热，常伴有头痛、头晕、恶心、乏力、多汗、口渴、面色苍白、心率缓慢等症状，可发生晕厥，并有手足抽筋，重症者出现循环衰竭。

（二）应急处理

一旦出现中暑，首先必须降温，迅速将患者转移到通风阴凉处，让其平卧休息，头部稍垫高，松解衣服，全身扇风，头部冰敷，用温水或酒精擦身，服饮盐开水或清凉饮料，必要时服用解热药物。肌肉痉挛者主要牵引痉挛肌肉，补充盐和水。头疼剧烈者，针刺或点太阳穴、风池、合谷、足三里等穴。如有昏迷，可刺激人中穴急救，对四肢进行重推摩和揉捏，必要时一边急救，一边迅速准备送往医院治疗。

第三节
运动损伤的预防措施

大学生参加体育锻炼的目的是增强体质，增进健康。如果在体育锻炼中，忽略对运动损伤和疾病的预防，就可能发生各种伤害事故。因此，积极预防运动性伤病对学生的健康与生活有重要作用。

一、热身运动

热身运动的目的是提高中枢神经系统的兴奋性，特别是克服自主神经的惰性。全身各关节、肌肉的活动加速血液循环，使肌肉组织得到充分的血液供应，以增强肌肉的力量和弹性，并恢复技术动作的反射联系，为正式活动做好充分准备。

热身活动应注意以下几点。

（1）热身活动的内容与负荷应依据正式活动内容、个人身体机能状况、当时的气象状况三方面因素而定。

（2）一般的热身活动要做得充分，专项准备活动一定要有针对性，与后面正式活动有联系。

（3）加大、加强易伤部位的准备活动，有伤部位的活动要谨慎，不可操之过急，动作要和缓，幅度、力度、速度要循序渐进。

（4）在运动中，若间歇时间较长，也应在运动前再次热身。

热身活动与正式活动间隔以 1～4 分钟为宜，活动时间与负荷，一般以身体感到发热，微微出汗为好。在做热身活动时，可适当进行力量练习，提高肌肉温度、改善肌肉功能，此外，还可加入一些肌肉伸展性练习，对肌肉拉伤有积极预防作用。

二、适度运动

运动负荷安排不足，不能达到促进人体运动能力提高的目的。运动负荷过大，超出人体所能承受的范围，不仅会使运动系统局部负荷过重，还会导致中枢神经系统疲劳，致使全身机能下降，协调能力下降，注意力、警觉反应都减弱，从而容易发生损伤。运动系统的劳损，大多是长期局部负荷过大所导致。为了减少这些损伤，严格遵守运动锻炼原则；根据年龄、性别、健康的情况，以及训练水平和各个项目的特点，个别对待，循序渐进；

合理安排运动负荷，适度运动是十分必要的。

三、放松运动

放松运动可以促进肌肉局部的血液循环，促进乳酸在骨骼肌和心肌内的氧化；加速全身的血液循环，运送代谢产物到肝脏，使其经糖异生作用合成糖原，有利于加速偿还活动中所欠的氧债；预防运动骤然停止可能引起的机体功能失调；可以有效预防因长时间运动所导致的各种慢性劳损。总的来说，放松运动不仅可以避免运动损伤，还可以为再次运动提供更好的机体。

除此之外，我们还要加强思想重视，在运动中不能麻痹大意；加强自我保护意识，对于自己不会或没有掌握的技术动作要科学尝试，同时还要避免运动器械、场地等客观原因带来的损伤。

❓ 思考题

1. 如何预防运动损伤的发生？
2. 你经历或见过几种运动损伤？想想应该如何处理？

第五章

强基固本的田径运动

田径是"运动之母"，所有运动所需的力量、速度、耐力、柔韧、灵敏等素质均可以在田径运动中得到体现和发展。田径运动历史悠久，起源于人类的基本生存与生活活动，是人类生存和生活技能的根本，也是人类进化史上重要的组成部分。

本章通过简述田径运动的发展历程、进化阶段和不同运动的技战术分析，一方面使学生对该运动有详细的认知，另一方面帮助学生强化基本运动能力，促进学生养成终身运动的习惯。

📖 学习目标

1. 充分了解田径运动的发展历程和阶段变化，对田径自身属性和运动价值有所了解。
2. 熟悉田径运动跑、跳、投等项目的技术动作组成和实际应用。
3. 欣赏田径运动中的美，了解挑战人类极限之美。

第一节
何为"运动之母"

在人类运动历史上，田径运动的走、跑、跳、投体现在人类生活的方方面面，与之俱来的是大自然所赋予的适者生存的功能，田径运动由简单的肢体运动发展到复杂的生产运动，逐步演化成现代竞技运动。

一、历史长河中田径运动的发展

（一）田径运动的起源

早期的人类，迫于生活压力和物种的延续，逐步发展成为陆地栖居的生物，改变了树上活动方式和觅食方法，虽然陆上生活资源更加丰富，但也带来了更大的危险。人类通过加强自身运动能力逐步发展为生物链的上位者，这与基础的田径运动休戚相关，在走、跑、跳、投发展过程中，各类复杂的动作组合最终成为人类生产生活的习惯与方式。

1. 人类迁徙运动——运动能力提升与改变环境

早期猿人通过集体迁徙来适应环境变化。他们为了满足生活需求和寻找食物始终奔波在地球的各个角落，而在迁徙过程中，他们逐步认识到陆上行走能够更大程度满足自身需求，与此同时，在躲避危机，与入侵野兽抗争的过程中，他们的各方面素质均得到了提高，并逐步成为改变环境的勇者。

2. 提高速度——保证人类延续发展

为了适应环境变化，躲避自然天气和野兽的威胁，寻找食物来源，原始人类在发展到直立行走后，逐步加快行走速度，这一动作逐步演变为现代社会"跑"的雏形，也加快了人类的进化。

3. 提高跳跃能力——获取生存生活必需品

原始人类在早期树上活动时，更多依靠手臂力量进行攀爬，而直立行走使其上肢逐渐退化，下肢逐渐增强。远古时期的陆地荆棘横生，为了获取猎物和便于沟通交流，跨越障碍，原始人类的跳跃能力逐步得到发展，也因此演变为"跳跃"的雏形。

4. 掌握投掷能力——提高捕猎成功率

原始人类在增强跑、跳运动能力后，扩展了活动区域，得到了更多自然资源，但生命依旧遭受着野兽的威胁，为了自保，他们开始利用器械进行投掷，这样做一方面可以自我保护，另一方面可以获取猎物与食材。为了提高捕猎成功率，器械的投掷距离和精度逐渐提高，投掷运动应运而生。

（二）田径运动的发展

从远古时期人类出现到近代社会跑、跳、投技能的逐渐完善经历了漫长的岁月，人们从为了获取生存资源到衣食住行丰富后的精神享受，逐渐开始规范田径运动，并研究能够让人类"更快、更高、更强"的方式与方法，田径运动随之成为一个完整的体系。

有记载的田径运动会可以追溯到公元前776年的第1届古代奥林匹克运动会，彼时的田径运动概念并没有完全成型，直到1896年在雅典举办的第1届奥林匹克运动会，田径运动的规则、技术才逐步形成得到规范，田径运动的公平性更加凸显。

在田径运动百年历史中，整个世界范围的田径运动均发生了阶段性变化。

（1）20世纪30年代初期至50年代后期，田径运动逐步开始现代化。

（2）在两次世界大战的影响下，田径运动在一段时间停滞不前，但随着社会趋于稳定迎来了新的高峰期。

（3）全世界进入和平稳定的发展时期，科学技术的进步为田径运动带来了质的飞跃，电子器材的引进代表着田径运动的成熟。

（4）21世纪以来，田径运动正一步步趋于完美。

二、奥林匹克运动会的启迪

在神话中，传说在公元 9 世纪，当时的英雄伊菲托斯前往皮娅亚询请求神谕，希望女祭司能够告知其拯救苦难人民的方法，女祭司提出：筹办一届比赛彰显对神明的尊重，并以此昭告和平。果不其然，他的对手斯巴达人在比赛期间为了表达敬意停止了战争，而比赛的举办地便是希腊诸神的住所，正因比赛带来了和平稳定和欣欣向荣，奥林匹克运动会便得到发展并延续至今，并为世人带来了福祉。

（一）田径运动能够给人带来心情愉悦和享受

田径运动给人带来的心情愉悦是从身体机能的表现上传递给神经系统的。它通过力量、速度、耐力等素质的提高，使身体机能整体改善，各器官协同发展，并促进肾上腺素、内啡肽、多巴胺等激素分泌旺盛，使大脑神经中枢高度活跃，给人带来精神上的享受。

（二）田径运动能够培养意志品质和团结协作能力

田径运动可以培养精神品质：一方面，田径运动可以提高个人能力，即以意志品质、超越自身极限的方式带动质的飞跃；另一方面，在接力项目等运动中讲求合作精神，以团队的胜利作为骄傲的象征，这种意志品质也是古希腊人民抵抗外敌迎接和平的精神力量。

（三）田径运动能够给人以外在美的表现，符合物竞天择的规律

在原始社会，人类将最强大之人奉为部落首领或神明，动物以强大的力量和优美的姿态吸引配偶。现今社会，人们对美的追求更胜以往，完美的肌肉线条、窈窕的身姿，既给人以健康的形象，又符合人类社会进步的需求。

> **第二节**
> ## 跑跳投

田径运动的种类多种多样，受到场地和外界环境的制约较少，被公认为"运动之母"。但是不同项目对不同年龄、身体差异、遗传因素特征等要求不一，选择适宜自己的项目尤为重要，在基础练习阶段应学习正确的技术动作，避免引发运动损伤，力争将某一项，甚至几项田径运动作为终身体育锻炼的内容。

一、挑战速度极限的跑步项目

跑是在稳定的前提下，通过周期性动作进行的快速位移，其基本要求是上下肢协同交替摆动，以快速有力的衔接蹬地达到人体所能承受极限的运动。

而跑的种类可细分为：短距离跑、中长距离跑、马拉松、跨栏跑、接力跑、障碍跑。下面主要介绍短距离跑、中长距离跑和接力跑。

（一）短距离跑

短距离跑（短跑）是人类对速度极限的追求，是在设定较短距离内以最短时间通过的

运动，其速度峰值是所有田径项目中最高的。400米及400米以下的竞技项目均为短跑。

短跑不仅能够提高神经传导速度，提高反应时间和灵敏度，同时还可以对骨骼韧性密度、肌肉力量起到重塑效果，是所有运动的基础环节之一。短跑技术主要分为：起跑、加速跑、途中跑、冲刺跑四个阶段。

📖 知识链接

大学生运动会主要径赛项目如下。

（1）短距离跑：100米、200米、400米。

（2）中距离跑：800米、1 500米。

（3）长距离跑：5 000米、10 000米。

（4）马拉松：42.195千米。

（5）跨栏跑：110米栏（男）、100米栏（女）、400米栏。

（6）接力跑：4×100米接力、4×400米接力。

（7）障碍跑：3 000米障碍。

1. 起跑

起跑是在听到发令员枪声后，迅速做出身体反应，并由静止状态向运动状态转变的过程，短跑采用蹲踞式起跑。

（1）口令"各就位"：当听到发令员"各就位"的口令后，进入起跑的准备阶段，即走向起跑器，双脚完全抵住起跑器踏板，单膝跪地，目视前下方。

（2）口令"预备"：当听到"预备"的口令后，臀部抬起，略高于肩，重心前移，手臂形成强有力的支撑。

（3）枪响后的蹬地环节：双脚同时发力，重心迅速前移，后腿蹬出第一步，超越起跑线，同时身体保持前倾状态。

2. 加速跑

加速跑是与起跑环节相辅相成的，是从启动第一步开始至速度达到最高峰的加速过程。在这个过程中，同样时间内达到最高速的距离越短，其总体成绩相对更加优秀，如图5-1所示。

（1）步频：在加速跑阶段随着时间推移，步频逐渐增大，双脚由左右八字启动到逐渐呈一条直线奔跑。

（2）步幅：以100米为例，加速跑阶段通常在全程的前30米，优秀运动员的加速跑阶段可为50～70米，并且步幅逐渐增大。

（3）摆臂与身体姿态：手掌张开，大幅摆臂，大臂放松并贴近身体，上体前倾角度逐渐缩小。

图5-1 起跑后的加速跑

3. 途中跑

途中跑是加速跑到达最高速后维持最高速的过程，相对而言，越优秀的运动员途中跑维持速度能力越强，如图 5-2 所示。

（1）蹬摆环节：途中跑过程中，大腿主动前摆并接近 90°，小腿前伸并积极下压落地，脚部由前蹬变为下扒，呈"鞭打"状，随后髋关节主动向前，并后蹬发力。

（2）躯体姿势：躯体主动前压，双眼直视前方。

（3）摆臂幅度：前摆肘部过腰间，后摆手部过腰间，与加速跑相比进入一个相对稳定的阶段。

图 5-2　途中跑

4. 冲刺跑

冲刺跑又称终点跑，主要指冲线的最终技术环节，如图 5-3 所示。

冲刺跑过程中继续保持途中跑的最高速度并在终点前最后一步，头部前探，躯干前倾，双臂后摆，以躯干部分过终点后沿的垂直线面为结束，结束后应随惯性继续跑动直至自然停下。

图 5-3　冲刺跑

（二）中长距离跑

古代便有夸父逐日的神话，那是速度与耐力的结合，不仅是人类对于阳光的渴望，也是人类超越自我的梦想。800 米（含）以上的竞技项目称为中长距离跑（简称"中长跑"），包括公路跑、越野跑、马拉松跑等，常年进行中长跑练习不仅能够提高身体素质，同时也是对自身意志品质的磨炼。

中长跑分为起跑、加速跑、途中跑、冲刺跑四个部分，同时加入了呼吸技术与战术应用两个部分。下面主要介绍起跑、加速跑、途中跑三个部分。

1. 起跑

（1）中长跑采用站立式起跑，当发令员发出"各就位"的口令后，运动员在起跑线后做好起跑姿势，枪响后开始起跑。

（2）起跑时运动员前后脚开立，主力腿在前，支撑腿在后，相隔约30厘米，双腿自然弯曲，两臂自然下垂，身体前倾。

2. 加速跑

在比赛开始阶段应尽可能占据有利位置，内道运动员加速超出，外道运动员以最短距离斜线向内道靠拢。

3. 途中跑

（1）途中跑阶段的呼吸：途中跑掌握有节奏的呼吸技巧非常重要。长跑的途中跑一般采用三步一呼、三步一吸或两步一呼、两步一吸的呼吸节奏。由于长时间耐力跑会加速身体内乳酸堆积，而氧能够快速将乳酸分解，因此合理的呼吸能够保障运动员长时间进行运动。

（2）途中跑的跟随战术：在比赛中，由于领跑运动员承受较大风阻，因此成绩不足以取得最佳名次的运动员，应根据自身水平选择适当梯队进行跟随，以减少风阻，寻找合适时机超越对手。

（3）身体姿势：身体略前倾，身体重心和髋关节上下起伏小，颈肩部放松，目视前方。

（4）摆臂姿势：出发阶段摆臂幅度较大，途中跑阶段摆臂幅度较小，降低身体内耗。

（5）腿部姿势：中长跑的途中跑与短跑的途中跑阶段相比，重心略低，根据疲劳程度和速度适当调整步幅大小，大腿抬起幅度相对较低，小腿前伸相对较小，身体重心较平稳。

在蹬伸过程中，小腿与支撑腿基本保持平行（见图5-4），腾空阶段肌肉自然放松（见图5-5），利用速度带来的惯性尽量节省体力向前，落地时由全脚掌过渡到前脚掌进行发力，避免前脚掌用力过多造成小腿肌肉酸痛。

图 5-4　后蹬与前摆

图 5-5　腾空阶段

（三）接力跑

接力跑是田径比赛中唯一一项由团队集体配合完成的项目，旨在提高运动员团结协作能力和集体荣誉感。一般国际、国内大赛的接力跑分为4×100米和4×400米接力跑，由棒次安排、跑的技术、交接棒技术三个部分组成。

1. 4×100米接力跑

（1）棒次安排

4×100米接力跑的棒次安排由不同棒次跑过的长度和弯道技术决定，一般而言第一棒运动员需要起跑技术好，弯道技术出色，第二棒运动员需要直线加速能力强，第三棒运动员需要弯道能力强，第四棒运动员的绝对速度最快。

（2）跑的技术

4×100米接力要求第一棒运动员使用蹲踞式起跑技术，交接棒时，第一棒和第三棒运动员靠近跑道内侧，第二棒和第四棒运动员靠近跑道外侧，接棒运动员提前起跑，以便在交接棒时双方均达到最高速。

（3）交接棒技术

交接棒技术分为下压式（见图5-6）和上挑式（见图5-7）两种，目前国际上多采用下压式接棒方式，在传棒运动员抵达接棒运动员预跑既定位置时，接棒运动员快速启动，当听到传棒运动员喊"接"，接棒运动员自然向后方伸手，掌心朝上，拇指外展，露出虎口，其余四指并拢，传棒运动员手臂前伸，由上到下将接力棒传至接棒运动员虎口位置。

图5-6 下压式　　　　　　　　　　　　图5-7 上挑式

2. 4×400米接力跑

4×400米接力跑一般选择速度最快的运动员在最后一棒，前三棒运动员水平相当。需要注意的问题有以下两点。

（1）第一棒运动员全程进行分道跑，第二棒运动员分道跑过第一个弯道，在抢道线处串道。

（2）第三棒和第四棒运动员在接力区的排列顺序由裁判员负责，根据同队前一棒运动员进入最后一个弯道的先后，由内道至外道排列，位置确定后不允许随意改变。

二、克服地心引力的跳跃项目

跳跃项目分为高度项目和远度项目，人类通过不同的身体动作和发力方式不断挑战地心引力，跳得高低远近取决于起跳初速度、腾起角度、抛物线弧度等因素，随着技术的发展，跳跃姿势逐步演变。

（一）跳远

跳远是由助跑、起跳、腾空、落地四个环节构成的远度项目。

1. 助跑

（1）助跑长度：优秀运动员助跑长度一般为 40～50 米，这与运动员的速度和耐力相关，即在起跳瞬间达到最大可控速度为最佳。

（2）助跑步数：优秀运动员一般采取 28～32 步助跑。初次确定助跑步数通常采用便步走的方式，10 步以内助跑步数为便步走步数乘以 2 再减 2，10 步以后，每多助跑一步增加便步走 2 步。或者采用反向助跑的方式确定助跑步数。

（3）助跑节奏：助跑开始阶段类似于短跑，逐渐加快跑步频率，但要求步幅大小相对稳定，身体重心起伏较小。在接触起跳板前 4～6 步，应进一步加快跑步频率，但保持步幅大小稳定，最后一步步幅略小，踩在踏板上瞬间集中发力。

2. 起跳

（1）起跳脚发力环节

① 起跳脚在接触踏板前快速积极下压。

② 脚跟着地后迅速过渡到前脚掌。

③ 起跳脚快速触板同时将腿积极向前上方摆动，手臂摆动幅度增大，大腿与地面接近水平。如图 5-8 所示。

（2）蹬伸环节

起跳脚触板时重心由低位迅速升高，由弹性势能转换为动能发力，蹬伸膝关节。

3. 腾空

跳远腾空稳定性是影响远度的重要因素之一，目前常用姿势包括蹲踞式、挺身式、走步式三种，其中国际大赛一般采用走步式，但其技术难度较高，因此初学者多选择蹲踞式和挺身式技术，如图 5-9 所示。

图 5-8 蹬摆

图 5-9 腾空

（1）蹲踞式

蹲踞式是跳远发展初级阶段的常用姿势，其动作难度较低，但由于腾空时间较短、初始角度较低等因素，不能取得较为良好的效果，一般作为学习跳远的初级技术，如图 5-10 所示。动作要领有以下几点。

① 起跳后，手臂积极向前上方摆动。

②双眼目视前方，腿部积极前伸，落地尽力用后脚跟接触地面。

③落地时，腰腹用力，手臂前摆，躯干前倾，双腿前伸。

图 5-10　蹲踞式跳远

（2）挺身式

挺身式跳远的身体姿势更符合空气动力学、生物力学原理，如图 5-11 所示。

动作要领有以下几点。

①起跳时积极提腰提肩，伸展上体。

②挺胸抬头，手臂和双腿向后弯曲成弓形，随后大腿主动前摆。

③落地过程中，双臂经耳侧主动前摆，随后身体姿势与蹲踞式相似。

图 5-11　挺身式跳远

（3）走步式

①起跳后，摆动腿与起跳腿交替在空中形成走步姿势，手臂在空中配合交替摆动。

②落地时收腹，小腿主动前伸。

4.落地

双脚脚后跟落地接触沙坑瞬间，膝关节做缓冲动作，重心快速向前或侧前方跟进，以蹲踞或倒地姿势结束。

（二）跳高

跳高经历了跨越式、剪式、滚式、俯卧式、背越式几个不同发展历程，目前绝大多数运动员采用背越式跳高，剪式、滚式、俯卧式跳高已退出国际舞台，跨越式作为新手在初级阶段需要学习的技术动作仍旧保留。跳高是下肢力量及身体柔韧性、协调性的综合体现，由助跑、起跳、过杆、落地四个主要环节组成。

1.跨越式跳高

（1）助跑

跨越式跳高助跑采用直线方式，与横杆成 30°～60°角，由起跳点向外测量一条 8～12 步的助跑路线，跑动全程身体重心起伏较小。

（2）起跳

助跑最后一步，起跳腿积极落地，由后脚跟过渡到前脚掌，膝关节呈135°左右，身体重心迅速前移，随后摆动腿内旋并积极向胸部靠拢，身体向斜上方移动，手臂由身体后方向斜前上方摆动。

（3）过杆

过杆瞬间，身体保持正直或略向后倾斜，摆动腿超过横杆高度后，小腿前摆并钩脚，起跳腿随后紧跟摆动腿迅速跨越横杆。

（4）落地

跨越式跳高落地时由脚后跟过渡到前脚掌，膝关节放松缓冲，身体保持正直或躺式落地均可。

2. 背越式跳高

（1）助跑

背越式跳高助跑采用J字形路线，由起跳点向外丈量，可采用4–5–6 或 5–6–7 步走路式丈量方式，即由起跳点先向与横杆平行方向走 4 ～ 5 步标记 A，随后向横杆垂直方向丈量 5 ～ 6 步标记 B，再向前走 6 ～ 7 步标记 C，跑进路线 C–B 段为直线助跑，B–A 段为弧线助跑。

助跑时直线步幅较大，重心稳定，弧线助跑身体向内倾斜，外侧腿高于内侧腿摆动，外侧肩高于内侧肩摆动，如图 5-12 所示。

图 5-12　助跑

（2）起跳

起跳瞬间，起跳腿积极落地，身体重心前移，起跳腿积极蹬伸，摆动腿内旋并上扬至高点，脚外侧后部率先落地，并过渡至全脚掌，主动挺髋，手臂由后至前上方摆动，如图 5-13 所示。

图 5-13　起跳

（3）过杆

起跳后，身体向斜后方垂直起跳，并主动向杆后伸臂，双腿自然放松，头部后仰，肩部下垂，挺髋，过杆后，小腿迅速上摆，如图 5-14 所示。

图 5-14 过杆

（4）落地

落地时肩背部首先着垫，下颚收紧，随后向后方或一侧进行倒地缓冲。

三、力拔山兮的投掷项目

投掷是人体力量的集中体现，是对器械离开手部后飞行的最远距离进行测量的项目。投掷远度的关键点不仅在于初速度、出手角度，同时它对动作发力和精准度也具有一定要求，因此随着竞技体育的发展，投掷的技术动作也在逐步演变。

以下以背向滑步推铅球为例介绍投掷项目。

国际比赛用球重量为男子 7.26 千克，女子 4 千克，经过数年发展，目前最常用技术为背向滑步推铅球，而国际上水平极高的运动员则采用旋转式推铅球。

推铅球的技术动作可分为握球、预备姿势、滑步、发力与结束动作四个部分。

1.握球

将球放于肩部锁骨窝处，紧贴脖颈部，五指自然张开并包裹铅球，手心处可适当留有空间，掌心朝前，肘关节抬起，大臂与躯干约呈90°。

2. 预备姿势

预备姿势分为高姿站立和低姿站立两种，其区别主要在于身体躯干部分直立或倾斜。高姿站立时，双脚距离较近，低姿站立时，双脚距离较远，一手握球，另一手自然伸直，保持平衡；高姿站立时，双腿直立，低姿站立时，双腿弯曲，如图 5-15 和图 5-16 所示。

图 5-15　高姿站立　　　　　　　　　　图 5-16　低姿站立

3. 滑步

（1）预摆：支撑腿放松，摆动腿做 1 ～ 3 次蹬伸，摆动腿弯曲时支撑腿自然弯曲，摆动腿蹬伸则支撑腿也蹬伸发力。

（2）滑步：摆动腿蹬伸瞬间，支撑腿向投掷方向滑动。

（3）支撑：摆动腿率先落地做侧向支撑，前脚掌过渡到全脚掌，双腿间隔较大，但不允许触碰前方抵趾板上沿。

（4）转体：在支撑同时，身体由较低位向高位移动，以右手投掷为例，腿和腰部同时逆时针旋转，左肩高于右肩，如图 5-17 所示。

图 5-17　滑步

4. 发力与结束动作

背向滑步推铅球主要应用了较远的移动距离和蹬转发力，使球的初速度增加，并配合一定角度将球推出更远的距离。在发力环节中，挺胸、抬头、转体必不可少，腿部的强有力蹬伸、髋关节的快速转动是使球获得最佳初速度的关键因素。

在出手瞬间，当身体基本面向投掷方向时，以大臂发力带动小臂前伸至最远距离，身体前倾，出手角度为 37°～45°，手腕发力，手指推出铅球。

铅球出手后，由滑步后摆动腿在前迅速改为支撑腿在前，并稳定身体平衡，避免违规。

四、田径王者——全能

全能项目由跑、跳、投项目组合而成，它需要运动员在规定的时间内依次完成规定项目，并根据积分判定运动员成绩。

全能项目由于对身体速度、耐力、力量、柔韧、灵敏等要求均较高，相对单一项目难度更大，适合更专业的人群，也因此被称为田径项目中的王者项目，能够参加全能项目的运动员绝对是田径运动中的佼佼者。

国际比赛中全能项目一般分在两天完成。

（一）男子十项全能

第一天：100 米、跳远、铅球、跳高、400 米。

第二天：110 米栏、铁饼、撑竿跳高、标枪、1 500 米。

（二）女子七项全能

第一天：100 米栏、跳高、铅球、200 米。

第二天：跳远、标枪、800 米。

在可能的情况下，全能项目比赛每两项之间至少间隔 30 分钟，而第一天最后一项到第二天第一项开始，中间间隔至少 10 个小时，以便于运动员恢复体能和创造优异成绩。

第三节
欣赏挑战极限之美

田径是我国从中华人民共和国成立之初便大力发展的运动项目，作为"运动之母"集百家所长，能够全面发展人体各项素质，是人类进步的象征。从王军霞在国际长跑舞台绽放光芒，到刘翔创造黄种人历史夺得奥运会 110 米栏冠军，再到苏炳添打破 100 米亚洲纪录，挑战极限成为田径运动的别样之美，而在众多田径单项中又有着极限中的极限项目，现在就让我们一起来欣赏。

一、飞向天空之美——撑竿跳高

撑竿跳高是一种结合上下肢力量共同完成的、对利用撑竿支撑跃过的高度进行计量的运动项目，由加速、助跑、插斗、悬垂、摆体和举腿、引体等众多复杂步骤组合而成，每一个步骤都影响着跳跃的高度。人体在空中的停留会给人以飞一般的感觉，整个跳跃过程犹如马戏团杂技表演般引人注目，每一次腾起都将引起观众欢呼，如图 5-18 所示。

图 5-18　撑竿跳高

（一）撑竿跳高规则的演变

在 1904 年奥运会期间，一名运动员充分利用规则漏洞，将手中的杆子直接插入沙土之中，用爬的姿势缓缓上升最后一跃飞过横杆，让当时的裁判和观众都不知所措。这种方式一方面并没有违反当时的规定，另一方面却对其他运动员的成绩产生了不公平的影响，随后奥组委进一步完善了规则，要求运动员在起跳之后，双手不得随意移动，尤其下手不得与上手交换，上手不能持续移动，规范了撑竿跳高的运动技术。

（二）世界名将的风采

美国曾是撑竿跳高历年的王者，前 19 届奥运会撑竿跳高的冠军从未旁落，但随后俄罗斯后来居上，苏联运动员布勃卡 1985 年创造男子撑竿跳 6 米的纪录，成为划时代的象征。

而女子运动员中最著名的无疑是俄罗斯的伊辛巴耶娃，她 27 次打破撑竿跳高世界纪录，成为了所有运动项目破纪录次数最多的女运动员，被誉为"撑竿跳高女皇"。她在 2005 年 7 月 22 日，成为第一个撑竿跳高突破 5 米纪录的女性运动员，她在 2016 年 7 月 29 日退役，并将纪录定格在了 5.06 米。此外，伊辛巴耶娃具有完美的身材比例和出色的容貌，加上精湛的技术，成为田径场上一道亮丽的风景线，如图 5-19 所示。

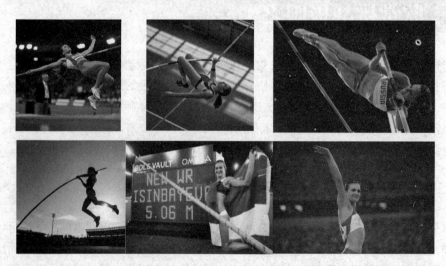

图 5-19　伊辛巴耶娃撑竿跳高的比赛画面

二、永不停歇的脚步——马拉松

马拉松是一项超长距离的耐力跑运动，全长 42.195 公里，是奥运会比赛中距离最长的运动项目，参加马拉松运动需要具备超常的意志品质。

（一）马拉松一词的起源

传说在古代希波战争中，希腊人战胜波斯人获得战争的胜利，一名叫作斐迪庇第斯的士兵希望将信息尽快传回国内，因此一路跑回雅典，将消息传到后倒地死亡。为了纪念这位英雄，1986 年第一届奥运会将他跑过的 42.195 公里设立为马拉松运动，马拉松正式登上国际舞台。

（二）马拉松的极限魅力

随着人类的进步和科技的发展，42.195 公里对专业跑者甚至大众跑者来说并不再遥不可及，如今，马拉松运动在中国方兴未艾，大众参赛热情高涨，而人们对这种超长距离跑如此热衷的原因主要归结于以下三点：其一，马拉松运动的赛场并非仅为专业运动员设立，它分为不同组别，专业运动员、少年儿童、老年人均可以参加，并且男女可以同台竞技。它增加了人与人之间的交流，使人们在跑的过程中互帮互助，结识众多跑步爱好者；其二，马拉松运动不像其他田径比赛一样在固定的 400 米跑道上进行，而是在众多城市乡村道路上进行，跑者不仅能够欣赏不同风景的美丽，还能陶冶情操；其三，马拉松运动是一项自我挑战的项目，完成一项马拉松赛事，跑者会有愉悦感和满足感，是一场精神的激发和身体的旅行，如图 5-20 所示。

图 5-20　马拉松

三、田径赛场之美

田径赛场是运动员收获冠军喜悦和挥洒汗水的场地，它由红、蓝、白、黄等各种色彩组成，它记录了历史上太多的辉煌与落寞，也承载了人们对于极限的渴望，此外不同国家的运动场馆还包含了不同国家特有的元素。

（一）包含丰富国家元素的赛场

田径赛场一般是由室内、室外、观众席、竞技场地等几个部分组成，其中 400 米运动场地是每个标准场馆不可或缺的核心，由于不同国家的建筑风格不同，因此不同国家的场馆也融入了这个国家不同的元素及对美的欣赏，如图 5-21 所示。

图 5-21　不同国家设计的体育场馆

（二）开幕式表演

　　每一届奥运会的重头戏不仅限于百米飞人大战这样的竞技类项目，开幕式也受到了全世界人民的关注，而体育场馆是开幕式的举办场地，是向世人展现国家科技、文化乃至民族精神的舞台，如图 5-22 所示。

图 5-22　北京、伦敦、里约奥运会开幕式

思考题

1. 结合自己生活，讲述身边关于跑步的故事。
2. 小组讨论田径各运动项目的技术特点。
3. 选择一项自己喜爱的运动，阐述如何将其发展为一项终身体育运动。

第六章

丰富多彩的球类运动

球类运动丰富多彩，因具有较强的趣味性、观赏性、对抗性而备受大众青睐。在我国，足球、篮球、排球被称为"三大球"，乒乓球、羽毛球、网球被称为"三小球"。这些都是世界上颇具影响力的体育运动，对大学生的力量、速度、耐力、灵敏等素质都有较大的促进作用。

学习目标

1. 通过对球类运动的学习，了解各球类项目动作要点、技术原理及相关规则，逐步建立正确的动作概念。
2. 通过对球类项目技术动作的学习，增强各项目技术能力，能够参与相关竞赛活动；发展力量、速度、耐力、灵敏等身体素质，提高运动能力。
3. 通过参与球类运动，培养勇敢、果断、自信、团结互助、协作创新等良好品质。

第一节
足球运动

足球，是全球体育界最有影响力的单项体育运动，被誉为"世界第一运动"。本节主要通过丰富的示意图、战术图和知识链接等资源指导学生了解足球文化，掌握足球知识，发展足球的技术技能，提升足球的综合素养。

一、走进足球世界

（一）中国是足球的故乡——蹴鞠

2004 年 7 月 15 日，在北京第三届中国国际足球博览会开幕式上，国际足球联合会（以下简称"国际足联"）和亚洲足球联合会一致认同：中国是足球的故乡，中国淄博是足球最早的发源地。我国古代盛行蹴鞠运动，如图 6-1 所示，蹴鞠一词最早记载于《史记·苏秦列传》，苏秦游说齐宣王时形容临菑（现临淄）："临菑甚富而实，其民无不吹竽、鼓瑟、蹋鞠者。"这里的"蹋鞠"就是指"蹴鞠""蹴球"。"蹴鞠"就是用脚踢球，它是中国一项古老的体育运动，有直接对抗、间接对抗和白打三种形式。因此，资料表明，中国是足球的故乡。

图 6-1 蹴鞠

（二）现代足球起源于英国

传说在 11 世纪，丹麦人侵英格兰，战争结束后，英国人在清理战争废墟时发现一个丹麦入侵者的头骨，出于愤恨，他们便用脚去踢这个头骨，不过他们发现头骨踢起来脚痛，于是用吹起来的牛膀胱代替它，这便与今天的足球运动类似。比赛在城市街道上进行，但对参加的人数、犯规都无规则限制。进入 19 世纪，足球运动在一些学校开展起来。并制定了一些规则。1848 年，足球运动第一个文字形式的规则《剑桥规则》诞生。1857 年，英国成立了世界上第一个足球俱乐部。1863 年 10 月 26 日在英国伦敦克鲁米萨街弗里森酒店，来自 11 个俱乐部和学校的足球代表举行了会议，成立了世界上第一个足球协会——英格兰足球协会；英格兰足球协会的成立，标志着世界足球运动进入了一个崭新的历史阶段。这一天也是现代足球运动的诞生日。因此，人们公认现代足球运动起源于英国。

> 📖 **知识链接**
>
> 早在 3500 年前的商代，就有了"足球舞"。战国时代，民间已盛行集体的"蹴鞠"游戏。1991 年，时任国际奥委会主席萨马兰奇在一次针对足球的讲话中说："足球起源于中国的蹴鞠。"

（三）风靡世界的足球比赛

1. 世界杯足球赛

世界杯足球赛是由国际足联组织，是世界上荣誉最高、规模最大、水平最高的足球比赛。从 1930 年在乌拉圭举办的第 1 届世界杯后，世界杯每 4 年举办一次（1942 年及 1946 年两届世界杯因第二次世界大战而未能举行），任何国际足联会员国（地区）都可以派出代表队报名参加这项比赛。巴西国家男子足球队目前是夺得该荣誉最多的球队，共获五次世界杯冠军，并永久地保留了前任世界杯"雷米特金杯"。现在的世界杯是"大力神杯"。

2. 奥运会足球比赛

从 1896 年到 1908 年的 4 届奥运会，足球只是表演项目，直到 1912 年第 5 届奥运会足球才成为正式比赛项目，从 1960 年第 17 届奥运会起，参赛队才明显增多。

3. 女足世界杯赛

女足世界杯，诞生于 1991 年 11 月，为了推动世界女子足球运动的不断发展，在时任国际足联主席阿维兰热的鼎力倡导下，首届女足世界杯在中国广州举行，之后每 4 年举办一次。

4. 欧洲五大联赛

欧洲足球五大联赛是指在欧洲的足球联赛中，影响力及竞技水平排名前五的联赛，即英格兰足球超级联赛（英超）、意大利足球甲级联赛（意甲）、德国足球甲级联赛（德甲）、西班牙足球甲级联赛（西甲）、法国足球甲级联赛（法甲），见表 6-1。这些联赛代表着世界足坛最顶尖的足球水平，吸引了众多球星加盟，是世界足球发展的风向标。

表 6-1 国际足球历史和统计联合会（IFFHS）2020 年五大联赛排名

排 名	联赛国家	积 分
1	意大利（意甲）	1 026
2	英国（英超）	1 003
3	西班牙（西甲）	954
4	德国（德甲）	864
5	法国（法甲）	661

5. 中超联赛

中超联赛，即中国足球协会超级联赛（Chinese Football Association Super League, CSL），是由中国足球协会组织的、中国最优秀的职业足球俱乐部参加的、全国最高水平的足球职业联赛。

二、发展足球技能

足球技术的表现形式包括传球、射门、接球、运球过人、头顶球、掷界外球、抢截、守门员技术等基本技术，是学习足球的基础，只有打好基本功，由简入繁，才能更好地参与足球比赛，从而帮助球队取得好的成绩。

（一）提高球性

提高球性是指用身体任何部分触球时，身体对球的良好把握与感觉。

1. 踩球

动作要领：脚尖上翘，重心上提，前脚掌触球的上方，两脚快速交替踩球练习，如图 6-2 所示。

2. 拉推球

动作要领：前脚掌触球的前上方，向后拉球，再用同一只脚的脚内侧将球向前轻推，注意抬头，重心靠上，如图 6-3 所示。

图 6-2　踩球　　　　　　　　　　　　图 6-3　拉推球

3. 多部位颠球

颠球是提高球感的有效方法。球员用双脚或身体的有效部位不停地触球，使球在空中不停地运动。颠球分为脚背正面颠球、脚背内侧颠球、脚背外侧颠球等，如图 6-4 所示。

（二）提高运球技术

运球技术动作通常是由运球方法的选择与准备、跑动中间断触球、为下一动作的连接做好准备三个环节组成，常用的运球技术动作如下。

（1）脚背正面运球：运球时身体持正常跑动姿势，上体稍前倾，步幅不宜过大，运球腿提起，膝关节稍屈，髋关节前送，提踵，脚尖下指，在着地前用脚背正面部位触球的后中部将球推送前进，如图 6-5 所示。

图 6-4　颠球

（2）脚背外侧运球：运球时身体持正常跑动姿势，上体稍前倾，步幅不宜过大，运球腿提起，膝关节稍屈，髋关节前送，提踵，脚尖绕矢状轴向内旋转，使脚背外侧正对运球方向，在运球脚落地前用脚背外侧推拨球的后中部，如图 6-6 所示。

图 6-5 脚背正面运球

图 6-6 脚背外侧运球

（3）脚内侧运球：身体稍侧转并自然协调放松，步幅小，上体前倾，运球腿提起外展，膝微屈外转，提踵，脚尖外转，使脚内侧正对运球方向，在运球脚落地前用脚内侧推拨球，使球随身体前进，如图 6-7 所示。

图 6-7 脚内侧运球

📖 **知识链接**

运球时的易犯错误

（1）眼睛只盯着球，不能随时观察周围情况，因而不能根据临场情况及早采取措施。

（2）身体僵硬影响动作的协调自如，造成不恰当触球，或触球时力量过大。

（3）运球技术运用不合理，造成脚尖捅球。

（4）运球时步幅过大，重心偏高，不能随心所欲地触球控球。

（5）由于触球部位不恰当，运球时球不能按照运球者的意图运动。

（三）提高传接球技能

1. 踢球

在足球运动中，踢球是展现运动员技术能力的一种体现。常用的踢球方法有以下几种。

（1）脚内侧踢球

这是用脚的内侧部位击球的一种踢球方法。在比赛中，球员经常用脚内侧踢定位球、地滚球、空中球等，如图 6-8 所示。

图 6-8　脚内侧踢球

动作要领：直线助跑；侧面立足；正面摆腿，并在前摆时膝关节外展，踝关节外旋；脚尖翘起，用脚内侧部位击球的后中部，直线跟进。

📖 **知识链接**

踢球的技术动作结构

（1）助跑：踢球前的几步跑动，分为斜线助跑和直线助跑。

（2）支撑脚站位：要以踢球腿的摆动能达到最大的摆幅、发挥最大的速度，以及有利于踢球脚准确地接触球的合适部位为原则来选择支撑脚站位的位置。

（3）踢球腿的摆动：摆腿是踢球力量的主要来源，是在支撑跨步时（助跑的最后一步）顺势向后摆起的，在支撑脚着地的同时以髋关节为轴，大腿带动小腿由后向前屈曲摆动。

（4）脚触球：根据出球目标，合理选择踢球脚、脚与球的接触部位和击球点。

（5）踢球后的随前动作：踢球后随着腿的前摆和送髋，重心向前移动。

（2）脚背内侧踢球

脚背内侧踢球是用脚背内侧的第 1、第 2、第 3 跖骨的外部击球。在足球比赛中，球员经常运用这种方法踢定位球、过顶球、远距离球或进行转身踢球，如图 6-9 所示。

图 6-9　脚背内侧踢球

动作要领：45°角斜线助跑，球侧立足（25～30cm），斜向摆腿，并在前摆时膝部稍微外展，踝关节外旋，用脚背内侧击球的后中底部，弧形跟进。

（3）脚背正面踢球

在足球比赛中，球员经常运用脚背正面踢球技术动作踢定位球、反弹球、凌空球及凌空倒钩球等。脚背正面踢球最常用于传球和射门，特别是远射，因为这种踢球动作的击球力量相当大，如图6-10所示。

图 6-10　脚背正面踢球

动作要领：直线助跑；侧面立足；正面摆腿，并在前摆时脚背绷直；用脚背正面击球的后中部；直线跟进。

（4）脚背外侧踢球

在足球比赛中，球员经常运用脚背外侧踢定位球、弧线球和运用该部位做弹拨球。

动作要领：直线助跑；侧后立足；踢球腿由后向前摆动，踢球瞬间斜线前摆；用脚背外侧踢球的侧后中、底部；弧形跟进，如图6-11所示。

图 6-11　脚背外侧踢球

2. 接球

在足球运动中，除了会踢球，还要会接住同伴踢来的球。接球在足球运动中的运用比较广泛，最基本的有以下几种。

（1）脚内侧接球

脚内侧接球比较容易掌握，接触球的面积大，易停稳，并且便于改变方向和结合下一个动作，在比赛中可以用来接地滚球、反弹球、空中球，如图6-12所示。

图6-12　脚内侧接地滚球

动作要领：支撑脚正对来球，膝关节微屈，脚尖上翘，停球腿屈膝外转并前迎。脚在触球的刹那开始后撤，在后撤的过程中用脚内侧接触球，把球控制在衔接下一个动作需要的位置上。

（2）脚底接球

这是用脚掌部位接触球的一种停球方法。接触球的面积大，易将球停稳。在比赛中常用于接地滚球和反弹球，如图6-13所示。

图6-13　脚底接球

动作要领：支撑脚站在球的侧后方，膝关节微屈，脚尖正对来球，同时将接球脚抬起，膝关节自然弯曲，脚尖翘起，踝关节放松，用前脚掌触球的中上部。

（3）脚背外侧接球

脚背外侧接球有很强的隐蔽性，但其重心移动较大，不太容易掌握。一般可用于接地滚球和反弹球，如图6-14所示。

图 6-14 脚背外侧接球

动作要领：身体正对或侧对来球，停球脚稍抬起，膝关节和脚尖内旋，以脚背外侧正对来球，在支撑脚的前侧接触球的侧后方。触球时，要向停球脚外侧轻拨，把球停在侧前方或侧方。

（4）胸部接球

由于胸部的位置较高，面积也较大，胸部的肌肉发达，可以更好地缓冲足球的冲击力，所以胸部经常用于接高空传球。胸部接球分为挺胸式接球和收胸式接球，图 6-15 为挺胸式接球。

（四）头顶球技术

头顶球在比赛中是传球、射门和空中拦截解围的有效手段，在进攻和防守中都起着重要作用。头顶球的部位可以是前额正面，也可以是前额侧面。

1. 前额正面顶球

动作要领：身体正对来球，两脚前后开立，膝关节微屈，上体后仰，重心放在后脚上，两臂自然张开，两眼注视来球。顶球时，蹬地、收腹、屈体、重心前移。击球时，颈部肌肉

图 6-15 挺胸式接球

保持紧张，两眼注视来球方向快速甩头，击球后中部，身体随球前摆，两眼目送顶出的球，如图 6-16 所示。

2. 前额侧面顶球

动作要领：上体和头部稍向出球的相反方向回旋侧屈，击球时上体向出球方向扭转，同时甩头，击球点在同侧肩的上方。

3. 鱼跃头顶球

动作要领：单脚或双脚蹬地跳起，身体呈水平状态跃出，顶球后，两手、胸部、腹部和大腿依次着地，如图 6-17 所示。

图 6-16 前额正面顶球

图 6-17 鱼跃头顶球

（五）抢截球

抢截球是转守为攻的积极手段，是防守技术的综合体现，具体动作方法如下。

> 📖 **知识链接**
>
> **抢截球的技术要点**
>
> （1）选择位置要恰当，对方离自己有一大步左右。
>
> （2）判断的时间要准确，选择对手停球、运球控制得不好，球离身体较远时。
>
> （3）要合理地利用身体，足球竞赛规则中允许合理冲撞，双方在同等机会下，为了抢球，用肩以下肘以上的部位，适当冲撞对手的相应部位，使其失去重心，把球抢过来。
>
> （4）要紧密衔接下一动作，抢截球后要尽快控制、处理球。

1. 正面抢截球

动作要领：两脚前后开立，两膝微屈，身体重心下降并落在两脚间，面向对手。对手运球前进，当脚触球即将着地或刚刚着地时，支撑脚立即用力蹬地，抢球脚以脚内侧对正球并屈膝向球跨出，挡住球的正面。支撑脚立即前跨，上体前倾保持身体平衡，把球控制住。

如对方已有准备，在双方脚同时触球时，脚在触球后要顺势向上提拉，使球从对方脚背滚过，身体迅速跟上，把球控制住，如图 6-18 所示。

图 6-18 正面抢截球

2. 侧面抢截球

动作要领：当与对手并肩跑动时，身体重心稍下降，同对方接触的臂要紧贴身体，当对方靠近自己一侧的脚离地时，用肘关节以上部位，合理冲撞对方相应部位，使对方向外侧倒斜而暂时失去身体平衡，离开球，乘机将球抢截过来。

三、提高足球战术素养

足球战术是在比赛攻守过程中，为了战胜对手，根据主客观的实际情况所采取的个人行动和集体配合手段的综合体现。它可分为个人战术和局部战术两大系统。

（一）个人战术

个人战术分为个人进攻战术和个人防守战术。

1. 个人进攻战术

个人进攻性战术包括跑位、传球、运球突破和射门四类。

（1）跑位

跑位是指在比赛中无球队员有目的、有意识的跑动方法。跑位的主要方法有以下几点。

摆脱跑位：在防守队员紧逼的情况下跑到空当位置的方法。

切入跑位：在摆脱对手的情况下切入到有利位置的方法。

牵制跑位：有意识地拉开防守位置的距离，制造空当的跑位方法。

（2）传球

传球是指队员在比赛中把球传给同伴或传到预定的方位。传球是在比赛中运用最多的技术，是战术配合中最基本的成分。

传球在战术上的要求：传球要有明确的目的、恰当的时机，只有准确地处理好力量、路线、落点和旋转度，才能有利于同伴控球和处理球。

（3）运球突破

运球突破在战术上的要求：在对方罚球区附近，防守队员无人保护的情况下，就要大胆运球突破；运球突破要掌握好时机，快速、果断、突然地突破对手；要敢于逼近对手，一旦突破对方就要不失时机地传球或射门。

（4）射门

准是射门的关键，有灵活的头脑和技巧，不盲目地、机械地去理解快、狠、变的要求，是优秀运动员必备的战术意识素质。

2. 个人防守战术

个人防守战术包括选位、盯人、抢断等

（1）选位

选位是指防守队员为占据合理的防守位置及限制进攻队员所采取的行动方法，其目的是重新控制球或破坏对方的进攻。

（2）盯人

盯人分紧逼盯人和区域盯人两种。紧逼盯人是贴近对手，不给对方从容得球和处理球的机会；区域盯人是以区域站位为主，既要盯住对手又要保护同伴并随时补位。

（3）抢断

抢断时要注意的问题：要通过观察预见和判断对方的意图，有目的地进行抢断；要紧逼对方，掌握时机，利用合理的技术动作，勇敢果断进行抢截；抢断成功后快速处理球，若失败则要立即回防选位、补位。

（二）局部战术

局部战术是指进攻或防守中两名或几名队员之间的配合方法。局部战术融合个人能力、意识，以及与同伴协同作战于一体，在整个战术训练中发挥着极其重要的作用。

1.斜传直插二过一战术配合

方法：进攻中，持球队员将球横传给队友后，直插前面的空当，同时队友快速将球斜传给他，完成二过一配合。练习中注意传球时机、方向和力度，争取前插时人到球到，如图 6-19 所示。

图 6-19　斜传直插二过一配合

2.直传斜插二过一战术配合

方法：进攻中，持球队员将球横传给队友后，斜插前面的空当，同时队友快速将球直传给他，完成二过一配合。练习中注意传球时机、方向和力度，争取前插时人到球到，如图 6-20 所示。

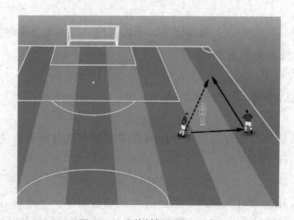

图 6-20　直传斜插二过一配合

篮球运动是一项集体的、科学的、技艺化的国际大众性体育项目，是通过移动、运球、传球等技术最后完成投篮得分的球类运动。篮球不但可以强身健体、聪颖智慧，发展协调性和创造力，还可以促进与人交往、团结协作的能力。

一、走进篮球世界

（一）篮球运动起源于美国

1891 年，美国体育教师詹姆斯·奈史密斯发明了篮球运动，如图 6-21 所示。他看到当时人们在玩一种把球投到筐里的游戏，受到启发后结合足球等其他球类的一些特点，创编了一种新的游戏——篮球。刚开始的篮球比赛在规则上并无限制，只要双方人数一样即可，两队互相抢皮球并把球投进对方的筐里，这就是篮球比赛的雏形。随后，篮球运动传入世界各地。1932 年国际业余篮球联合会（现为国际篮球联合会，简称"国际篮联"）在日内瓦成立。1948 年，国际篮球联合会决定从 1950 年开始每四年举行一次世界男子篮球锦标赛。女子篮球运动是从 1917 年兴起的，当时上场队员 9 人，1920 年前后改为每队 6 人，后又改为每队 5 人。1953 年，第一届世界女子篮球锦标赛于智利举办，以后每四年举行一次。

图 6-21　詹姆斯·奈史密斯

（二）中国篮球运动的兴起

1895 年，篮球运动来到中国，首先在天津得到年轻人的喜爱，并开始传播到全国各地。在此过程中，素有"中国篮球之父"的董守义先生功不可没，他组织青年会"竞进篮球队"参加第六届东亚运动会，战胜日本篮球队，随后拜师詹姆斯·奈史密斯博士，学成回国后在全国推广篮球运动，而且还撰写了中国第一本篮球训练教材——《篮球术》，这本书成为中国篮球发展历史中重要的一座里程碑，极大促进了 20 世纪中国篮球运动的发展。

📖 **知识链接**

旧时天津学生对篮球极感兴趣，故篮球运动一时有成为群众运动的势头。但在玩篮球以前，他们的一番姿态很是可观，必须盘好自己的头辫，修短长长的指甲，把不便利的长袍脱去。这样，他们就把书生的尊严放弃，而换成一副高兴活泼的姿态了。

（三）职业篮球联赛

1. NBA 美国男子篮球职业联赛

现如今世界篮球殿堂非美国职业篮球联赛（NBA）莫属，联赛标志如图 6-22 所示。这里汇聚了全世界顶级的球员，我国优秀篮球运动员王治郅、巴特尔、姚明、易建联、孙悦、周琦都曾在 NBA 打球。NBA 共有 30 支球队，分属美国东、西部两个联盟，比赛分为常规赛和季后赛，均为主、客场赛制，东、西部联盟常规赛前八名进入季后赛，采用七局四胜制淘汰赛产生东、西部冠军进入总决赛，决出 NBA 总冠军。

📖 **知识链接**

NBA 篮球场与国际篮联标准场地相比，最大的不同在于三分线的距离，NBA 三分线的最远处距离篮筐为 7.25 米，比国际篮联标准场地的三分线（6.75 米）要远 0.5 米。

2. WNBA 美国女子篮球职业联赛

WNBA 是美国 NBA 联盟主办的女子职业篮球联赛，联赛标志如图 6-23 所示。WNBA 于 1996 年 4 月 24 日成立，大部分 NBA 球队都有一个同属城市的 WNBA 球队，WNBA 每年 5 月份至 8 月份进行常规赛，9 月份进入季后赛。

图 6-22　美国职业篮球联赛标志　　图 6-23　美国女子篮球联赛标志

3. CBA 中国男子篮球职业联赛

中国男子篮球职业联赛（CBA），联赛标志如图 6-24 所示。CBA 是由中国篮球协会所主办的中国最高等级的篮球联赛，其中诞生了如姚明、王治郅、易建联等球星。联赛在 2005 年正式更名为中国男子篮球职业联赛。现在 CBA 球队数量有 20 支，比赛分为常规赛和季后赛。

4. WCBA 中国女子篮球甲级联赛

中国女子篮球甲级联赛（WCBA），联赛标志，如图 6-25 所示，是由中国女子篮球协会所主办的跨年度主客场制篮球联赛。12 支球队先被分成南北两个分区，各 6 队。各分区球队将采用主客场双循环比赛。获南北分区赛两个赛区前三名的 6 队进入常规赛 8 强，两赛区排名 4、5 的球队再采用主客场交叉淘汰赛，获胜的两个球队分获 7、8 强席位，季后赛采用交叉淘汰制。

图 6-24 中国男子篮球职业联赛标志

图 6-25 中国女子篮球甲级联标志

二、发展篮球技能

"无兄弟不篮球"，篮球运动是最需要团队配合的运动项目之一，全体队员通力合作是取得比赛胜利的关键，当然每个队员对基本技术掌握的熟练程度也非常重要，篮球运动的基本技术有运球、传接球、投篮、移动等。

（一）运球技术

运球过人是篮球运动重要的基本技术之一，当持球人被防守，没有传球和投篮的机会时，可以通过运球过人来寻找最终投篮得分的机会。

1. 体前变向运球

体前变向运球是队员在运球的过程中通过假动作或速度突然改变运球方向来摆脱防守的一种运球方法，如图 6-26 所示。

图 6-26 体前变向运球

动作要领：以运球队员右手运球为例，先向对手左侧快速运球，当对手跟随其向左侧移动防守时，运球队员突然向对手右侧变向，用右手拍按球的右侧后上方，并靠近身体向左侧推送球，使球落在身体的左侧前方反弹，右脚迅速向左侧前方跨出，上体左转并前倾探肩，同时伸右臂护球，换左手拍按球的后上方，加速运球突破。

2. 背后变向运球

背后变向运球是指在身体的后方运球，用自己的身体作为保护屏障。背后运球可以防止对手的抢断，借机观察场上的动向，如图 6-27 所示。

图 6-27　背后运球

动作要领：以右手运球向左侧变向为例，变向时，右脚在前，右手将球拉到右侧身后，迅速转腕拍击球的右后方，将球从身后拍按至身体的左侧前方，然后换左手运球，加速前进。

3. 转身运球

动作要领：左脚向前跨出一步为中枢脚，然后右脚用力蹬地后撤，顺势做后转身动作。同时，右手拍按球的右前方，将球拉引至身体的侧后方落地，转身后换用左手推拍球，转身前拍按球要有力并在球反弹上升过程中拉球，重心平稳，如图 6-28 所示。

图 6-28　转身运球

（二）传、接球

传、接球是篮球比赛中团队配合的具体手段之一，通过传、接球可以使球快速地转移，达到最适合的投篮位置；同时，还可以使场上队员相互联系，默契配合。

双手胸前传、接球是最基本、最常用的传、接球方式，其特点是可以传出快速、有力的球，接球稳定性也非常高，如图 6-29 所示。

图 6-29　双手胸前传球

动作要领：双手拇指相对成"八"字形自然分开，用指根以上部位握住球的两侧后下方，手心空出，两臂弯曲，肘关节下垂，将球置于胸前，两腿屈膝站立。传球时，单腿向传球方向跨步，同时另一条腿充分地蹬伸带动双臂前伸发力，拇指下压、手腕内旋，通过食指和中指用力推、拨将球传出。接球时，手型与传球动作的手型相同，要跨步伸臂主动迎球，当球触及手指时，顺势屈肘后引缓冲球速，将球持于胸腹之间。

（三）突破

突破是持球队员利用合理的脚步移动和运球技术摆脱防守的重要技术。

动作要领：如图 6-30 所示，以右脚做中枢脚为例。突破时，持球队员左脚向左前方跨出半步，做向左突破的假动作；当对手重心向右移动时，持球队员左脚前脚掌内侧迅速蹬地，向右（对手左侧）跨出一大步，同时上体右转探肩，贴近对手；然后，将球移至右手，向左脚右斜前方推放球，右脚迅速蹬地，加速运球超越对手。

图 6-30　持球交叉步突破

技术要点：假动作逼真，蹬地、转体、探肩要快，换手后加速运球。

（四）投篮

篮球比赛中各种技战术的应用的最终目的是投篮得分，所以投篮是得分的唯一手段，是篮球运动中最重要的技术。

1. 原地单手肩上投篮

原地单手肩上投篮是投篮的最基本的动作，它具有实用、容易掌握等特点。

动作要领：如图 6-31 所示，右手五指自然分开，手心空出，用指根以上的部位持球，大拇指与小拇指控制球体，将球置于右肩前上方，左手扶球的左侧，肘关节自然下垂，两脚左右或前后开立，两膝微屈，重心落在两脚上。投篮时，下肢蹬地发力，右臂向前上方伸直，手腕前屈，食、中指用力拨球，通过指端将球投出。球出手时，身体随投篮动作向上伸展，脚跟微提起。

图 6-31　行进间单手低手投篮

2. 行进间单手低手投篮

行进间单手低手投篮，俗称"三步上篮"，是快速到达篮下，充分利用脚下及空中动作摆脱防守、投篮得分的重要的技术动作之一。

动作要领：如图 6-32 所示，以右手投篮为例。右手运球向篮筐下推进，当到达合适的距离时，右腿向前跨出一大步，同时持球（此刻不再运球）并护球，之后左脚顺势前跨一小步，用力蹬地起跳，将身体重心向上蹬伸，当身体接近最高点时，顺势伸臂、抖腕、拨指，使球前悬入筐。

图 6-32　行进间单手低手投篮

技术要点：起跳后身体保持平衡，球出手时手指手腕动作柔和。

> #### 📖 知识链接
>
> 一大、二小、三高跳
>
> "一大、二小、三高跳"是篮球行进间跑投篮技术的基本要求："一大"，接球跨步要大，尽可能摆脱对手；"二小"，因为要完成投篮，第二步要小步并减速；"三高跳"，第三步要高高跃起投篮。

（五）篮板球

篮板球可分为前场篮板和后场篮板，抢篮板球是一项较复杂的技术，由抢占位置、起跳、空中抢球动作和得球后的动作等环节组成。

1.抢占位置

抢占位置，俗称"卡位"，是抢篮板球技术的重要环节。要根据投篮的角度、出手的远近、投篮的弧度来预判球反弹后的落点，同时还要及时观察对手的动向，赶在对手之前快速移动抢占有利位置。一般篮筐与对手之间的位置都比较好时，可以把对手挡在身后。

2.起跳

抢篮板时，一边卡位，一边随时准备起跳，两膝微屈，上体稍前倾，两臂屈肘置于体侧，重心落在两脚之间。预判球反弹的方向和落点，迅速起跳，力争在最高点将球抢获。

3.空中抢篮板球

空中抢篮板球动作可分为单手抢球、双手抢球、点拨球。双手抢篮板球的优点是握球牢固，便于结合其他进攻动作，而且简单易学，容易掌握。单手抢篮板球的优点是抢球点比较高，控制范围大，也较灵活。当遇到身材较高大的对手或球的落点离自己较远而不易获球时，可用指端点拨球的侧下方，将球点拨给同伴，或将球挑拨到便于自己获球的位置。点拨球的优点是增加触球点的高度，缩短传球时间，为发动快攻创造有利条件。

> 📖 **知识链接**
>
> NBA历史上抢到最多篮板球的球员是威尔特·张伯伦，职业生涯共抢了23 924个篮板，被称为"篮板王"。

（六）防守技术

防守技术是队员在防守时为了阻挠和破坏对手的进攻，达到夺球反攻的目的所采取的各种专门动作方法的总称。防守的基本脚步是滑步，可分为侧滑步及前、后滑。两腿左、右开立，屈膝降低身体重心，上体稍前倾，向左侧滑步，右脚前脚掌内侧蹬地，左脚向左跨出落地，同时右脚紧随左脚滑动。移动时，两臂张开，保持屈膝低重心。移动中，上体平稳，不要起伏。

> 📖 **知识链接**
>
> #### 什么是圆柱体原则
>
> 圆柱体原则是指篮球运动中判断球员身体接触时是否犯规的一种规则，一旦队员离开了他的垂直位置（圆柱体）并与已经确立了垂直位置（圆柱体）的对方队员发生身体接触，则离开了垂直位置（圆柱体）的队员要对此接触负责。

三、提高篮球战术素养

篮球战术是篮球比赛中队员个人技术的合理运用和全队队员相互协调配合的组织形式和方法，其目的是充分发挥本队的特长、制约对手，以争取比赛的胜利。篮球战术分为攻守基础配合、盯人防守、联防防守，等等。

进攻战术基础配合主要有突分、掩护等配合。

（一）突分

突分配合是指持球队员突破对手后，遇到对方的补防或协防时，及时将球传给进攻时机最佳的同伴进行攻击的一种配合方法。

配合方法：如图 6-33 所示，⑤从防守者⑤左侧突破后，遇到防守者④补防，封堵了⑤向篮下突破的路线，④及时跑到有利的进攻位置，接⑤的传球后投篮或与其他同伴配合。

（二）掩护

掩护配合是利用合理的身体动作去挡住队友的防守者的防守路线，为队友获得进攻机会的一种配合，按位置可分为侧掩护、前掩护、后掩护。也可分为给有球队员掩护和给无球队员掩护。

配合方法：如图 6-34 所示，⑤传球给④后，先向异侧伴动，然后突然移动至防守者④的侧面为同伴④作掩护，动作方法为面向防守队员两脚左右开立，屈膝，重心下降，两臂屈肘自然置于体前，④接球后先向防守者④的左侧做突破的假动作，然后突然从右侧利用⑤的掩护突破上篮，⑤及时后转身切入篮下，准备与④配合进攻。

图 6-33　突分配合

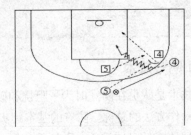
图 6-34　掩护配合

📖 **知识链接**

"以小打大"的实用技巧

以"小"打"大"最实用的技巧就是通过突破创造得分机会。这就要求小个队员掌握扎实的运球基本功，做到球不离手，运球的速度要足够快，攻其不备，突破甩开大个防守队员，更要灵活运用变向运球。以"小"打"大"切忌硬碰硬，利用自己"小"的优势来攻"大"的劣势。

排球运动是三大球中唯一一个既锻炼身体，又没有身体接触对抗的隔网项目。排球具有较高的趣味性、观赏性和技巧性，适合不同年龄、性别的人参与，群众性强，锻炼价值大，在世界各地开展均比较广泛。

一、走进排球世界

（一）排球运动起源于美国

1895 年，美国马萨诸塞州霍利约克市，一位叫威廉·基·摩根的体育工作人员根据篮球和网球运动发明了排球。他在体育馆内树立了网柱，挂了网球网，用篮球的球胆在球网上方对打。1896 年，正式用"volleyball"作为排球的名字，意为"空中飞球"。同年，世界上第一场排球比赛在马萨诸塞州的斯普林菲尔德盛大举行。1900 年排球运动进入加拿大，受到了广泛欢迎；1905 年传入中国、日本及部分拉美国家；1912 年传入乌拉圭；1914 年传入英国、墨西哥等国家；传入非洲的时间比较晚，大约在 1920 年以后。

（二）我国排球运动的发展

1905 年，排球运动传入我国。1913 年，在菲律宾举行的远东运动会的排球比赛，是我国参加的第一场正式的国际排球比赛，当时的排球比赛采用 16 人制。1921 年，我国的女子排球开始组织省级比赛；1930 年，全国运动会上增设排球比赛。中华人民共和国成立后，排球运动得到了更为广泛的推广。1950 年，中华全国体育总会专门开会介绍了国际排联新制定的 6 人制排球竞赛规则和方法。1953 年，成立了中国排球协会。1954 年，我国成为国际排联的会员。1964 年，周恩来总理亲自邀请日本女排来我国访问指导。1979 年，我国男、女排均获得亚锦赛冠军。1981 年，我国女排在世界杯比赛中首获世界冠军，随后中国女排连续获得 1982 年第九届女排世界锦标赛、1984 年洛杉矶奥运会、1985 年第四届女排世界杯赛和 1986 年第十届女排世界锦标赛冠军，成为世界排球史上第一支获得"五连冠"的女排队伍，并在 2004 年希腊雅典奥运会和 2016 年巴西里约奥运会中摘得桂冠。

（三）排球运动的拓展

随着排球运动的发展，排球衍生了多种形式。例如，沙滩排球、雪地排球、泥地排球、水中排球、软式排球、气排球、老人排球、小排球、羽排球、残疾人排球、四人制排球和九人制排球等。因此，排球运动的发展空间大，具有多姿多彩的表现形式，也被广大群众所喜爱。

二、发展排球技能

排球运动的基本技术是进行排球活动的基石，主要包括传球、垫球、扣球、发球以及拦网等技术。

（一）传球技术

传球是用双手手指触球，通过蹬地、伸膝、伸髋、伸臂，最后用手腕和手指的弹性将球传出的技术。我们常用的正面双手传球，是排球中传球技术的基础。

📖 **知识链接**

排球运动技术多、战术巧，需要练习者掌握全面而多样的动作技巧。因此，在不断的练习中，我们身体的各个部位都得到了锻炼。例如，我们的手腕、手臂、腿部、核心区会越来越有力量，身体在变幻多端的比赛中，也变得越来越灵活。排球比赛中，场上瞬息万变，需要运动员高度集中注意力，迅速反应做出正确动作，也使得神经系统得到了很好的锻炼。

动作要领：如图6-35所示，由稍蹲的准备姿势开始，迅速移动，抬头判断来球。通过蹬地、伸膝、伸髋、伸臂，在额前上方一球处用手腕和手指的弹性将球传出。

图6-35　正面双手传球技术动作

技术要点：迎球时脚下速度快；触球时手型要固定，两手构成"三角形"，如图6-36所示；击球时用力顺序由下至上，经"蹬、伸、弹、送"将球传出。

图6-36　触球时的手型

练习方法：

①传球手型的徒手模仿练习；②自抛自传练习；③传球对墙练习；④一抛一传练习；⑤两人对传练习；⑥三人互传练习；⑦隔网对传练习。

📖 **知识链接**

传球小技巧

　　当来球高于肩，距离身体不太远时，就要选择传球技术。如果传球时拇指挫伤，可能是手型错误，拇指朝前而造成的；如果传球弧度低，可能是移动未到位，击球点过低，或者手腕下压过度而造成的。传球时，手指和手腕要适度紧张，避免传球持球。

（二）垫球技术

　　垫球技术是通过手臂形成的垫击面，对来球进行垫击，使球反弹出去的一项技术。垫球技术也是需要全身协调用力来完成的。

　　动作要领：由稍蹲的准备姿势开始，判断来球，迅速移动，屈膝、双臂伸直、两臂夹紧、手腕下压，随之蹬地、提肩、抬臂、跟重心，如图6-37所示。

　　技术要点：迎球时移动要快，做好准备姿势；击球时要注意击球手型，如图6-38所示，并做好"插、夹、提、压、移、蹬、跟"，协调用力；要根据来球的速度及时调整垫球的力度。

图6-37　正面双手垫球技术

图6-38　垫球手型

　　练习方法：

　　①徒手垫球练习；②垫固定球练习；③对墙垫球练习；④自抛自垫练习；⑤一抛一垫练习；⑥两人对垫练习；⑦三人对垫练习；⑧隔网循环对垫练习。

📖 **知识链接**

垫球小技巧

　　垫球时，要注意不可抱着手等待来球，而是要两脚放松，主动找球，快速移动到位；手臂要伸直，使两臂形成平面再垫球；要适度控制垫球力量的大小，来球力量大时，垫球力量要小一些，来球力量小时，垫球力量要大一些；垫球时避免直腿、弯腰，要保证身体和手臂形成一定夹角；每一次垫击，都要保证球垫在正确的手臂部位。

（三）扣球技术

扣球技术在排球比赛中是得分的主要手段。排球的扣球是指队员跳起在空中时，用一只手臂或手将本场区上方高于球网上沿的球击入对方场区的方法。

动作要领：稍蹲姿势准备；助跑时第一步小、第二步大，随后后脚快速并上制动蹬地，两臂协调由后至上摆动完成起跳动作；展体、收腹、挥臂、五指微张，以掌心为主，全掌包球击球的中后部，使球前旋；双脚落地、屈膝缓冲，如图6-39所示。

图 6-39　正面扣球完整技术动作

技术要点：判断来球要准确；助跑节奏由慢至快，判断来球方向与大致落点后，及时助跑，选好起跳点；击球力度要大，做出鞭打动作，争取得分；落地屈膝缓冲。

练习方法：

①徒手扣球技术练习；②自抛自扣练习；③助跑起跳扣固定球练习；④一抛加助跑起跳扣球练习；⑤4号位扣3号位传起的球完整练习。

📖 **知识链接**

扣球小技巧

扣球时，挥臂速度要快，不要拖肘，不要出现推球动作；注意调整起跳时机，不要等到身体重心下降时才扣到球；引臂适度，不要过大、过高、过猛。

（四）发球技术

发球技术是指队员在自己场区的发球区用一只手将自己抛起来的球直接击入对方场区的技术动作。发球技术在排球比赛中是重要技术之一。

1. 侧面下手发球技术

动作要领：（以右手发球为例）身体侧对球网，确定发球的大致落点，准备姿势由稍蹲开始，左手抛球，右臂直臂后摆，随后用手击球的后下方将球发出。击球时，可以用手掌、掌根、虎口或握拳，并全身协调用力，如图6-40所示。

技术要点：击球时，挥臂由下至上，击球点在腹前，击球位置在球的中下部，如图6-41所示。

击球位置

图 6-40　侧面下手发球技术动作　　　　　　　图 6-41　侧面下手发球击球位置

2. 正面上手发球技术

动作要领：身体正对球网，判断发球的大致落点，由准备姿势开始，两脚自然前后开立，与前脚同侧的手持球于体前，垂直向上抛球；随后，异侧手臂屈肘后引，通过身体的转动、后脚蹬地、重心的前移、收腹等全身协调用力，带动前上挥臂，手腕主动推压，击中球的中下部位，将球发出，如图 6-42 所示。

技术要点：抛球要稳，挥臂要快，击球狠准。

图 6-42　正面上手发球技术动作展示

练习方法：

①徒手发球练习；②持球发球练习；③持球过网发球练习。

📖 **知识链接**

发球小技巧

上手发球时，抛球是很重要的一个环节，一定要抛到位再发球；手指手腕要适当放松，不可过紧，形成鞭打动作；脚下支撑稳定，不可影响力量的传递。在发球时，需要较好的腰腹力量，不然，容易造成动量传递的脱节。

（五）拦网技术

拦网技术是指队员在球网附近，并且高于球网上沿的位置，用腰以上的身体部位触及并阻拦过网的排球技术。

动作要领：队员面对球网，双腿微屈，两脚与肩同宽，平行开立；判断来球并利用步法移动；随后，重心降低蹬地起跳；双臂平行贴近球网向上伸展，两臂伸直；拦网时，两臂过网伸出，用力下压球的前上方，使球落地；眼睛盯紧场上球的运动轨迹，屈膝缓冲落地，如图 6-43 和图 6-44 所示。

图 6-43　单人拦网

图 6-44　集体拦网

技术要点：集体拦网时，要注意相互配合。

练习方法：

①一抛一拦练习；②一抛加单人移动拦网练习；③扣球加移动拦网练习；④集体拦网配合练习。

> 📖 **知识链接**
>
> 拦网小技巧
>
> 拦网时，要注意观察对方扣球队员跑动的路线和挥臂的动作，从而判断球的路线；要稍微早于扣球人起跳；拦网时，手腕手指适度紧张，不要过早屈腕，以免挫伤；拦网后，手要主动向对方场内压腕，防止球出界。

三、提高排球战术素养

排球战术是指队员在比赛中，根据双方实际比赛情况，合法地运用合理的个人技术和集体配合技术，组织有预见性的行动。排球战术分为不同的种类，我们主要学习进攻战术和防守战术中非常具有代表性的基本战术。

（一）进攻战术

（1）"中一二"战术：即前排中间一名队员（3号位）作二传，将球传给前排另外两名队员（2、4号位）扣球的一种进攻形式。简单地说，即二传手的位置是在前排的中间。如图6-45所示，如果2号位和4号位的队员作为二传，则需移动到3号位的网前位置，代替3号位。3号位的队员则补位到2号位或4号位。

（2）"边一二"战术：即前排右边一位队员（2号位）作二传，将球传给前排另外两名队员（3、4号位）扣球的一种进攻形式，如图6-46所示。

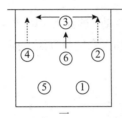
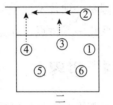

图6-45 "中一二"战术　　　图6-46 "边一二"战术

（二）防守战术

"心跟进"战术：即前排左边两位队员（3、4号位）拦网，另一队前排队员进攻时，后排中间队员（6号位）跟进对拦网的两名队员（3、4号位）进行保护，防吊球的防守形式，剩下的三位队员（2、5、1号位）则形成弧形防守，如图6-47所示。

战术要点：无论是进攻战术还是防守战术，都需要根据场上临时的变化组织形成一定的阵型。但是，每一种攻防方式都有其突出的优点和缺点，运用好攻防战术，不仅仅是在场上能够准确默契地形成有利阵型，还需要个人扎实的基本功技术。因此，多练习基本技术，多进行战术的实际操作练习，才能在赛场上占据有利地位。

（三）基本的站位与轮换

排球中队的基本站位如图6-48所示，前排近网分别为4号位、3号位和2号位队员，后排分别为5号位、6号位和1号位队员。在比赛中，除发球队员以外，其他队员必须按照规则站在场内的各自位置上，按照前后排的顺序，3人一排，可曲线形站位。

在换发球后，获得发球权的一方的全部队员，按照规则必须要以顺时针的顺序，依次轮换一个位置，而轮换为1号位的队员，成为发球队员。当一方连续得分时，则无须轮换。

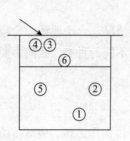

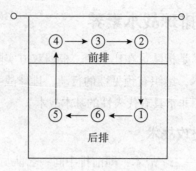

图 6-47 "心跟进"战术　　　　　　　图 6-48 基本站位与轮换示意图

第四节
乒乓球运动

乒乓球运动在我国是一项普及性十分广泛的运动，被称为"国球"。乒乓球运动有球小、速度快、旋转性强、变化多等特点，在竞技体育和大众健身方面发挥了重要的作用。

一、感知"国球"世界

乒乓球最早发源于英格兰，是从网球演变过来的。昌盛于中国，成为中国的"国球"。

（一）乒乓球运动的起源

19 世纪末期，网球运动在欧洲开展较为普遍，但经常受到场地和天气的限制。英国的一些大学生就在室内以餐桌为球台，用书或线绳搭做网，用软木或橡胶做成球，用羊皮纸做成球拍，在球台上打来打去，从而形成了最初的"乒乓球"，英文名称是"table tennis"。乒乓球起初只是停留在游戏阶段，直到 20 世纪 20 年代，才被列为运动竞赛项目。

（二）乒乓球运动的发展

20 世纪初，乒乓球运动在欧洲和亚洲逐渐开展起来。1926年在德国举行了国际乒乓球邀请赛，后被追认为第一届乒乓球锦标赛。同年，国际乒乓球联合会（ITTF）正式成立，标志如图 6-49所示。

图 6-49　国际乒联标志

乒乓球于 1988 年被列为奥运会正式比赛项目，设有男、女单打和男、女双打 4 个小项，从 2008 年北京奥运会起，比赛项目更改为男、女单打和男、女子团体 4 个小项。

（三）我国乒乓球运动的发展

中华人民共和国成立以后，我国的乒乓球运动获得新生，蓬勃发展。20 世纪 70 年代，乒乓球还作为中、美两国友谊的桥梁，开展了著名的"乒乓外交"，运动员之间的互访为两国人民打开了友好往来的大门。"乒乓外交"所取得的成绩远比单项世界冠军更有意义，对于当时世界格局也有着极大的推动作用。由于我国运动员在各大比赛中均取得了十分优异的成绩，为避免个别国家一家独大的局面，国际乒联不断对比赛进行了各个方面的改革，其中包括小球改大球、21分制改11分制、可以遮挡发球改为禁止遮挡发球、限制单个国家参加奥运会选手名额等。乒乓球改革还将继续，未来的困难是显而易见的，如果中国队想要继续保持在该项目上的优势，就需要付出更大的努力。

二、乒乓球运动的特点

（一）运动量可调节性强

进行乒乓球运动时，人们可以根据自身的条件，放慢或者加快击球的节奏，改变打法，减少或者增加运动量。这就极大地促进了乒乓球运动在大众健身中的推广。

（二）健身作用强

在进行乒乓球运动时，人体的各个部位都要协调参与并高度地协调配合，可以达到全面锻炼的作用。同时，长期进行乒乓球运动对于改善视力，提高人体的免疫力具有显著的促进作用。

（三）趣味性、娱乐性强

球变大和11分赛制等各项改革使乒乓球的节奏更多变，来回球更多，比赛更加精彩、激烈，趣味性和娱乐性都得到了提高。

三、乒乓球运动的主要赛事

（一）世界乒乓球锦标赛

1926年12月6日至12日，第一届世界乒乓球锦标赛（简称"世锦赛"）在英国伦敦举办，共设立男子团体、男子单打、女子单打、男子双打和混合双打5个项目。随着乒乓球运动的不断发展，

图6-50 斯韦思林杯图

从第八届世锦赛开始设立了男子团体、女子团体、男子单打、女子单打、男子双打、女子双打、混合双打7个项目。世锦赛也成为乒乓球国际赛事中设置项目最多、最全的一项比赛。

世锦赛团体奖杯设置有以下几项。

（1）斯韦思林杯——男子团体赛奖杯：由第一任国际乒联主席伊沃·蒙塔古的母亲（前国际乒联荣誉主席）斯韦思林女士捐赠，奖杯如图6-50所示。

（2）考比伦杯——女子团体赛奖杯：由法国的乒协主席马赛尔·考比伦先生捐赠，故以他的名字命名，奖杯如图6-51所示。

图6-51 考比伦杯

（二）奥运会乒乓球赛

奥运会乒乓球赛是乒乓球国际比赛的重要赛事。从 1988 年开始，乒乓球运动正式进入奥运会大家庭，设立男子单打、女子单打、男子双打、女子双打四个比赛项目。2008 年，男女双打项目改为男女团体项目。我国乒乓球运动员在奥运赛场上屡获佳绩，2008 年至 2021 年连续获得男子团体和女子团体冠军。乒乓球运动进入奥运会，极大地提高了乒乓球运动的国际地位，有力地推动了乒乓球运动的开展。

（三）世界杯乒乓球赛

世界杯乒乓球赛是国际乒联组织的又一项重要赛事。目前，世界杯每年举办一届男子单打比赛和一届女子单打比赛。世界杯参赛人数少、比赛时间短、水平高、精彩场次多，很受广大乒乓球爱好者喜爱。

四、发展乒乓球技能

掌握乒乓球各项基本技术动作、规范动作要领有助于进一步丰富自己的乒乓球战术体系，构建适合自身特点的乒乓球打法。为了方便理解和学习，以下技术动作均以右手为例进行讲解。

（一）选择适合自己的球拍和握法

目前，有两种握拍方式较为普遍，直握拍和横握拍。这两种握拍方式产生了不同的打法，这些打法在世界乒坛上都占有一定的地位。

1. 横握拍

动作要领：虎口贴于拍肩，中指、无名指和小拇指自然弯曲握于拍柄，拇指在球拍正面轻贴于中指旁边，食指自然伸直斜贴于球拍反面。

握拍不宜过紧或者过松，如图 6-52 所示。

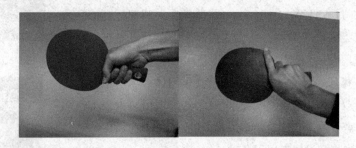

图 6-52　横握拍

优点：拍柄延伸距离长，左右照顾范围大，手指、手掌与球拍的接触面积大，握拍相对稳定，易于左右进攻发力。

缺点：拍形较为固定，手腕的灵活度不够，还击台内短球难度较大；左右转换击球时前臂内旋和外旋动作所需幅度大，导致挥拍摆速慢；处理台内球和发球的变化及灵活性不足。

2.直握拍

目前，世界范围内较为流行的两种直握拍为弧圈型握拍法和直拍横握拍法。

（1）弧圈型握拍法动作要领

拍前食指第二关节和拇指第一关节成钳形，拍后三根手指自然完全贴于球拍上 1/3 处。

（2）直拍横握拍法动作要领

直拍横握拍法与弧圈型握拍法相比拇指往里握得更深一些，食指移至球拍边缘处，后面三根手指略伸开，握拍不宜过紧，如图 6-53 所示。

图 6-53　直握拍

优点：正反手均用球拍的一面击球，出手相对较快，手指与手腕相对灵活，易于调节拍形的角度和拍面的方向，在发球、处理台内球和近身球方面较为有利，控制来球能力强。

缺点：手腕不固定，拍形难以稳定；防守时，左右两面需要较大的移动距离，反手发力不足。

（二）发球技术

发球是乒乓球技术环节中极为重要的部分。发球技术是在比赛中唯一不受对方制约的技术，发球方可以按照自己的意图发到任何一个位置，为自己的战术意图创造有利条件。

1.正手发平击球

动作要领：左脚稍前，右脚稍后，抛球的同时转体，手臂向身体右后方引拍，当球下降稍高于球网时，手臂向左前方发力，挥拍击球的中上部，球基本不带旋转，平动式前进，如图 6-54 所示。

图 6-54　正手发平击球

2.正手高抛发球

动作要领：运动员站位至左半台，左脚在前，右脚在后。左手用力将球平稳竖直上抛

1～3米，甚至更高，同时腰和腿顺势向上稍微挺伸，重心交至左脚。球下降略高于球网时，右手从右后方向左前下方挥拍击球，重心顺势移至右脚，如图6-55所示。

图 6-55　正手高抛发球

（三）推拨球

推挡和拨球是直拍和横拍反手的主要技术动作，具有动作小、速度快、稳定性强的特点。推挡和拨球技术是乒乓球的主要控制和防御技术，也可以起到由积极防守和相持转为主动进攻的作用。

1. 推挡技术动作要领

左脚稍前或两脚平行与肩同宽，膝盖微屈，身体离球台30～50厘米。手臂自然弯曲，球拍置于腹前，前臂与台面平行。球拍约与台面垂直，在来球的上升期击打球的中部，借助对方来球的力量将球挡回。击球后，手臂、手腕顺势向前推送并迅速还原成击球前的准备姿势，如图6-56所示。

图 6-56　反手推挡

学练提示

　　推挡击球以借力击球为主，所以球的落点应集中在台面的中区。多撞击球，少摩擦球，少带旋转。

2. 拨球技术动作要领

两脚平行，膝盖微屈，球拍向后下引拍，肘关节稍前顶，手腕内收，右肩稍沉。以肘关节为轴，拍面稍前倾，在上升期击打球的中上部，借助来球的反弹力量向右前方拨球。接触球的瞬间发力要集中，顺势挥拍不宜过长，迅速还原成准备姿势，如图6-57所示。

图 6-57　拨球技术

（四）搓球

搓球是近台回击下旋球的一项基本技术，具有动作幅度小、出手快、突然性强的特点，属于控制性技术，也可以有效地为进攻创造机会。

1. 反手搓球

身体靠近球台，左脚在前，右脚在后，球拍向左后上方引拍，横拍手腕外展，直拍手腕稍屈，拍面后仰。在来球下降前期，接触球的中下部并向底部摩擦，横拍手腕内收，直拍手腕稍伸，击球后手臂顺势前送，立即放松并还原。

2. 正手搓球

身体靠近球台，左脚在前，右脚在后，向后上方引拍，横拍手腕外展，直拍手腕作伸，拍面后仰。在来球下降前期，接触球的中下部并向底部摩擦，横拍手腕内收，直拍手腕作屈，击球后手臂顺势前送，立即放松并迅速还原。

> **📖 知识链接**
>
> 搓球小技巧
>
> 搓球时，动作不宜过大，要充分利用前臂和手腕转动的力量。搓转球时，球拍从上向下摩擦，接触球的中下部；搓不转球时，球拍从上向前下托球，接触球的中部。

（五）正手攻球

攻球技术是乒乓球比赛中最重要的得分手段，在击球方式上以撞击为主，具有快速、有力的特点。攻球技术站位近、动作小、速度快。在比赛中能以攻代守对付对方进攻，是近台快攻打法中使用最多的一种攻球技术，如图 6-58 所示。

图 6-58　正手攻球

动作要领：身体距离球台较近，左脚在前，右脚在后。引拍时，重心向右脚移动，球拍引至右后侧方。拍面前倾成半横状，在上升末期击打球的中上部，重心由右向左移动，前臂内旋，向左上方挥动球拍。击球后，球拍随挥至前额并迅速还原。

学练提示

攻球是在快速运动中进行的，所以动作难以定型，初学时要按照动作结构反复进行台下模仿练习。

第五节
羽毛球运动

羽毛球是一项室内、室外兼顾的运动。依据参与的人数，可以分为单打与双打。在我国，群众参与性非常高。羽毛球运动更加强调耐力、爆发力、灵敏性和技术性，长期从事羽毛球运动可以提高参与者的综合身体素质。

一、走进羽毛球世界

（一）羽毛球的起源

相传 1860 年，在英国格洛斯特郡的伯明顿庄园举行了一次宴会。由于下雨，大家只能待在室内无法进行预期的户外活动，来宾中有几位从印度回来的退役军人在场地中间拉起了一根绳子代替网，向大家介绍了一种隔网用拍子来回击打键球的娱乐游戏，后来这个游戏被作为一种娱乐活动迅速传遍英国。再之后，这种游戏在华语地区就被称为"羽毛球"。

1875 年，世界上第一部羽毛球比赛规则出现于印度的浦那。1893 年，英国羽毛球协会成立，修订并统一了羽毛球比赛的规则，并于 1899 年举办了全英羽毛球锦标赛。1934 年，第一个世界性的羽毛球组织——"国际羽毛球联合会"由加拿大、丹麦、英国、法国等国发起，总部设在伦敦。2006 年 9 月 24 日，国际羽毛球联合会改名为羽毛球世界联合会，总部设在马来西亚吉隆坡，目前共有 163 个会员国或地区。

（二）羽毛球运动的锻炼价值

（1）提高身体的综合运动能力，增强身体素质。

（2）享受运动乐趣，调节情绪，缓解压力。

（3）培养规则意识，提升自身修养。

（4）培养抗挫折意识和进取精神。

（5）培养逻辑思维能力。

（三）羽毛球运动的主要赛事

1. 汤姆斯杯

世界羽毛球男子团体锦标赛，比赛由三个单打和两个双打组成。马来西亚队在 1948 年举行的首届"汤姆斯杯"比赛中获得冠军，从而开辟了亚洲人称霸国际羽坛的时代。现为两年一届。

2. 尤伯杯

世界羽毛球女子团体锦标赛，比赛由三个单打和两个双打组成。1956 年举行首届比赛，前三届冠军均为美国人获得。现为两年一届，如图 6-59 所示。

3. 世界羽毛球锦标赛

世界羽毛球单项锦标赛，设有男子单打、女子单打、男子双打、女子双打、混合双打五个单项。现为每年一届，但奥运年不举办。

4. 苏迪曼杯

世界羽毛球混合团体赛，比赛由男子单打、女子单打、男子双打、女子双打、混合双打五个项目组成。现为两年一届。

图 6-59　尤伯杯

5. 奥林匹克运动会羽毛球比赛

设有男子单打、女子单打、男子双打、女子双打、混合双打五个单项。奥运会四年一届。

中国国家羽毛球队多次摘得奥运会桂冠，屡次赢得汤姆斯杯、尤伯杯和苏迪曼杯，国家队队员林丹是羽毛球史上第一位集奥运会、世锦赛、世界杯、苏迪曼杯、汤姆斯杯、亚运会、亚锦赛、全英赛、全运会及多座世界羽联超级系列赛冠军于一身的双圈全满贯选手，是 21 世纪初世界羽毛球"四大天王"之一。

二、发展羽毛球技能

（一）选择适合自己的球拍和握法

1. 球拍的选择

现在的球拍科技含量都非常高，球拍品牌及型号繁多，但大小规格基本一致，只在重量和重量配比上有细微差别。唯一要注意的是羽毛球运动击球最后需要借助手腕和手指快速地闪动来发力，所以一定要选择自己力量控制范围内的拍子。

2. 握拍方法

羽毛球握拍的基本原则是在击打来球时的动作符合人体关节生理结构、最便于发力。羽毛球运动无论是移动还是球速都非常快，而且对方的来球都是无法预判的，我们必须通过手指细微的变化，迅速变化握拍方法来应对不同的来球。因此，便于转换不同握拍方式的基础握拍就非常重要。

自然握拍：如图 6-60 所示。以右手持拍为例，首先左手拿着拍杆，让拍框垂直于地面，这时可以看到拍柄有两个棱面（最宽的两个棱面）垂直于地面，用握手的方式自然地握住拍柄，此时大拇指和食指应刚好分别放在垂直于地面的两个拍柄棱面上，手指自然放松，掌心和手指间都留有一定空隙，保证击球时再充分握紧瞬间发力。

图 6-60　基础自然握拍

基础自然握拍是一切其他击球握拍方式的关键和基础，必须保证自然握拍时手指可以随意捻动拍柄，使球拍快速转动，这样才能根据不同的来球迅速变化成更为合理的握拍方式击球。

（二）发球技术

羽毛球发球分为正手发球和反手发球。正手发球分为后场高远球、后场平高球、网前小球三种。反手发球分为网前小球、后场平高球两种。其中正手后场高远球和反手网前小球是其他发球技术的基础。

1. 正手发后场高远球

握拍：自然握拍，如图 6-61 所示。

图 6-61　发后场高远球握拍

高远球是将球用最大的力量，最高最远地发到对方底线，球到达最高点时垂直下落到底线，目的是使对方移动到球场底线的最远位置，调动对方跑动，增加回球的距离和难度。

动作要领：两脚前后站立，重心置于后脚。身体侧对球网。左手持球，球头向下，手臂自然放松弯曲，将球置于与肩同高的位置。右手持拍自然后放。前推重心同时持球手臂前伸放球，球头垂直下落，当落到腰与膝盖间位置时，转体挥拍，持拍手臂充分伸展，击球时拍面正向前方，击球瞬间手腕带动小臂迅速内旋回收，结束在左肩上方，击球后身体正对球网，如图 6-62 所示。

图 6-62　正手发后场高远球

学练提示

　　一次性拿 4～5 个球，固定左手位置，保持球下落点的一致性，连续击打多球，熟练右臂击球动作。

2.反手发网前小球

　　握拍：大拇指上顶，食指下滑，基础反手握拍，如图 6-63 所示。

　　动作要领：两脚前后站立，右脚在前，左脚在后，左手持球，右手持拍，球头正对球拍，握拍放松，大拇指前顶球拍，同时左手放球，球拍向前击球，幅度不要太大，由于球拍有弹性，轻轻击球即可将球发至对方前发球线的位置，如图 6-64 所示。

图 6-63　反手握拍

图 6-64　反手发网前小球

学练提示

　　一次性拿 4～5 个球，增加一次性的连续练习次数，初学者可以先瞄准球网上端的白线，将球击打到白线，练习控球的准确性。

（三）高远球

　　高远球是羽毛球中最基本的击球动作，所有高手击球（高于头部的击球）的基础动作。

握拍：同自然握拍，如图 6-60 所示。

动作要领：判断来球方向及落点，迅速侧身移动，同时引拍，引拍以充分展开胸部和双肩成背弓为主要目的，以便击打来球时能充分发力。击球前重心落于后支撑脚（右脚），屈膝蹬地发力，左脚内扣脚尖点地，看准来球后充分蹬地转身，同时手腕外展，肘关节上抬，运用手腕的快速闪动，小臂内旋向前上方迅速挥拍，击球瞬间食指顶按球拍，其余手指发力握紧球拍，正拍面击打来球，使球成高弧线飞向对方场地底线位置。击球同时双脚空中交换，击球后左脚前脚掌先落地，同时蹬地前推身体，右脚落地，挥拍手臂自然摆动，手臂自然放松，落于身体左侧，如图 6-65 所示。

图 6-65　打高远球动作

学练提示

可以两人配合进行练习，一个人拿多球在球网一侧发高远球，另一个人在球网对面以高远球的技术动作将球击打到对方底线。

（四）杀球技术

杀球是最具威胁的进攻技术，力量大、速度快，是得分的有力手段。杀球分为重杀、劈杀和点杀。

握拍：自然握拍基础上拇指上移、食指下滑，五指紧扣，完全握紧球拍。

动作要领："重杀"与正手后场高远球的技术动作基本一样，但击球点更加靠前，手臂下压需要更充分，拍面正面击球，集中全力下压，使球快速向下飞向对方中后场。"劈杀"与"重杀"动作基本一致，区别在于，通过手腕使球拍的拍面击球瞬间发生变化，切削球头，改变球的飞行方向和落点，具有隐蔽性，落点相对靠近中前场。"点杀"的动作与前两种有较大区别，不需要身体完全发力，特点是击球的连接速度快，主要靠小臂内旋，手腕和手指下压来完成击球，大臂尽量伸高，提高击球点，如图 6-66 所示。

图 6-66　杀球动作

（五）网前球（搓球、挑球）

1. 搓球

搓球是羽毛球网前技术中的重要技术，搓的球越贴网，越会为自己创造更有利的进攻机会。搓球分正手搓球和反手搓球。

握拍：正手搓球采用自然握拍，反手搓球采用反手握拍，如图 6-60、图 6-63 所示。

动作要领：正手搓球和反手搓球除握拍采用不同方式以外，击球高度和动作都基本一致，用正（反）手握拍，争取较高的击球点，运用手腕和手指的轻巧动作，以斜拍面切、搓球头，拍面由上向下再向上的圆弧运动轨迹，使球旋转翻滚飞行过网下坠，如图 6-67 和图 6-68 所示。

图 6-67　正手搓球　　　　　　　　　　图 6-68　反手搓球

2. 挑球

将落在本方前场的来球，用低手击球（低于头部以下的击球）的方式，由下向上用力抽击来球，使球又高又远地落到对方底线位置，以调动对方移动，为自己回位争取时间，缓解对方进攻压力。球的飞行轨迹与正手发后场高远球的轨迹基本相同。

握拍：同搓球。

动作要领：预判来球，对方拍子击球的瞬间，双脚跳离地面，向来球方向起动，接近落点时，蹬地后向前迈右脚，重心前推，前脚脚跟落地过渡到全脚掌并屈膝缓冲，手腕充分外展，手臂由下向上迅速挥动球拍，击球瞬间手腕带动小臂快速内旋回收（反手挑球：大拇指顶按拍柄，带动小臂迅速外旋），鞭打来球，击球后手臂随摆至左上方（右上方）。结束击球后，右腿蹬地推重心，回到准备位置，如图 6-69 和图 6-70 所示。

图 6-69　正手挑球

图 6-70　反手挑球

（六）接杀球

接杀球是羽毛球最主要的防守技术，根据对方的杀球方向，分正手接杀球和反手接杀球。

动作要领：接杀球为防守技术，与进攻站位不同，双脚平行站位，便于左右移动，在对方击球的瞬间，双腿微跳起动，手臂和脚向侧前面同时伸出，运用手腕和手指控制接杀球的出球方向为直线或斜线，如对方杀球力量很大，只需要借助对方的来球力量，轻轻挡击来球即可将球挡到对方网前，如图 6-71 和图 6-72 所示。

图 6-71　正手接杀球动作

图 6-72　反手接杀球动作

学练提示

　　一个人拿多球在球网一侧将球大力向下扔到对方中场两侧，另一个人左右移动接球，将球轻轻挡过球网。

(七)反手后场高远球

握拍:同反手发球,如图 6-63 所示。如果羽毛球已经到身后,可将大拇指顶按在最窄的棱面或较窄的棱面上。

动作要领:反手高远球的技术动作顺序其实跟正手完全一样,大家在学习反手动作时可以将每一个动作与正手相对比。首先起动,跟随来球找准击球点,转身、右脚向左后方迈出,同时引拍,将球拍竖起,手臂收于胸前,随后蹬地,力由下向上,由腿到腰传递到手臂手腕,肘关节上抬,同时自然放松,球拍下放,立手腕,击球瞬间,小臂迅速外旋,大拇指顶按拍柄,制动发力,球拍由下向上迅速击打来球,击球后手臂继续跟随球的飞行方向,向前上方送出,随后放松自然下落,同时身体跟随转动,右腿收回,恢复到初始起动状态,如图 6-73 所示。

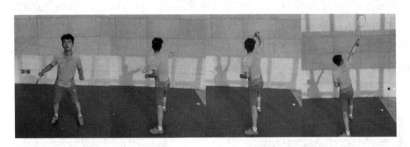

图 6-73 反手后场高远球

(八)羽毛球的基本步伐

羽毛球的步伐是连接所有羽毛球击球技术的基础,分为前场步伐、中场步伐和后场步伐,根据不同的情况,要将并步、垫步、小碎步、跨步、交叉步等基本运动步伐合理连接,击球后迅速恢复身体重心,返回场地中心位置。

1.前场步伐

(1)蹬跨步:当击球点离身体较近,不需要过大移动时,起动蹬地,右脚向前右或向左(反手)跨出一步,重心前移,左腿自然放松,如图 6-74 所示。

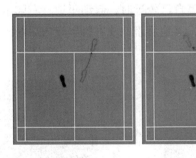

图 6-74 蹬跨步

(2)交叉蹬跨步:当击球点离身体非常远时,起动蹬地,左脚蹬地后交叉跨到右脚前面,左脚落地同时右脚迅速向前快出一步,这样就增加了移动距离,类似于跑步步伐,如图 6-75 所示。

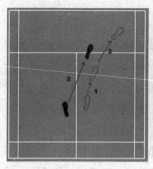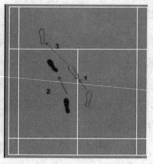

图 6-75　交叉蹬跨步

2. 中场步伐

（1）蹬跨步：当击球点离自己较近时，起动蹬地，右脚或左脚向同侧蹬跨出一步，击球后回动，如图 6-76 所示。

（2）并步蹬跨步：当击球点离自己较远时，起动蹬地，左脚蹬地并向右脚，同时右脚继续向右侧迈出一步，击球后回到起动位置，如图 6-77 所示。

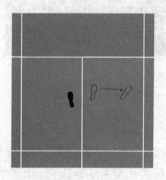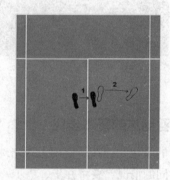

图 6-76　中场蹬跨步　　　　　　　　　　　　图 6-77　并步蹬跨步

3. 后场步伐

（1）侧身后退一步：当击球点离自己较近时，起动蹬地，右脚蹬地，同时侧身，向后侧蹬跨出一步，左脚自然放松跟随右脚，重心移动到右脚，左脚脚尖点地，如图 6-78 所示。

（2）侧身并步后退：当击球点里自己较远时，起动蹬地，右脚蹬地，同时侧身，向后侧蹬跨出一步，左脚跟随右脚并拢，落地后蹬地使右脚继续向后跨出一步，重心后移，如图 6-79 所示。

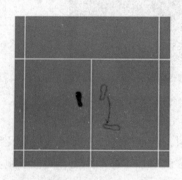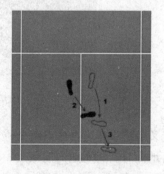

图 6-78　侧身后退一步　　　　　　　　　　　图 6-79　侧身并步后退

第六节 网球运动

网球是一项优美而激烈的运动，具有独特的魅力和很强的观赏性，深受人们的喜爱，在群众中普及度和关注度极高。通过网球的学习，可以在提高身体素质，掌握运动技巧的同时，培养克服困难、拼搏进取的良好品质。

一、走进网球世界

（一）网球运动的起源与发展

网球运动具有悠久的历史，起源与发展可以用一句话来概括：孕育在法国，诞生在英国，普及在美国，盛行全世界。网球运动的起源可追溯至12—13世纪的法国，当时在传教士中流行着一种手掌击球的游戏，这种击球游戏传入法国宫廷后，激发了皇宫贵族们的极大兴趣，迅速在法国宫廷中盛行开来，因此网球运动也称为"贵族运动"。14世纪中叶，法国王储将这种游戏介绍给英国国王亨利五世，这种游戏传入了英国，随着时间的推移，游戏器械与规则也逐渐接近我们现在所熟识的网球运动了。

1873年，近代网球创始人英国人沃尔特·克洛普顿·温菲尔德首先提出了"草地网球"，规定了球网长度和高度，并在英国首次举办了简易的草地网球比赛。1877年举行了首届温布尔登网球锦标赛，是现代网球史上最早的网球比赛。

19世纪90年代中期，网球进入了初步发展的阶段，许多国家和地区组织了网球协会，并定期举行比赛。20世纪30年代是网球发展的黄金时代，网坛上的四大满贯竞争也愈发激烈，涌现出诸多网坛球星。在第二次世界大战后，澳大利亚和美国的选手在网坛上独领风骚，并把网球的技术提升到了新的高度。20世纪70年代以来，网球运动又得到了进一步的发展。美国的网球受众群体达到4 000多万人；澳大利亚将网球普及到家家户户，成为国民运动。时至今日，网球运动已风靡全球，普及到世界的每一个角落。我国女子网球选手李娜曾在2011年法国网球公开赛和2014年澳大利亚网球公开赛中摘得女子单打比赛桂冠。

（二）网球运动的主要赛事

1. 温布尔登网球锦标赛

温布尔登网球锦标赛创办于1877年，是现代网球史上最早举办的赛事。比赛设在伦敦西郊温布尔登，在每年6月底至7月初举行，它是四大公开赛中的第三站比赛。温布尔登网球锦标赛是在草地上进行的，是四大满贯中唯一的草地网球赛。

2. 法国网球公开赛

首届法网公开赛于1891年在巴黎西部蒙特高地的一座叫罗兰·加洛斯的大型体育场内举行，比赛安排在每年5月底至6月初进行，是四大公开赛中的第二站比赛。法网使用的球场属于慢速红土场，因球速慢、回合多的特点，观赏性极高。

3.美国网球公开赛

1881年在美国罗得岛新港举行了首届美网公开赛，1968年该赛事被列为四大公开赛之一。比赛在每年的8月至9月举办，选用中速硬地场地。赛事的高额奖金和美国社会的高度商业化，吸引了世界众多高水平球员前来参赛。

4.澳大利亚网球公开赛

澳大利亚网球公开赛是四大公开赛中最迟创建的赛事，比赛地在澳大利亚的第二大城市墨尔本举行。比赛时间安排在1月底至2月初，在硬地网球场进行比赛。

5.戴维斯杯赛和联合会杯赛

（1）戴维斯杯赛

戴维斯杯赛是每年一度的世界男子网球团体赛，也是世界网坛层次最高、影响最大的国际性赛事，创办于1900年。戴维斯杯赛类似于主客场制的比赛，这种赛制深受参赛国的欢迎。

（2）联合会杯赛

联合会杯赛是每年一度的世界女子网球团体赛，1963年在英国伦敦的女子俱乐部举行了第一届联合会杯比赛。联合会杯与戴维斯杯齐名，都是每年各国展示网球整体实力的国际大赛。

二、提高网球技能

（一）选择球拍和握法

1.球拍的选择

球拍是手臂的延伸，在选择球拍时，首先要注重球拍的平衡感。有的球拍头重，有的球拍柄重，最好自己尝试挥拍几次，同时注意拍柄握起来是否合适。其次要注重的则是拍面，较大的拍面，击球区域也相对较大，可以保证击球稳定性，但速度欠缺，小拍面球拍击球速度较快，一定要选适合自己的。

2.握拍分析

（1）握拍分析如图6-80所示。

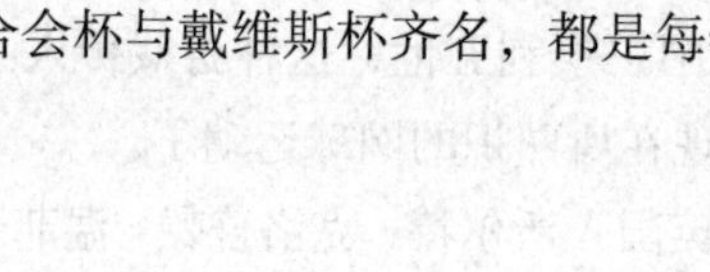

图6-80　握拍分析图

- 东方式正手：食指底部关节按在第三面上。
- 东方式反手：食指底部关节按在第一面上。
- 大陆式：食指底部关节按在第二面的上部。
- 西方式正手：食指底部关节按在第四面上。
- 半西方式正手：食指底部关节按在第三面和第四面之间。

（2）握拍图解如图 6-81 和图 6-82 所示。

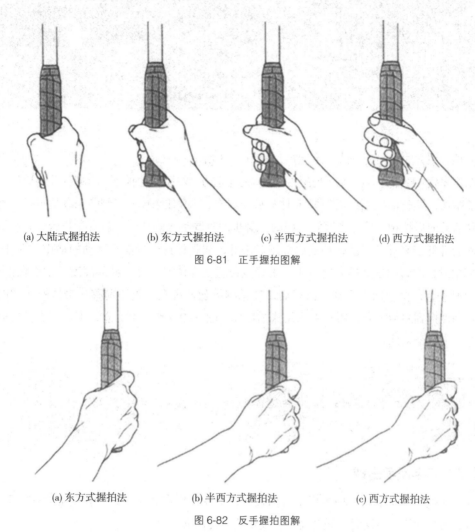

（a）大陆式握拍法　　（b）东方式握拍法　　（c）半西方式握拍法　　（d）西方式握拍法

图 6-81　正手握拍图解

（a）东方式握拍法　　　　（b）半西方式握拍法　　　　（c）西方式握拍法

图 6-82　反手握拍图解

（二）正手击球

正手击球技术是网球基本技术的重要组成部分，是最基础的入门技术，也是制胜分的重要得分手段，其特点是速度快、力量大，飞行轨迹具有一定的弧线，在比赛中常用于底线对攻，如图 6-83 所示。

图 6-83　正手击球动作示意图

图　6-83（续）

握拍：东方式或半西方式正手握拍，如图 6-81 所示。

动作要领：身体正对球网，球拍放在身体的正前方，左手握住拍颈，两脚分开略比肩宽，膝关节微屈，身体重心放在前脚掌，身体呈放松状态，并盯住来球。当判断来球是正手位时，转体转肩并向后拉拍，使肩和髋侧对球网，脚步同时调整成侧站位，转肩并开始向后引拍，拍头向后并低于来球的高度，拍柄底部正对来球，屈膝保持由低向高移动的动作。在开始向前挥拍时，左脚向击球的方向迈步，击球点位置在身体右前方，腰部高度。拍面在击球时与地面垂直，由下向上挥动。击球后，球拍继续随球挥动，重心前移，身体转向球网，拍头随惯性挥到左肩上方，用左手托住球拍颈部。随挥拍动作结束，立即恢复到准备姿势，准备迎接下一个来球。

> **学练提示**
>
> 　　击球时，眼睛不要离开球；脚步快速移动击球，并在击球后快速回位，保持低重心，控制好平衡。

（三）双手反手击球

双手反拍击球是最为常用的反手击球技术，击球的稳定性、准确性和攻击性是双手反拍击球的三个优势，但同时要做到脚步移动快速，提前做好来球预判。

握拍：右手采用东方式反手握拍，左手采用东方式正手握拍。

动作要领：身体正对球网，球拍放在身体的正前方，左手握住拍颈，两脚分开略比肩宽，膝关节微屈，身体重心放在前脚掌，身体呈放松状态，并盯住来球。当判断来球为反手位时，侧身转肩并向后拉拍，双臂保持相对放松和稳定，球拍拉向后方并低于来球方向，身体重心转移到左脚上，拍柄底托正对来球，屈膝为身体重心向前上方移动做准备。开始击球时，左腿向前、向上蹬地发力，转髋转肩，用身体转动带动挥拍，挥拍轨迹是朝目标方向由下向上。击球时左手为主要发力手，右手控制拍面角度；击球时拍面与地面保持垂直，击球点位于前脚的侧前方 45°。击球后，球拍应沿目标方向继续挥出，动作完成时双手高于肩，左足鞋底正对后挡网，重心落在右脚上，保持身体平衡并快速回位，准备下一次击球，如图 6-84 所示。

图6-84 双手反手击球动作示意图

（四）反手削球

反手削球的优点是既具有进攻性又具备防守性，击球后使球产生快速的下旋，迫使对手降低回球质量，当自己无法用上旋球和平击球进行回球时，可选择反手削球来做过渡，如图6-85所示。

图6-85 反手削球动作示意图

握拍：大陆式握拍。

动作要领：准备姿势与正反手击球相同，判断来球后，迅速转身上步引拍，身体侧对球网，拍头高于手腕，拍面稍向后仰，右脚向前上步，重心随之移动到右脚上。球拍高于击球点，击球的中下部位，反手削球的挥拍轨迹是由后向前下方挥动，手腕绷紧，尽量延长球拍与球的接触时间，击球时不要向下"斩球"，而要做出向下向前送的动作。击球后，球拍应沿目标方向继续挥出，自然停止。保持身体平衡并快速回位，准备下一次击球。

（五）发球

发球是比赛中的第一个环节，对于比赛的走势起到至关重要的作用，是唯一可以不受对手控制的技术，是直接得分的利器，如图6-86所示。

图 6-86　发球动作示意图

握拍：大陆式握拍。

动作要领：双脚齐肩宽，在端线后侧身站立，手腕和手臂放松握拍于身体前，左手持球，并在拍颈处轻托球拍，两脚尖的对角线应对着目标。两臂同时向下和向上运动，球从伸展的左手中向上垂直抛出，球的投影位置在身体前面和左脚上部，抛球高度应满足击球手臂的充分伸展的幅度，握拍手掌在向后拉拍时掌心向下，身体重心平稳地向前脚移动，球拍在身后做绕环动作，并向前挥拍击球。这个过程中必须尽力伸展身体，在最高点击球，击球点在身体右前方，与右肩充分伸展相一致，击球时手臂和球拍充分伸展，达到从球拍的顶部到左脚后跟成一直线。完成击球后，球拍继续沿着球的运行轨迹挥动，球拍挥动呈弧形，并在身体左侧结束，此时身体重心完全落在前脚上，右脚跟指向后挡网。

第七节
欣赏技术战术之美

在日常生活中欣赏球类运动已成为大学生的一项重要内容。通过欣赏球类比赛，拓展生活空间，调节紧张的生活学习节奏，愉悦身心、调节情绪，进一步激发对球类运动的参与和学习的激情，从而提高参与者的体育文化素养。

一、欣赏各球类项目的体育文化

体育是一种文化现象，而不仅仅是一种竞技比赛。各种球类项目都具有文化的特征，包括价值观念、运动知识、运动规范和体育设施等等。只有充分地认识到各种球类项目的固有特征，才能够理解其对社会进步、政治稳定、民族团结以及世界和平所起到的重要作用。只有这样，欣赏者对球类比赛才有更加深入的认识，对球类运动的欣赏才会更加投入。

二、欣赏各种球类项目的体育精神

欣赏球类比赛总能让观众产生一种强烈的移情作用，给人以精神上的满足与升华，获胜时的欢呼雀跃，失败后的沮丧伤心，每一场比赛总能给我们一种精神的鼓舞。足球的一脚射门、篮球的一次投篮、排球的一次拦网、乒乓球的一次扣球、羽毛球的一次扣杀、网球的一次上网截击等，让我们每个人都能体会到努力拼搏、自我超越、团结协作的精神；体会到体育比赛永恒的魅力，永恒的竞争；体会到每名运动员不停地追求与自我超越。所以，从体育精神的角度去欣赏球类比赛不仅给人精神上的享受，更给我们人生的启迪，为我们提供实现人生价值所应该具有的信念勇气和力量。这种体育精神的激励作用，往往可以使人在逆境中奋起，领悟唯有勇往直前、永不退缩，才能实现自身价值的人生真谛。

三、欣赏各种球类项目的技战术、比赛形式和过程

比赛中再合理的技战术也要选择在合适的时机运用，比赛开始之前就要为比赛过程中的技战术运用做准备，充分地了解对手，再根据对手的攻防特点提前布置好克敌之术，比赛一开始即为实践检验理论的时刻，既要打出自己的套路，又要根据对手的变化调整技战术。例如，在足球比赛中，在攻守平衡战术思想指导下，要求队员技能、体能的全面发展，承担攻守的双重职责，去适应整体全攻全守战术的需要。无论在攻守的布阵或战术打法上，都能形成有机地协调，以及始终保持攻守力量达到运动中的平衡。每名场上队员在明确基本位置和主要职责的前提下，充分发挥个人的智慧和全队的攻守特点，以克敌制胜，前锋攻中有守，以攻为主；前卫能攻善守，攻守平衡；后卫以守为主，守中有攻。

在篮球比赛中，"传切"战术多用于对方篮下防守队员较少时，利用速度和恰到好处的切入时机来创造得分机会；长传快攻多用于对方在进攻端尚未及时回防时，简单、快捷地得分；在对方篮下防守较弱时，可以采用中锋进攻战术；等等。

排球比赛中，战术美是排球比赛中的核心，同队队员之间心照不宣的默契，前后排阵型的变化，进攻时的汹涌澎湃，防守时的绝处逢生，无不让人赞叹。我们还可以从比赛中看出由运动员直接形成的完美阵型图，这种战术变换的图形美，让人心旷神怡。

在乒乓球比赛中，技术之美是乒乓球竞赛欣赏的核心。每个运动员根据自身的身体条件和技术特点形成与众不同的打法风格，成为克敌制胜的独特法宝。例如，徐寅生的"12大板"；孔令辉在2000年悉尼奥运会上的激情飞扬；张怡宁的后发制人，多拍对攻；王皓的直拍横打，反手进攻、相持，这些都给人带来美轮美奂的艺术享受。

羽毛球双打比赛中，后场队员积极大力扣杀创造机会，在对方接杀放网、挑高球或企图反击抽球时，前场队员以扑、搓、勾、推控制网前，或拦截、吊点封住前半场，使整个进攻连贯而又有节奏变化，让对手防不胜防。

在网球比赛中，技术的运用和展现是其观赏性的重要因素。观看高水平的网球比赛时，选手令人叹服的技术是比赛之美的关键组成部分。例如世界顶级选手中，德约科维奇的引拍动作和随挥动作舒展自如，纳达尔的大力底线击球力精准且力道十足，费德勒的高截击

冷静而完美，小威廉姆斯击球前的调整型步恰到好处。

四、欣赏球类项目比赛规则和裁判执法之美

一场伟大的比赛不仅是双方运动员带来的，裁判员的执裁也是重要的一部分。优秀的裁判员判罚不仅要果断自信，还要专注细节，注重技巧。

在每一场足球比赛中，裁判员的每一次判罚将直接或间接影响着比赛的结果。裁判员的判罚尺度将直接或间接体现裁判员的执法艺术。

在篮球比赛中，一般比赛的开始阶段很重要，随着比赛的推进，既要减少响哨的频度，还要注意观察双方运动员的比赛情绪，遇到突发情况及时制止、劝阻并判罚。比赛越激烈，裁判员的注意力越要集中，站位越要合理，判罚越要果断，尤其在最后一节及决定胜负的最后几分钟的比赛，裁判员更要百倍专注，尽量做到无漏判、错判。

五、欣赏球星的精彩表演

"山不在高，有仙则名。"球星在每个队里、每场比赛里都是最耀眼的，也是最受观众爱戴的，他们具有精湛的球技、充沛的体能，具有敏锐的洞察力和超乎寻常的想象力，完成了一个又一个被誉为"艺术"的伟大作品。每到比赛的关键时刻，他们更能稳定军心，力挽狂澜。例如，被誉为历史上最伟大的篮球运动员的迈克尔·杰弗里·乔丹，带领公牛队6次夺得NBA总冠军，且屡次获得"得分王"称号。阿根廷的传奇足球明星梅西、中国女排的朱婷、中国乒乓球运动员马龙、中国羽毛球运动员林丹、网球巨星费德勒，在球迷心中都占据崇高的地位，他们的每一次表演都牵动着亿万球迷的心。

因此，为了更好地欣赏球类比赛，应充分了解有关各种球类项目的各方面知识，不断提高自身的文化素养，并根据自身的需要，从多角度欣赏球类比赛，享受各项目丰富的内涵。

📖 知识链接

中国女排的冠军榜

中国女排曾经9次问鼎世界冠军，分别是1981年世界杯、1982年世锦赛、1984年奥运会、1985年世界杯、1986年世锦赛连续5次世界大赛夺得冠军，成就五连冠的伟业，随后在2003年世界杯、2004年奥运会两度问鼎桂冠。随着郎平担任中国女排主教练，中国女排时隔十一年再次夺得2015年世界杯与2016年奥运会冠军。

❓ 思考题

1. 如何培养球类运动的终身体育能力？
2. 如何欣赏球类运动之美？
3. 你最喜爱的球类运动是什么？说说你打球时的感受。

第七章

强健体魄的
亲水运动

炎炎夏日，与水游玩是再好不过的解暑方式了。亲水运动不仅指游泳运动，还包括赛艇、皮划艇、帆船及其他新兴水上运动，不仅可在场馆内进行，还可回归大自然，因此越来越受大众欢迎。

📖 学习目标

1. 了解游泳运动与水上运动的发展、分类和锻炼价值。
2. 学习游泳运动的基础知识和技能。
3. 学会欣赏游泳运动和水上运动。

第一节
游泳运动

游泳既是一项体育运动，更是一门生存技能。据考证，5000多年前出土的陶器上，就有人类潜入水中猎取食物的图案。游泳一开始是为了获取食物的生存技能，后来逐渐发展成为重要的军事、健身项目。

一、游泳运动简介

（一）游泳运动在我国的发展

我国水域辽阔，气候温和，渔猎活动是我国游泳运动的起源，同时相传在与洪水搏斗中，古人还发明了不少泅水的方法。《诗经》中也有关于游泳的记载，"就其深矣，方之舟之；就其浅矣，泳之游之"。

竞技游泳是 19 世纪中叶，由欧美传入我国香港及沿海各省的，以后逐渐有了竞技游泳比赛。1887 年，广州修建了长 25 码（22.86 米）的室内游泳池；中华人民共和国成立以后，游泳运动快速发展起来。跳水项目是我国的优势项目，在泳池竞技游泳项目中，我国也不断取得优异成绩。现在，我国优秀的游泳运动员不断涌现，正成为引领运动潮流的新榜样。

（二）奥运会游泳项目

2024 年巴黎奥运会游泳项目设有游泳、跳水、水球、花样游泳等分项，这些项目不是一开始就出现在奥运会中的，都有其发展的过程。

1. 游泳

古代奥运会没有游泳项目，现代奥运会从第一届开始，就设立了游泳项目，但直到 1924 年法国巴黎奥运会上，竞技游泳比赛才在正规泳池中举行，这翻开了竞技游泳运动的新篇章。游泳中的小项很多，仅次于田径项目，设有自由泳、仰泳、蝶泳、蛙泳、混合泳等多种泳姿的项目，除了在室内标准泳池的比赛，还有公开水域的 10 公里游泳马拉松项目。

2. 跳水

跳水运动的历史非常久远，人类在掌握了游泳技能之后，就开始有了简单的跳水活动。现代竞技跳水始于 20 世纪初，1900 年，瑞典运动员在第 2 届奥运会上做出了精彩的跳水表演，一般公认这是最早的现代竞技跳水。1904 年，在第 3 届奥运会上，男子高台跳水和男子跳台跳水被列为正式比赛项目。1951 年，女子跳水才成为规则完整的奥运会正式比赛项目。

📖 **知识链接**

高 台 跳 水

高台跳水源于海边渔民业余的娱乐活动——悬崖跳水，由于是一项风险很高的玩命运动，所以又称"极限跳水"。2013 年 7 月，第十五届巴塞罗那游泳锦标赛首次将高台跳水列为正式比赛项目。男子比赛高度为 27 米，女子比赛高度为 20 米，从这样的高度跳下，室内泳池的水深度是远远不够的，因此高台跳水一般要在水深为 20 米以上的港湾举行，如图 7-1 所示。

图 7-1　高台跳水

3.水球

水球项目是一种在水中进行的集体球类项目，男子水球于 1900 年巴黎奥运会被列为正式比赛项目，女子水球则直到 2000 年悉尼奥运会才被列为正式比赛项目。水球比赛时，每队上场 7 名运动员，包括 1 名守门员，水球运动员在比赛时以游泳的方式运动，除守门员以外，运动员不能双手同时握球，以射入对方球门次数多的一方为胜。水球是一项结合游泳、手球等技巧的对抗性运动。

4.花样游泳

花样游泳有"水中芭蕾"之称，结合了游泳技巧、舞蹈、音乐编排等多种元素，原为游泳比赛间歇时的水中表演项目。1984 年花样游泳成为奥运会正式比赛项目。花样游泳是一项具有艺术性的优雅体育运动，运动员必须做出许多组推举、旋转、弯曲动作，所有这些动作都不能借助于池底的地面。花样游泳在奥运会上一直仅设有女子项目，2015 年 7 月 25 日，第 16 届国际泳联世界锦标赛花样游泳男女混合双人技巧预赛在俄罗斯喀山市举行，这是花游男选手首次在世界大赛上亮相，为人们展现出了全新的表演。2022 年 12 月国际泳联（现为"世界水上运动联合会"）宣布，男子花样游泳运动员获准参加 2024 年巴黎奥运会，每支参赛队伍可派出最多 2 名男选手参加花样游泳集体项目的比赛。

（三）游泳安全卫生常识

1.下水前做好准备活动

游泳池水温低于人体体温，人在下水后容易发生肌肉抽搐、关节伸展不开等现象，因此下水前要进行各种徒手操、原地跑跳等自我活动，以增加人体热量，同时使颈、肩、腰、膝等关节和全身肌肉活动开。

2.选择安全的场所

不要在野外的池塘沟渠游泳，要选择管理完善的正规泳池游泳。在泳池里也要遵守相关的管理规定，不打闹，要根据自身的能力选择泳池的深浅区，初学者不要误入深水区。

3.游泳后要清洁身体

泳池里的水通常含有消毒剂，不及时清洗可能对皮肤有一定伤害。

二、泳姿

游泳的动作要领大都可分为身体姿势、手臂技术、腿部技术及身体配合这四个方面。

（一）自由泳

自由泳又称"爬泳"，是指以任何泳姿的游泳方式，因为"爬泳"是各种泳姿中速度最快的，所以运动员一般在"自由泳"项目中，都选择"爬泳"。这也是大众把"爬泳"当成"自由泳"的缘由。游自由泳时，身体俯卧在水面，两腿上下交替打水，两臂轮流划水，使身体向前游进，如图 7-2 所示。

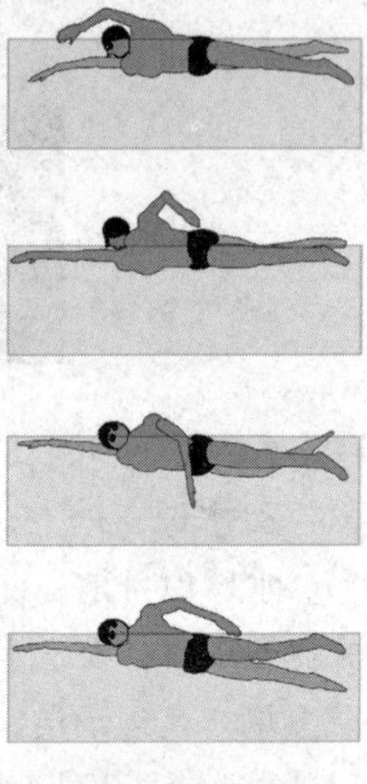

1. 身体姿势

游自由泳时，身体应当平直地俯卧在水中，头微微抬起，这样的姿势能够减小向前游进时与水的截面，减小在水中受到的阻力。颈部自然后屈，水面齐于发际，双眼注视前下方。在向前游进过程中，身体可以根据自己的节奏进行左右转动。

2. 手臂技术

游自由泳时，两臂轮流交替向后划水，是推动身体前进的主要力量。自由泳的手臂动作可分为入水、抱水、划水、出水、移臂五个部分。

图 7-2　自由泳

（1）入水

入水是伸展手臂的水中定位动作，肘关节要保持较高位置，按"手—前臂—上臂"的顺序入水，手指自然并拢，掌心朝向侧下方，大拇指领先入水，入水点在肩的延长线上或在身体中线与肩延长线之间。

（2）抱水

手臂入水后，手掌由斜向外下方变为斜向内后方，肘、肩继续前伸，使手臂伸展。随着身体的转动，屈腕、屈肘，并保持高抬肘姿势。抱水时上臂与水平面约成 30°，前臂与水平面约成 60°，手掌接近垂直对水，肘关节弯曲约成 150°，手臂做抱球状。

（3）划水

划水是获得动力的主要阶段，是指手臂从与水平面成 45°，到向后划至与水平面成 15°～20° 的过程，它分为拉水和推水两部分。

拉水是指从手臂划至肩下方与水平面垂直的过程。拉水时前臂速度比上臂快，从抱水之后继续屈肘，当手臂划至肩下方时，手在体下靠近身体中线，屈肘为 90°～120°。此时拉水动作结束，手臂与水平面垂直，肘高于手。

推水是拉水后的剩余过程，在这一过程中，手掌应始终与水平面垂直。推水过程中，肘关节要向上，向体侧靠近，从屈臂变为伸臂。

（4）出水

划水结束后，由肩带动手臂提出水面，按"肩—上臂—前臂—手"的顺序依次出水，动作连贯迅速，前臂和手放松自然。

（5）移臂

移臂与出水是连续动作，不能停顿，此时前臂和手依旧放松，上臂以肩为轴向前移动，先屈肘再伸肘。

3. 腿部技术

自由泳的腿部动作主要起维持身体平衡的作用，使下肢抬高，保持身体呈流线型，以及协调两臂有力的划水动作，并能起一定的推进作用。在打腿过程中，以髋为轴，大腿发力带动小腿，大腿在运动方向上一直处于领先，形成鞭状打水。向上动作快要结束时，大腿就开始向下发力，向下时要用较大的力量和速度，以产生推动力。

4. 身体配合

在自由泳中，呼吸与腿打水、手臂划水的配合常见有多种形式，其中以 6∶2∶1 最为常见，此外还有 4∶2∶1、2∶2∶1 及其他不规则比例的多种配合方式。划手与呼吸的动作随着身体转动而进行，由于多数运动员向呼吸一侧的身体转动幅度较大，因此轮流向两侧吸气可以使身体的转动较为对称。对于初学者，建议采用早呼吸技术，即在开始划水阶段就开始转头，当手进入推水阶段时，转头出水猛吐快吸，完成吸气动作；随着手臂前移，转头呈水平姿势，眼睛正视池底。

（二）蛙泳

蛙泳是模仿青蛙动作的一种游泳姿势，是人类最古老的游泳姿势之一。蛙泳在游进过程中，身体位置会按动作节奏上下起伏，随手腿动作而不断变化，根据身体起伏程度不同，蛙泳可分为平式蛙泳与波浪式蛙泳。从目前竞技蛙泳的走势来看，波浪式蛙泳被众多选手所采用，平式蛙泳基本淡出竞技视线，但由于平式蛙泳时身体无须上下起伏，可减少迎面阻力，游起来更省力，因此在教学中被广泛采用，作为初级教学所选用泳式，下面也以平式蛙泳的技术要点作为介绍重点，如图 7-3 所示。

图 7-3　蛙泳

1. 身体姿势

平式蛙泳身体位置相对水平，头部随身体的波浪动作而起伏，在身体起伏时髋部始终在接近水面的位置，背部的起伏无须太大，随身体起伏始终保持在水面上或紧贴水面即可。

2. 手臂技术

蛙泳手臂划水路线由向前、向外再向下，可以产生很大推进力，主要动作可分为外划、下划、内划、前伸四个阶段。

（1）外划

外划开始时，掌心向下，两臂内旋，两掌心转向外斜下方，略屈腕，两臂向外横向划动，直到两手间距离约为两倍肩宽时外划阶段结束。外划时小拇指领先，手掌以很小的阻力面对水。

（2）下划

下划动作紧跟外划，前臂稍外旋，肘关节开始弯曲，转腕使掌心转为朝后下方，以肘关节为轴，手和前臂加速向下、向后划动。下划结束时，手与前臂接近垂直于水平面，上臂与前臂约成 130°。

（3）内划

内划是蛙泳划臂中获得最大推进力的阶段。紧接着下滑动作的完成，手臂沿一个大的半圆形轨迹依次加速向后、向下、向内和向上划水，直到手臂划至肩后，双手在肩下靠拢。

（4）前伸

内划接近完成时，两手在继续向内、向上划动过程中逐渐转为向上、向前弧形运动至颌下。前伸过程中，手掌逐渐转向下方，手指朝前，肘关节紧接着前移，与此同时迅速低头，两臂伸直，夹在头两侧，恢复到原来的滑行姿势，呈良好流线型向前滑行。

3. 腿部技术

蛙泳游进过程中腿部技术可分为四个阶段，分别是收腿、翻脚、蹬夹和滑行。

（1）收腿

收腿技术是翻脚技术、蹬夹技术的准备动作，是从身体伸直呈流线型向前滑行的姿势开始的。开始收腿时，踝关节放松，脚底基本朝上，大腿稍放松屈膝和屈髋，脚跟向上、向前移动，向臀部靠拢，小腿和脚跟在大腿和臀部的后面，减少投影面，以减小收腿阻力，接近臀部时停止收腿。

（2）翻脚

在蛙泳腿部技术中，翻脚十分重要，它实质上是从收腿到蹬水的变化过程，是收腿的继续和蹬腿的开始，因此将直接影响到蹬水的效果。翻脚的主要目的在于使腿在蹬夹时有良好的对水面，以获得最大推进力。

（3）蹬夹

蹬夹是蛙泳游进中获得推进力的主要阶段。借着翻脚动作的惯性，由腰腹和大腿发力，依次伸展下肢各关节，两脚转为向后、向内运动并稍下压，直至两脚蹬直并拢。

（4）滑行

蹬夹结束时腿处于较低位置，脚距水面为 30～40 厘米，这时身体因蹬水获得的推进力向前滑行，腰部下压，两腿伸直并拢，双脚接近水面，准备做下一个周期的收腿动作。

4. 身体配合

蛙泳一般采用呼吸：手臂：腿 =1：1：1 的配合，即一个完整的技术周期包括蹬夹一次、划臂一次、呼吸一次。手臂和腿的配合是一种交替进行的技术，初学者可经常做长滑行计动作次数的练习来检验配合效果。呼吸与手臂的配合主要有早呼吸配合和晚呼吸配合两种类型，两种类型没有优劣之分，个人可根据自己的适应情况选择配合方式。

（三）仰泳

仰泳是人体仰卧在水中游进的一种泳式。仰泳时，身体躺在水面之上，头部一直处在水面上方，既利于呼吸又节省体力，适合体能较弱的人，如图 7-4 所示。

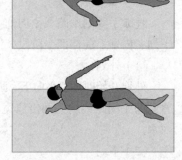

图 7-4　仰泳

1. 身体姿势

仰泳要求全身自然伸展，成放松状态，仰卧于水面，头部和肩部略高于其他部位。仰泳时，头部保持相对稳定，腿部、腰部保持在同一平面上，身体纵轴与水平面约成 10° 角，游进过程中身体纵轴随两臂划水转动，约成 45°。

2. 手臂技术

仰泳时的手臂动作是产生推进力的主要因素。与自由泳相似，一个完整的仰泳手臂划水动作也是由入水、抱水、划水、出水和移臂五阶段组成的。

（1）入水

入水时，手臂自然伸直，手掌展平，掌心朝外，小拇指先入水，入水点应在肩的延长线与身体纵轴之间。

（2）抱水

手臂入水后要利用入水时的动量积极下滑到一定深度，手掌向下，通过伸肩、屈肘、上臂内旋和屈腕的动作，配合身体转动，使手掌和前臂能更多对水，为接下来的划水动作做好准备。

（3）划水

划水是获得推进力的主要阶段，这一阶段包含拉水和推水两阶段。

拉水阶段在抱水的基础上进行，开始时前臂内旋，手掌上移，肘关节向下弯曲，并逐渐下移，靠近腰部。手掌和小臂与前进方向垂直。当手掌划至肩侧时，屈臂程度最大，为 70°～110°。

推水阶段从手臂划过肩侧开始，此时肘关节和大臂逐渐向身体靠近，同时用力向脚的方向推水。

（4）出水

推水阶段即将结束时就要为出水做准备了，小臂内旋并加速转腕下压，掌心由向后转为向下。推水结束时，手臂要伸直，手掌在大腿侧下方，借助手掌压水的反弹力迅速提臂出水。

常见的出水手形有三种：手背先出水、大拇指先出水、小拇指先出水。无论哪种手形出水，手臂都要自然、放松和迅速，并且由肩带动大臂、小臂和手依次出水。

（5）移臂

提臂出水后，手应迅速从大腿外侧垂直于水面移至胸前，此时手臂伸直放松；手臂移至肩上方时，手掌内旋，使掌心向外翻转，肩关节要充分伸展，为下一周期的入水和划水做准备。

3. 腿部技术

腿部动作不但能够帮助保持身体平衡，还能产生一定的推进力。仰泳的腿部动作分为下压和上踢两个阶段。

（1）下压

下压动作并不产生推进力，因此相对要求速度不要太快，腿部关节自然放松。由大腿带动小腿下压到占整个移动路线的三分之二时，大腿停止发力，剩下三分之一由小腿和脚利用惯性屈膝来完成。

（2）上踢

下压动作完成时膝关节弯曲成 135°～140° 角，小腿与大腿与水面均约成 45°。上踢动作需用较大力量和速度来进行，并逐渐加到最大。上踢动作是以大腿带动小腿，小腿带动脚来完成的。这一过程中膝关节和脚都不要露出水面，脚尖应内旋来加大对水面积，以获得更大推进力。

4. 身体配合

与自由泳相似，仰泳时腿、臂和呼吸的配合一般采用 6∶2∶1 的比例完成。由于仰泳时面部一直露出水面，因此呼吸简单自然，只要掌握好节奏即可。

（四）蝶泳

蝶泳手臂动作像蝴蝶飞舞，故被称为"蝶泳"。与前三种竞技游泳姿势相比，蝶泳是最年轻的一种泳式，是从蛙泳中派生出来的。从动作的外形来看，蝶泳的臂、腿动作与自由泳相似，主要区别在于蝶泳的两臂、两腿动作是同时的，而自由泳时交替的。蝶泳对身体素质的要求很高，要求极强的身体协调能力、柔韧度、腰腹力量等，且在学习蝶泳之前必须掌握其他三种游泳姿势，如图 7-5 所示。

图 7-5　蝶泳

1. 身体姿势

与其他三种泳姿不同，蝶泳没有固定的身体位置。在一个动作周期中，头和躯干各部分的相对位置由于波浪动作不断变化。在游进过程中，身体俯卧在水中，尽量保持颈部肌肉放松，避免过多头部动作，躯干大部分时间保持水平，背部起伏不要太大。划水时，腰腹发力，躯干和腿做规律摆动，但不要做太大的波浪动作，以保持重心平稳和减少前进时的阻力。

2. 手臂技术

与其他泳姿一样，蝶泳手臂的划水是获得推进力的主要因素，但蝶泳中双臂划水产生的推进力大于其他泳式。蝶泳的一个手臂完整动作周期可分为入水、划水、出水和移臂四个阶段。

（1）入水

入水时，两手距离同肩宽，手臂按"手—前臂—上臂"的顺序入水，入水时手指自然伸直并拢，手掌与水平面约成 45° 角，掌心朝外，拇指先入水。两手入水点基本同肩宽。入水时要放松，放松肩部，且入水要柔软，避免激起过多水花。

（2）划水

划水阶段分抓水、拉水、推水三个部分完成。

抓水：手入水后，借助惯性伸直手臂，两臂稍内旋，掌心转向外后方，手掌近乎与水平面垂直。当手向外划至约两倍肩宽处时，肘关节开始弯曲，掌心转为向外下后方。

拉水：抓水结束后，手臂向下划至肩下方时，上臂与前臂约成 90°～100°，双手靠拢，划至腹下时两手距离最近，拉水部分结束。

推水：推水过程中逐渐伸肘，伸腕，掌心转为朝外后方，保证手掌以最大的面积对水，以获得更大推进力。推水动作的结束于手臂划至大腿两侧。

（3）出水

出水紧跟着推水结束进行，当推水动作结束时，肘关节已露出水面，手腕放松使掌心转为向内，借助惯性按"上臂—前臂—手"的顺序提出水面。

（4）移臂

出水后，肩膀带动两臂迅速移到头前。这一过程中，开始时肘关节微屈，手掌向上；两臂放松内旋，沿身体两侧低平的抛物线前摆；当两臂摆过肩时，转为向内向前移动。

3.腿部技术

蝶泳腿部技术与自由泳的相似。蝶泳在打水时，两腿自然并拢，两脚成内八字形，以增大对水面，获得更大推进力。腿部动作的一个周期可分为向上打水和向下打水两阶段。

（1）向上打水

向上打水是由整个躯干波浪的惯性形成的，不需要可以用力。向上打水开始前，两脚处于最低点，膝关节伸直，臀部上升至水面，躯干与大腿成150°～160°。向上打水过程中，首先两腿开始上抬，膝关节、踝关节放松，两腿保持自然伸直，当大腿与躯干成一条直线时，臀部开始下沉，大腿开始下压。此时髋关节开始弯曲，小腿和脚由于惯性继续上抬，使膝关节弯曲，且角度逐渐加大。向上打水阶段结束于臀部下降至最低点，脚上抬至接近水面，大腿与小腿成110°～130°。

（2）向下打水

向下打水过程中，腰背发力带动小腿发力带动小腿弯曲，踝关节放松，两脚脚面在水的阻力下绷直，使脚背保持良好对水，两脚呈内八字。此时腰部发力，大腿加速下压，带动小腿和脚向下运动，膝关节逐渐伸直。当向下打水至膝关节近乎伸直时，大腿转而向上运动，膝关节迅速伸直，带动小腿和脚加速向下鞭打，两脚打至最低点时，膝关节完全伸直。至此向下打水阶段结束，紧接着开始下一个腿部打水动作周期。

4.身体配合

正常的蝶泳采用腿∶臂∶呼吸＝2∶1∶1的方式配合，个人根据自己波浪起伏角度、手臂技术与个人特点选择呼吸方式。此外，手臂和腿的配合是蝶泳技术的重要因素，也是掌握蝶泳技术的关键，对运动员的身体素质要求比其他三种泳姿更高，需要更多练习才能掌握。

第二节 水上运动

为了区别于陆上和空中的体育项目，一般将全部过程或主要过程在水下、水面或水上进行的运动项目称为水上运动，包括船类竞技项目、滑水运动、潜水运动等。

一、传统水上项目

（一）赛艇

赛艇是由一名或多名桨手坐在舟艇上，背向舟艇前进方向，运用其肌肉力量，通过桨和桨架之间的简单杠杆作用进行划水，使舟艇前进的一项水上运动，如图 7-6 所示。赛艇是奥运会最传统的比赛项目之一。

赛艇运动起源于英国。据记载早在 17 世纪，泰晤士河上就已经有了划船比赛，到了 18 世纪，泰晤士河上的赛艇比赛被制定了规则，并成立了俱乐部，1908 年赛艇被列入伦敦奥运会正式比赛项目。

赛艇运动项目较多，按级别分为公开级、轻量级，每一个级别又按运动形式分为单桨和双桨，按参加人数又分为单人、双人、四人和八人，有的项目还分有舵手和无舵手。

图 7-6　赛艇

📖 知识链接

剑桥与牛津的百年赛艇对抗赛

1829 年英国牛津大学与剑桥大学之间开始了校际赛艇对抗赛，1956 年被定为年度赛事。这两大名校间的赛艇竞赛至今已经举办了一百多届，至今方兴未艾。比赛路线是逆泰晤士河而上，六千多米，获胜的队伍会跳入河中庆祝。如今每年到现场观看比赛的观众多达数万名，全球有 160 多个国家和地区对比赛进行电视转播，虽然是校际的传统比赛，却也是世界上最负盛名的赛艇赛事。

（二）皮划艇

皮划艇项目分为静水皮划艇和激流回旋皮划艇，静水皮划艇比赛是在标志清楚而无障碍的航道进行的，如图 7-7 所示，激流回旋皮划艇则是在设有水门的湍急河道中进行的。

皮划艇的出现，最早可追溯到远古时代。皮艇的原型是古代格陵兰岛的爱斯基摩人用兽皮、兽骨等材料制作而成的皮筏艇，用来作为狩猎的交通工具。划艇的原型是独木舟，是把独木挖空而制成的。独木舟是原始意义上的划艇，是古代人类为了克服山川、河流的阻隔，用于生产生活的水上交通工具。

皮划艇运动是由一个或几个桨手面向小艇前进方向，使用无固定支点的桨，运用肌肉力量向后划桨的一项运动。区分皮艇和划艇的方法很简单，皮艇是带舱盖的艇，划船者坐在艇中，使用双叶桨划动；划艇是不带舱盖的艇，划船者跪在艇中，使

图 7-7　静水双人皮艇

用单叶桨划动。

1936 年在柏林举行的第 11 届奥运会上，皮划艇被列为奥运会正式比赛项目，当时只有静水的比赛项目。1972 年的慕尼黑奥运会上，激流回旋皮划艇首次成为正式比赛项目。

（三）帆船和帆板运动

帆船起源于欧洲，现代帆船比赛是运动员驾驶帆船在规定场地内比赛速度的一项运动，运动员依靠风力作用于船帆之上，驾驶船只前进，是一项集竞技、娱乐、观赏、探险于一体的项目。帆船分为龙型、星型、飞行荷兰人型、芬兰人型等多种船型，如图 7-8 所示。

帆板运动是介于帆船和冲浪之间的新兴水上运动，帆板由带有稳向板的板体、有万向节的桅杆、帆和帆杆组成。运动员利用吹到帆上的自然风力，站在板上，通过帆杆操纵帆板前进。如图 7-9 所示。

图 7-8　帆船运动

图 7-9　帆板运动

二、新兴的亲水运动

（一）冲浪运动

冲浪是以海浪为动力，运动员利用自身的高超技巧和平衡能力，搏击海浪的运动，是运动员站立在冲浪板上，利用腹板、跪板、充气的橡皮垫、划艇、皮艇等驾驭海浪的一项水上运动，如图 7-10 所示。19 世纪 70 年代，西方的探险家在夏威夷发现当地居民玩冲浪运动，之后冲浪运动传到欧美一些国家。冲浪是以海浪为动力，运动员利用自身的高超技巧和平衡能力，搏击海浪的一项运动。冲浪运动具有很高的观赏性，运动员表演困难而危险的动作，那种勇敢而娴熟的技巧，令人叹为观止。近年来，冲浪运动已经成为吸引众多青年人的极限运动。2020 年东京奥运会首次将冲浪列入奥运会正式比赛项目，来自巴西的伊塔洛·费雷拉成为奥运会历史上第一位男子冲浪项目金牌得主，来自美国的摩尔获得女子冲浪项目金牌。

图 7-10　冲浪运动

在进行冲浪运动时，运动员先俯卧或跪在冲浪板上，用手划到有适宜海浪的地方作起点，当海浪推动冲浪板滑动时，运动员使冲浪板保持在浪峰的前面站起来，两腿前后自然开立，两膝微屈，随波逐流，快速滑行。

（二）潜水运动

潜水原本是为进行水下勘查、打捞、修理等水下工程作业而设置的活动，后来发展成为一项以锻炼身体、观光、探险等为目的的休闲运动，如图7-11所示。在潜水运动过程中，不仅能够欣赏到在陆地上看不到的各种风景，给人带来新奇的体验，同时在水中由于浮力的作用，人体会有飘逸自由的感觉，正是由于这些原因，吸引了众多潜水爱好者参与其中。

图 7-11　潜水运动

潜水运动主要分为浮潜和给气潜水两种类型。浮潜主要在水面和浅水中进行，潜水者得不到外界供给空气。给气潜水是指潜水者在潜水期间可以得到气体供应，供气方式为自带氧气瓶或水面送气管，可以在较长的时间里潜到较深的水域。

进行潜水运动一定要有充分的安全准备，感冒、耳鼻疾病、心脏病、高血压等疾病患者不宜潜水，下水前也不能饮酒或服用影响精神的药物，以免使自身判断力降低、行动迟缓。

📖 **知识链接**

潜 水 手 势

潜水运动中，潜水者应掌握多种潜水手势，以下是几种常用的基本手势。

（1）我现在情况良好——"OK"手势。

（2）注意（物体）方向——食指指示方向。

（3）上浮——右手握拳，拇指向上。

（4）下潜——右手握拳，拇指向下。

（5）停止——竖起手掌。

（6）待在一起——双手食指伸出并在一起，手心朝下。

（7）待在这一深度——右手手掌平伸，从左向右摆动然后返回。

（三）漂流

漂流曾是一种人类原始的涉水方式。在"二战"之后，漂流成为一项真正的户外运动开始发展起来的，一些喜欢户外活动的人尝试着把退役的充气橡皮艇作为漂流工具，逐渐演变成今天的水上漂流运动，如图7-12所示。

图 7-12　漂流运动

漂流运动一般可分为自然漂流、探险漂流和操控漂流。根据不同的河道条件，漂流的工具有竹排、小木船、橡皮漂流艇等。橡皮漂流艇适用范围最广，也最普遍、最常用；小木船适用于河道较直、少弯道礁石的河段；竹排则适用于风平浪静的河段。平静河道的漂流益于休闲身心、欣赏风景，激流的河道漂流让人体验与水搏斗的刺激感，漂流运动以其特有的方式成为现代人们融入自然，挑战自我的运动。

（四）风筝水翼板

水翼板是在滑水板的下面加装了水翼，使得速度更加快，观赏性也随之提高。风筝水翼板是以风作为动力，运动员拉动风筝带动水翼板在海浪中快速滑行，如图7-13所示，竞赛规则与传统的帆船帆板项目相似，运动员在比赛开始后，要绕行在海面上设置的固定标记点，以竞速的方式竞赛，先到终点者获胜。近些年来，风筝水翼板项目在全世界范围内愈加火热，已成为2024年巴黎奥运会正式比赛项目。

图 7-13　风筝水翼板

第三节
欣赏乘风破浪之美

游泳与水上运动项目除了速度欣赏之外，还有其他更丰富的欣赏内容。从徒手戏水到利用器材装备与大自然融合，这些亲水运动员们宛如水中蛟龙一样劈风斩浪，英姿勃发地勇往直前，带给我们速度、惊险和与水交融的独特美感。

一、速度与平衡之融合

亲水运动与田径等陆上运动都同样追求速度，但有所不同的是，亲水运动必须在保证平衡性的前提下完成比赛。无论借助器材与否，由于水的流动特性，这些运动项目的难度都会大大提高。因此在这些运动中，我们不仅能够欣赏和享受速度带来的激情体验，还可以感受到在水中控制平衡带来的美与愉悦。

游泳项目和跳水项目自不必说，要求运动员在水中、空中保持身体姿势平衡，细节精致，如图 7-14 所示，游泳比赛中运动员优美的姿态。需要器材的水上运动项目不仅要求运动员控制自身重心平稳，更要精准控制器材在水中的平衡，尤其以帆船帆板、漂流。皮划艇等项目突出。这些项目中，运动员要想取得好成绩，除了具备良好的体魄，还要具备较高的文化素质，掌握空气动力学、运动生物力学等多学科的知识和敏捷的判断能力、应变能力。

图 7-14 游泳比赛

二、畅快与惊险之融合

在看似乘水而行、畅快自如的亲水运动中，同样伴着惊险与刺激。提到惊险，总会想到冲浪等在急流中进行的户外水上运动中，运动员与水相搏的刺激与愉悦。

激流猛浪中的帆板帆船、漂流、皮划艇等项目，主要考验运动员在激流中和瞬息万变的水面上控制自己和器材的能力，比赛惊险且充满悬念，如图 7-15 所示。

图 7-15 皮划艇激流回旋比赛

静水项目也有其独特的技巧和战术之险。如在游泳比赛中，尤其在高水平竞赛中，除了速度欣赏外，更有丰富的技巧与战术的欣赏。速度最快的自由泳比赛中，运动员好似一只快艇踏浪前进，身后跟着一条白浪，因此被戏称为"浪里白条"。此外，还有蛙泳蹬夹水的健美、蝶泳彩蝶扑浪和海豚泳姿的泳式优美协调、仰泳仰面打水的闲庭信步之感等有趣的技巧欣赏角度。

静水项目对于战术的欣赏则更考验观众的水平，在大型比赛中，有些运动员在前半程省力跟游或跟划，给对方产生心理压力，导致对方技术出错，自己则后半程发力赶超；有些运动员为了保存实力，预赛成绩平平，到决赛时往往游出好成绩。例如，在游泳项目和皮划艇项目的中有非常多战术策略运用，如直道上常用的领先、匀速和加速战术，长距离比赛中常用的借浪战术和转弯绕标战术，不仅是体力的竞赛，更是智力的比拼。

在静水项目中，比赛竞争非常激烈，尤其是短距离的项目，如游泳和皮划艇静水项目，有时肉眼很难分辨到底花落谁家，胜负往往在瞬间产生，裁判员也只能通过仪器的协助才能最终判断，在这之前全场人员一刻也不敢放松。

这些技巧与战术不仅表现了运动员水平的高低，也为比赛带来了悬念和巨大的不可知性，使比赛更加惊险且吸引人。

三、人与环境之融合

在亲水运动项目中，不仅运动员们能够体会到奋勇争先、与环境融合的快感，观众们也会感受到不一样的视觉体验。运动员们或在平静水面奋勇向前，或在急流中斩浪勇进，人与环境通过这些运动融合在一起。

观看室内游泳运动比赛时，比赛环境舒适宜人，淡蓝色清澈见底的池水与红白相间的泳道线构成完美的几何图形，赏心悦目；在这些几何图形之间游进穿梭的运动员出人意料地没有破坏这些完整的图形，反而定格在每一个瞬间都构成拼搏到令人热泪盈眶的一帧。水的存在不是阻滞，而是前进的动力，行云流水莫不如是。运动员们脸上的倔强、流畅的身形分明是奋勇前进的证明，每一个细胞都充斥着对胜利的渴望，这是燃烧的火，一朵朵燃烧的火焰花朵绽放在碧池之上，感染着每一名观众，让人想要放声呐喊。跳水运动员在碧波映衬之中有力起跳、翻腾、转体，体态健美优雅，让人目不转睛；腾空而起，投向水面时，又像寻找到命途所归的荆棘鸟一样义无反顾，带着转瞬即逝却永恒的美；入水之时像水的精灵，像水滴回归水的怀抱，悄无声息，只带起温柔的水花，如图 7-16 所示。

观看户外水上运动时，观众们头顶蓝天，脚踩大地，眼观碧波荡漾中舟艇、帆板如离弦之箭划过航道，耳听撞线时的汽笛，呼吸新鲜空气，口中放声呐喊，手中擂鼓助威，好一番酣畅淋漓的观赛。运动员们同样享受身体与白云绿水时而顺势而行、时而融为一体的体验，风带着更前方水面的邀请，水滴像调皮的孩子时不时迸溅出来干扰视线，却又在焦热不堪时带来一丝清爽。

在激流中前进，在静水中求变，运动员们运用娴熟的技巧和坚强的毅力与自然抗争，却最终发现自己与自然融为一体，获得愉悦与满足。

图 7-16　悬崖跳水

？思考题

1. 四种泳姿中分别是什么动作使运动员获得最大推进力？

2. 水上运动有哪些共同特点？

3. 你认为在观赏不同场地条件下的亲水运动时，分别需要注意什么？

第八章

超越自我的冰雪运动

寒冷的冬季里，冰天雪地为人们出行带来许多不便，但在这不断适应自然的过程中，也逐渐发展出超越自我的冰雪运动。冰雪运动常常在户外低温、空气新鲜、风景优美的大自然环境中进行，可使人紧张的神经得以放松，帮助人们陶冶情操，提高运动文化的品位，使人保持良好的心态。它具有休闲、娱乐、健身、旅游的功能，并被称为勇敢者的运动。

学习目标

1. 了解雪上项目和冰上项目的起源与发展、特点、分类与锻炼价值。
2. 学习雪上项目和冰上项目的基础知识和技能，掌握雪上项目和冰上项目的基本技巧和方法。
3. 学会欣赏雪上项目和冰上项目。

第一节 雪上项目

雪上运动是借助滑雪板或其他器具在雪地上进行的各种滑行运动。经常进行雪上运动，不仅可以提高循环系统、呼吸系统和神经系统的调节功能，更是可以增强耐力，培养勇敢顽强的精神，使身心得到全面发展，因此得到一大批运动者的青睐。

一、雪上项目简介

（一）雪上项目的起源与发展

19世纪初，作为一种娱乐，雪上运动盛行于挪威南部；1877年，挪威成立了最早的滑雪俱乐部，并于1886年举行了第一次滑雪比赛。1924年，国际滑雪联合会成立，并举行了第一节冬季奥林匹克运动会。1980年，中国滑雪队第一次参加了冬奥会，并于隔年被国际滑雪联合会接纳为正式会员。2022年北京冬奥会中，我国选手谷爱凌获得自由式滑雪女子大跳台和自由式滑雪女子U形场地技巧冠军，徐梦桃获得自由式滑雪女子空中技巧冠军，苏翊鸣获得单板滑雪男子大跳台冠军，实现了中国单板滑雪在冬奥会上金牌"零的突破"，齐广璞在最后一轮跳出了世界最高难度动作并高质量完成，获得自由式滑雪男子空中技巧冠军。

（二）冬奥会雪上项目

1. 高山滑雪

高山滑雪是一种在高山上进行的，以滑雪板和滑雪杖为工具，在山坡专设的线路上进行快速回转和滑降的雪上竞技项目，如图8-1所示。高山滑雪起源于北欧的阿尔卑斯山地区，由挪威人发明。现代高山滑雪由一名英国人创立于1922年的瑞典，并在1936年德国第四届冬奥会上被正式纳入比赛项目。

图 8-1　高山滑雪

2. 单板滑雪

单板滑雪又称滑板滑雪，源于20世纪60年代中期的美国，于1983年举行了首届世界锦标赛，于1994年正式被国际滑联定为冬奥会项目，如图8-2所示。与其他滑雪项目有所不同，单板滑雪时的身体姿势与日常身体活动方式差别较大，基本姿势是横向站立侧对前进方向，这为这项运动增加了不小难度和乐趣。

3. 越野滑雪

越野滑雪起源于北欧，是一项借助滑雪用具，运用登山、滑降、转弯、滑行等基本技术，滑行于山丘雪原的运动项目，是滑雪项目中最古老最先兴起的项目，第一届冬奥会即被列入比赛项目，如图 8-3 所示。越野滑雪具有趣味性强、易上手、亲近自然等特点。挪威、意大利、俄罗斯等国是越野滑雪领域的强国。

图 8-2　单板滑雪

图 8-3　越野滑雪

4. 自由式滑雪

自由式滑雪起源于 20 世纪 60 年代的美国，是一种雪上技巧性比赛项目，要求运动员在专门设置的场地上完成一系列动作。自由式滑雪是在高山滑雪的基础上发展而来的，但它比高山滑雪具有更强的观赏性，开创了独具技巧性和欣赏性滑雪比赛的先河，极富创造性和刺激性。

5. 跳台滑雪

跳台滑雪简称"跳雪"，起源于挪威，是一项在跳台上进行的项目，要求运动员借助速度和弹跳力沿跳台下划，跃入空中，在空中飞行约 4 ～ 5 秒后，落在地上，如图 8-4 所示。跳台滑雪于第一届冬奥会成为正式的比赛项目。跳雪运动极具挑战性，不仅要求运动员具备良好的身体素质，更是要求运动员必须具备沉着、坚强、勇敢等心理素质。

图 8-4　跳台滑雪

6. 北欧两项

北欧两项滑雪又称北欧全能，是将跳台滑雪和越野滑雪结合在一起的运动，是北欧地区的传统滑雪项目，20世纪初开始向世界推广。挪威是这一项目的传统强国，在20世纪末期，芬兰、德国、奥地利、日本等国也已成为北欧两项的强国。

7. 冬季两项

现代冬季两项是越野滑雪和射击相结合的一种滑雪运动项目，起源于20世纪20年代斯堪的纳维亚半岛，由滑雪狩猎演变而来，于1960年被列为冬奥会正式比赛项目。动静结合是这一项目的特点，每一次比赛中都有2～4次的滑行与射击间的转换，也正因如此，成绩交替变化，增大了比赛成绩的不可预估性，使得比赛具有无与伦比的吸引力。

8. 无舵雪橇

无舵雪橇也称运动雪橇或单雪橇，起源于瑞士，是一种乘坐或卧在雪橇上通过变换身体姿势来操纵雪橇高速回转滑降的运动，如图8-5所示。1964年，第九届冬奥会将无舵雪橇列为正式比赛项目。在仅有头盔保护的情况下高速滑下，不仅是对运动员胆量和毅力的挑战，更是对控制能力和感知能力的极大考验。

图 8-5　无舵雪橇

9. 有舵雪橇

有舵雪橇也称雪车或长雪橇，是一种集体乘坐的雪橇，利用舵和方向盘控制在人工冰道上滑行的运动，如图8-6所示。有舵雪橇由无舵雪橇发展而成，1924年即被列入正式比赛项目。与无舵雪橇在器材上有很大不同，有舵雪橇的橇上有操纵舵和制动器。有舵雪橇运动又被称为"冰上的一级方程式赛车"，与赛车运动特点相似，赢得胜利不仅靠运动员团队的齐心协力和运动员的技术精妙，还要靠雪橇的科技含量。

图 8-6　有舵雪橇

二、滑雪运动初体验

（一）认识滑雪装备

滑雪是一项借助装备和器材的运动，主要的滑雪装备有滑雪板、滑雪杖、滑雪靴、滑固定器、雪服、滑雪头盔、防风镜等。通常的滑雪场都有器材出租，水平高的玩家会置备适合自己的专用装备。

1. 滑雪靴

滑雪靴根据不同的滑雪项目，有不同的种类，一般分为高山滑雪靴、越野滑雪靴和跳台滑雪靴。高山滑雪靴一般用硬塑料模压制而成，靴子里面有保暖层，具有保护保暖的功能。越野滑雪靴一般为尼龙和皮革制品，鞋腰较矮，较为轻便。跳台滑雪靴一般用皮革制成，鞋腰较高且前倾大，有利于运动员跳跃和空中前倾飞行。初学者在雪场里，只要挑选单板滑雪靴（见图8-7）和双板滑雪靴（见图8-8）就可以了。

图 8-7　单板滑雪靴

图 8-8　双板滑雪靴

2. 滑雪板

滑雪板的种类很多，材质各有不同，从最原始的木质板发展到今天，用各种合成材料制成，适应不同项目的需要，现代滑雪板能够防折、耐磨、弹性好，安全系数很高，色彩绚丽，如图8-9和图8-10所示。

图 8-9　双板滑雪板及固定器

图 8-10　单板滑雪板及固定器

初学者要会根据自己的身高挑选不同尺寸的滑雪板，通常初学者的滑雪板是比自己身高低 5 ～ 15 厘米，较短的滑雪板操控更灵活，较长的滑雪板直线滑降时的速度更快。

3. 滑雪杖

滑雪杖是滑雪时用来支撑前进、控制平衡、引导变向、支撑身体等的器具，滑雪杖由杆杆、握把、雪轮、杖尖、握革等部分构成，如图 8-11 所示。

挑选滑雪杖也要根据自身身高，一般以本人手臂下垂后肘部距地面的高度作为选择滑雪杖的长度。初学者可选择稍长一点的滑雪杖，待技术提高后，再选择短一些的滑雪杖。

（二）基础双板滑雪技术

双板滑雪是基础且古老的滑雪方式，比较容易入门，初学者较容易掌握。

1. 基本站姿

双板基本站姿分平地站立姿势和斜坡站立姿势。踏上雪板站在雪场中，首先要维持平衡，所以第一步应该掌握的就是要选择一个安全的位置和准备姿势，即平地站立姿势，如图 8-12 所示。为了防止还没有开始就滑下去了，还要学会停在坡上，学会斜坡站立姿势。

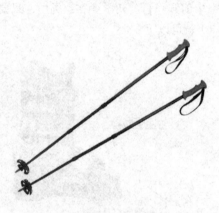

图 8-11　滑雪杖

图 8-12　平地站立姿势

平地站立姿势动作要领：身体放松自然站立，双雪板平行，间距不超过肩宽，重心放在两脚中间，将雪板踩实，双膝微屈，身体略前倾，臀部适当上提，腹部收紧。肩膀放松，双手握滑雪杖置于滑雪板固定器外侧，微微外展，杖尖不拖地，目视前方约 10 ～ 20 米处。

斜坡站立姿势动作要领：在平地站立姿势的基础上，双雪板平行横在斜坡上，与滚落线垂直，坡上一侧的腿微屈，可稍前于坡下侧的腿半脚的距离。身体重心略向坡上一侧倾斜，坡下板立内刃卡住雪面，坡上板立外刃卡住雪面。

2. 行走

踩上雪板后，平地行走也不是很难，就像平时走路一样，重心交替行走，利用雪杖推动可以向前移动得快一些，也可以两根雪杖同时撑地，两脚平行，让滑雪板向前滑行。

3. 滑降

滑降技术包括犁式滑降、直线滑降、斜线滑降等，犁式滑降是最基础的技术，如图 8-13 所示。初学者首先在初级雪道上（坡度在 5° 左右）站立，将两只滑雪板的后部向外推出，呈内八字状，膝盖向前顶，上身稍向前倾，两脚平均负担体重，滑雪板与雪地保持有切入

图 8-13　犁式滑降

角。两只滑雪板形成的角度越大，阻力就越大，滑行速度也越慢，反之阻力变小，滑行速度就加快了。在滑行中需要不断改变这种角度，以体验由此带来的速度变化。犁式滑降易于控制速度，这也是初学者在滑降中减速和停止的方法。

在犁式滑降的基础上可以学习直线滑降，直线滑降时，两只雪板保持平行，滑雪板间距与肩同宽，身体微微下蹲，上身稍向前倾并自然放松，目视前方，沿滚落线方向滑行。此滑行过程呈加速状态，速度越来越快，要求滑雪者在滑行过程中保持双板平行，间距相等。

在练习滑降时，可以在一次滑降过程中将上述两种技术动作交替使用，当滑行速度过快时采用犁式滑降技术减速，当滑行速度较慢时采用直线滑降技术加速。需要反复练习，直到熟练掌握。

4. 转弯

转弯技术是滑雪技术的精华所在，学习转弯时也要首先从学习犁式转弯开始。身体呈犁式滑降姿态，向左转弯时，身体向左侧倾斜，同时为了对抗转弯产生的离心力，右侧脚承受的压力会变大，需要用力支撑身体，维持身体平衡姿态，向右转弯时则相反。在犁式转弯中，承担体重的滑雪板为主动板，另一只为从动板。主动板受到的下压力量越大，转的弯就越小；受到的下压力量越小，转的弯就越大。

（三）滑雪安全

滑雪是一项有一定危险性的项目，在滑雪时要掌握滑雪的安全常识，遵循滑雪运动的规律和特点，遵守滑雪规则，从而减少损伤的发生。

1. 滑雪伤害的预防

（1）保护装备尽量齐全

滑雪前要穿戴好保护装备，滑雪头盔可以保护头部，滑雪镜可以保护眼睛不受雪地反射的阳光的灼伤，滑雪服、手套等使身体保暖，不至冻伤。

（2）热身活动要充分

充分的热身活动可以提高身体的肌肉力量、协调性、柔韧性和灵敏性，从而能够使人更好地掌握滑雪技术动作，应对雪场中的突发情况。

（3）充分了解场地情况

在滑雪前要询问和观察路线情况，在雪场里滑雪要了解雪道难度，根据自身水平选择路线。

（4）掌握安全摔倒的方法

滑雪时摔倒是很常见的，但危险的摔倒姿势是可以避免的。摔倒时尽量侧倒，一定不能头触地，掌握安全摔倒的方法是有效减少损伤的重要措施。

（5）调整好固定器的松紧压力

固定器的结构可以使滑雪者在摔倒时及时与雪板脱开，从而保护滑雪者，然而固定器调节不佳也会引起损伤。调节得太紧，摔倒时雪板不易脱落；调节得太松，则在滑行时稍用力就会使雪板脱开，因此初学者要在教练指导下调节好固定器，不可盲目调节。

2. 遵守滑雪安全守则

（1）不可在滑雪道上停留。在雪道内不可站立、停留、坐卧、休息，如果跌到，要立即站起、拿好自己的装备，离开雪道。

（2）滑雪者必须控制速度滑行。滑雪者要在自己能控制的速度下滑行，保证滑行中能安全转弯与停止。

（3）超越时要顾及前方滑行者。在前面的滑行者具有优先权，后面的滑行者要保持一定的安全距离，当从两侧横向超越前者时，应给被超越者留足滑行空间。

（4）重新进入雪道时要留神。滑雪者停止滑行重新进入雪道和刚开始滑雪时，应向山上观察，留神不要阻挡他人的正常滑行。

（5）滑雪者要顾及后果。滑雪者要对自己的行为负责任，对自己使用的滑雪用具给他人造成的伤害同样要负责任。

第二节 冰上项目

人类最早的冰上运动可追溯到远古新石器时代，现代冰上运动起源于荷兰，很快盛行于荷兰和欧洲等其他国家。随着社会的发展和人们文化生活水平的不断提高，冰上运动从娱乐到竞技不断发展，逐渐形成了项目繁多的现代冰上运动。

一、冰上项目简介

（一）冰上项目的起源与发展

现代冰上项目起源于荷兰的滑冰运动，滑冰运动发展的标志是滑冰工具的改进，从 10 世纪开始出现用骨制的冰刀滑冰，到 1250 年左右，荷兰出现冰制冰刀，因为这种冰刀比骨制冰刀滑行速度要快，因此很快在荷兰和欧洲等其他国家流行开来。1849 年起，欧洲掀起了建立滑冰俱乐部的高潮；到了 1884 年，荷兰、挪威、法国瑞士等国家已建立了数十个滑冰俱乐部；19 世纪中期，滑冰运动开始出现花滑和速滑分离发展的雏形；1924 年，国际滑冰联盟在荷兰成立，冰雪竞技轰轰烈烈地在世界范围内展开。以被人们戏称为"不是首届的首届冬奥会"的法国夏蒙尼"冬季运动周"为起点，冰雪项目被从奥运会中分离开。以 2022 年北京冬季奥运会为例，冰上项目主要包括短道速滑、速度滑冰、花样滑冰、冰球、冰壶、俯式冰橇，在这一届冬奥会中，我国选手任子威、曲春雨、范可新、武大靖和张雨婷组成的中国队夺得北京冬奥会短道速滑男女 2 000 米混合接力冠军，任子威获得北京冬奥会短道速滑男子 1 000 米冠军，高亭宇以 34 秒 32 打破奥运会纪录夺冠，隋文静/韩聪获得花样滑冰双人滑自由滑冠军。

（二）冬奥会冰上项目

1. 短道速滑

短道速滑全称是短跑道速度滑冰，是在长度较短的跑道上进行的一项冰上竞速运动，如图 8-14 所示。19 世纪 80 年代起源于加拿大，一些速滑爱好者经常到室内冰球场练习；

到了 20 世纪 90 年代,加拿大的一些城市相继出现室内速滑比赛;1905 年,加拿大首次举行全国短道速滑锦标赛,此后短道速滑逐渐在欧美国家广泛开展;1992 年被正式列为冬奥会比赛项目。

图 8-14　短道速滑

2. 速度滑冰

速度滑冰简称速滑,是冰雪运动中历史最悠久、开展最广泛的项目之一。速滑是运动员在规定的冰场上和规定距离内进行滑行速度上比拼的项目,有着增进身心健康,促进人体新陈代谢,提高心肺功能的作用。国际性的速滑比赛始于 19 世纪末,1960 年冬奥会增加了女子速滑比赛项目。

3. 花样滑冰

花样滑冰项目中运动员穿着脚底有冰刀的冰鞋、靠自身力量在冰上滑行,表演预先以技术动作为基础编排的节目,由裁判组评估打分、排列名次,如图 8-15 所示。花样滑冰起源于 18 世纪中期的英国,并于一个世纪后在欧美各国流行开来。花样滑冰结合了力量、技巧和舞蹈的艺术性,运动员在冰面上表演跳跃、旋转等高难度动作,十分具有观赏性。

图 8-15　花样滑冰

📖 **知识链接**

"滑冰皇后"的励志人生

美国女子花样滑冰运动员，田莉·奥尔布赖特，曾是美国花样滑冰锦标赛的五冠王，是在1953年蝉联世界、北美和美国冠军的第一人，还在冬奥会上获得一金一银两枚奖牌，被人们誉为"滑冰皇后"。

没人能想到世界闻名的"滑冰皇后"傲人成就的背后隐藏着怎样的伤痛。11岁时，她不幸患上脊髓灰质炎，为了让她增强体质，意外开启了她康复后的滑冰之路。不幸的事没有停止，1956年冬奥会的前两周备战训练时，她的左脚冰刀割开了她的踝关节，伤到了动脉，还刮开了她的骨骼。她靠着令人难以置信的毅力坚持带伤上场，最后取得了冬奥会金牌。

4. 冰球

冰球运动是以冰刀和冰球杆为工具在冰上进行的一种对抗性、集体性运动，与其他运动项目相比，它更有趣味性，也更要求参与者的团队精神，如图8-16所示。现代冰球运动起源于加拿大。1856年，加拿大举行了首次冰球比赛，并于隔年传至欧洲。1920年，冰球运动作为正式比赛项目被纳入第六届奥运会。

图 8-16 冰球

5. 冰壶

冰壶又称掷冰壶、冰上溜石，是以队为单位在冰上进行的一种投掷性竞赛项目，如图8-17所示。1807年，冰壶活动传入加拿大；1820年起，在美国等地流行。从此，冰壶作为一项冬季运动在欧洲和北美逐渐开展起来。1924年，第一届法国夏蒙尼冬季奥林匹克运动会上，冰壶首次以表演项目的形式亮相。

图 8-17　冰壶

6. 俯式冰橇

俯式冰橇是运动员俯卧在冰橇上，借助起滑后的惯性从山坡沿着专门构筑的槽状冰道快速滑降的一种冬季运动员项目，如图 8-18 所示。俯式冰橇与其他五项运动在身体姿态上有明显不同，运动员采用俯卧姿势，通过身体姿势来控制方向，这需要运动员具备较强的控制能力。

图 8-18　俯式冰橇

二、滑冰运动初体验

冰上运动包括很多项目，但基本的滑冰技术是相通的，主要包括直线滑行、转弯滑行和冰上停止等，初学者可以通过一系列较为简单的练习，学会基本的滑行技巧，体验冰上滑行的乐趣。

（一）直线滑行

1. 滑冰基本站立姿势

两脚并拢，双手在背后互握，成屈蹲姿势。大小腿之间夹角为 110°，上体与地面夹角为 15°，头微抬，目视前方。每次下蹲练习要保持姿态 5 ～ 10 秒，每次反复练习 5 次以上，再放松休息。

2. 冰上站立和蹲起

在冰上基本站立姿势的基础上，两脚左右开立与肩同宽，重心落于两脚之间，双膝弯曲慢慢下蹲，保持上体前倾，至深蹲姿势，站起时注意保持身体前倾，慢慢伸直膝关节，双臂可向前方伸展，协助身体保持平衡。

3. 原地踏步练习

在冰上基本站立姿势的基础上，将重心移动到一侧脚上，将另一侧脚微微抬起再落下，交替左右脚踏步，随着熟练度提高，可逐渐提高脚抬起的高度。注意在踏步的过程中保持上体微前倾、膝关节委屈的姿势。

4. 冰上外八字走练习

双脚冰刀刀刃平行支撑身体，成自然站立，两脚左右开立与肩同宽，开始踏步，脚落冰时成外八字。一只脚向前小幅度迈步，落地时脚尖外展，另一只脚用冰刀内刃向后蹬冰重心移至前脚，再抬起后脚向前交替迈步移动。

5. 滑行

在冰上基本站立姿势的基础上，重心放在左脚，右脚用内刃向右侧斜后方向蹬冰，将体重推送到向前滑行的左腿上，右脚蹬冰后迅速与左脚并拢成两脚平行，借助惯性使身体向前滑行，当速度下降时接着用左脚内刃向左侧斜后方向蹬冰，之后与右脚并拢成平行，向前滑进。交替左右脚蹬冰，完成滑行动作。

（二）转弯滑行

1. 侧向交叉步练习

在基本姿势的基础上，做侧方向的交叉步行走。向左侧行走时，身体重心移到左脚，右脚从左脚前方或上方绕过，落脚在左脚的左前侧，此时重心跟上，落在右脚上，左脚抽出打开交叉，平行落在右脚的左侧。向右侧行走时则相反。

2. 压步

压步是弯道滑行的核心技术。在滑行中向左转弯时，重心向左前方移动，左脚外刃支撑，身体微左转，右脚蹬冰后做交叉步移至左脚左前侧，内刃落冰，重心移至右脚，左脚蹬冰后收回支撑，落在右脚左侧。连续压步滑行就完成了滑行的转弯。

（三）冰上停止方法

1. 内八次停止法

内八字停止法又叫犁式停止法。停止时，身体稍前倾，双腿微屈，两膝向里并拢，用双脚的内刃压冰，此时身体后坐，重心下降，两刀跟随着向前滑进逐渐分开，使力点在冰刀后半部。用力的程度越大，停下来的速度就越快。

2. 转体外内外刃停止法

滑行中两腿并拢，两刀平行向一侧转体 90°，同时重心后坐，上体前倾压住，身体向转向的一侧倾倒，对抗离心作用，转弯时外侧脚的外刃和内侧脚的内刃压切冰面，停下来。

3.转体右刀外刃停止法

滑行中身体迅速向右转体 90°，左脚稍内扣离地，随着转体，右脚冰刀的刀尖迅速外传，同时左腿屈膝降低重心，身体重心移到冰刀的后部，用右刀外刃压切冰面，直到滑行停止。

第三节
欣赏冰天雪地之美

在冰天雪地中，运动员们用冲天的热情驱散严寒，用优雅自在的体态唤醒满藏在坚冰中的美丽，用不屈的意志展现对挑战自我、超越自我的渴望。运动员如火一般燃烧的对美的极限、意志的极限、天人合一的极限的不懈追求，让我们学会用全新的、欣赏的眼光来看待这冰天雪地之美。

一、姿态与造型之美

欣赏一项运动，大都是通过对运动员的肢体和技巧、运动员对该运动独特的诠释、运动员与环境的和谐互动的欣赏来完成的。冰雪运动非常具有姿态与造型上的欣赏之处。

姿态美主要包括运动员的形体美和素质美。形体美是指运动员的外形美，长期进行冰雪运动训练的运动员们，身体修长协调，健美而不臃肿，皮肤红润又有光泽，散发着勃勃生机。其肌肉线条向我们展示力量之勃发，身体比例向我们展示肢体之匀称。素质美是指运动员在比赛中的每一个动作所表现出的身体素质的惊人之美。在冰天雪地之中，运动员们展现出的力量、耐力、灵敏、柔韧等良好的身体素质，不禁细细品味沉醉其中，不管与运动员距离远近，这种美感在目光所及之处皆存在，这种不可阻止的由内向外迸发出的运动美感，是一种时时刻刻能够感受到的、灌注着生命力的美。

造型美主要是指运动员的体态美和服装美。无论是自由式滑雪的空中技巧，还是花样滑冰的艺术性动作设计，都是运动员的体态美和造型美。服装之美则使其他的美展现得更加丰富，速滑中的紧身运动服使纯粹、直观的肢体运动之美得以完美呈现；在花样滑冰项目中，不同国家运动员通过服装设计展现国家特点，还与其要展现的主题相呼应，使主题得到最完美的诠释。

📖 知识链接

花样滑冰服装的演变

20 世纪初，花样滑冰还是在室外举行的项目，为了使运动员能够抵御严寒，服装比较厚重。女士比赛长裙直达脚面；男士头戴高筒礼帽，身穿燕尾服和长西装裤。

20 世纪 20 年代，10 次世界冠军和 3 次冬奥会冠军获得者索尼娅·海妮对女子服装进行改革，将裙子缩短的膝盖，不仅使样式更美观，而且为技术进步作出了巨大贡献。男士的服装也变为齐腰短西服上衣和芭蕾紧身裤。

20 世纪 40 年代后，女士服装逐渐变短，并出现了短连衣裙，还加上了亮片、珠子等装饰品。工业发展为体育比赛和训练的服装设计带来了飞速发展，选手在面料、颜色和设计的选择上可以更有利于音乐和舞蹈风格表达，大大提高了艺术表演效果，服装成为动作和艺术表演的重要手段之一。

二、速度与技术之美

速度美不单单指运动员个体在空间上的运动速度，还指运动员各种能力在转瞬之间显示出的令人瞠目的快捷多变，如空中的翻腾、旋转等。在自由式滑雪的观赏中，人们时常会为运动员须臾之间完成的助滑、起跳、空中翻转、着地等技术环节的流畅、和谐而惊叹。因此，速度不仅对竞速运动起着重要作用，它还是高难度技术动作顺利完成的基础。

技术美同样包括两个方面，一是技术动作的优雅、健美，二是战术安排的智勇交锋带来的刺激。冰雪运动的项目各有其独有的技术，学会欣赏这些技术动作会让整个欣赏过程充实不少趣味。战术安排的欣赏对观众的要求更高，需要在对这项运动有充分了解的基础上进行。战术美的特点是灵活多样，扬长避短。战术运用得当，很大程度上能够影响运动美的创造和欣赏。

三、节奏与韵律之美

节奏美即是运动员完成动作的力量与速度的规律性变化所呈现出的美。不管是冰上运动还是雪上运动，在滑动和前行动作中处处有节奏。短道速滑中的收摆腿中有节奏，滑雪时腾空而起后的转体翻腾中有节奏，花样滑冰的每一次旋转配合呼应中也有节奏。节奏感、韵律感蕴藏在每一组动作中，甚至呼吸也带有节奏，没有节奏就没有优美的动作和姿态的变化，没有节奏就没有运动。

韵律美是在节奏美的基础上，将这种规律性变化之美辅以音乐而得到的升华。在自由式滑雪和花样滑冰中，表演不仅仅是对运动员动作技术的考验，更是对于运动员如何通过表演表达情感、传递真善美的考验。音乐对于整个表演的作用不言而喻。体育不仅仅能够达到锻炼身体、磨炼意志的效果，它对于美感的培养同样起着不可估量的作用。运动员与观众在抓住节奏变化、享受音乐配合、感受视觉冲击的过程就是一次美的饕餮盛宴。

四、自由与对抗之美

冰雪项目的场地特殊性决定了其对速度、灵活性、柔韧性要求更高，除此之外，冰雪项目更特殊的一点在于运动过程中展现出的自由美和对抗美。

自由美是指尽管在竞赛中每名运动员都在拼尽全力取得最好成绩，但其踏冰雪而行的身姿淋漓尽致地展现了自由、不屈的意志；尽管在技术动作要求上十分严苛，不能出一丝差错，但其飞扬的神采和昂扬的精神清楚地传达出对自由与胜利的渴望。

对抗美包括两个方面，一是运动员之间的对抗，二是运动员与严寒环境的对抗。在冰球运动中，场上的 12 名运动员们激烈竞赛，毫不相让，在对抗中展现体育精神，在对抗中释放似火激情，让观众在严寒的环境中热血沸腾。在踏着积雪与坚冰飞速前行竞赛的过程中，人类适应自然、对抗自然的智慧被衬托出，但这种对抗不是以一方消灭另一方为目的，而是双方互相磨炼意志，适应对方，以达到提高自己的目的，最终天人合一，在运动的畅快中物我两忘。

思考题

1. 冰雪运动项目有何特殊性？
2. 场地的特殊性对进行冰雪运动的运动员有何影响？
3. 冰雪运动有什么锻炼价值？

第九章

塑造身材的形体运动

现代社会，越来越多的人投入体育运动中。通过体育锻炼，在提高身体素质、促进身体健康的同时，塑造身体形态也逐渐成为更多人的运动诉求。近年来，人们对塑造身材具有良好效果的体育运动项目，如健美操、瑜伽等，尤为热爱。

📖 学习目标

1. 正确理解健美操的概念、分类及功能。
2. 掌握健美操的基本技术动作。
3. 掌握各类瑜伽体式要领。

第一节 健美操

健美操运动是一项深受广大群众喜爱的、普及性较强的体育运动。它以身体练习为基本手段、以有氧运动为基础，在促进身心健康的同时，对塑造良好体态和陶冶情操也有较为明显的效果，具有高度的健身性、艺术性和观赏性。

一、健美操运动的概念

国际上将健美操运动统一命名为"Aerobics gymnastics",译为有氧运动,属于体操运动体系。现在大家对健美操有了较为一致的理解,即它是一项融合了体操、音乐、舞蹈和美,以有氧运动为基础,以身体练习为手段,通过徒手、手持器械和专门器械的练习,达到增进健康、塑造形体和娱乐身心的体育运动项目。

二、健美操运动的分类

健美操运动的练习形式多种多样。根据当今世界和我国健美操运动的发展状况和未来的发展趋势,按照不同的目的和任务,可以将健美操运动分为健身健美操、竞技健美操和表演健美操三大类。

(一)健身健美操

健身健美操也被称为大众健美操,是集健身、娱乐为一体的群众性健身运动。它的主要目的是"锻炼身体、增强体质、保持健康"。健身健美操的动作简单、实用性强,音乐速度也不是很快,且为了保证一定的运动负荷和锻炼的全面性,动作多具有重复性,并多以对称的形式出现。

(二)竞技健美操

竞技健美操是一项根据《竞技健美操竞赛规则》的要求,编排具有较高艺术性、竞技性,且以取得比赛的优异成绩为主要目的的健美操运动。相较于健身健美操,更注重竞技性,也就是以取得优异的竞赛成绩为主要目的。竞技健美操比赛共设五个传统项目:男子单人、女子单人、混双、混合三人、混合六人健美操。

(三)表演健美操

表演健美操是一项以编排好的、专为表演而设计的,在特定的活动、场合或节日庆典中进行表演,集观赏和娱乐为一体的运动项目。为了保证一定的表演效果,表演健美操的动作设计较少重复,也不一定是对称性的。参与人数不限,并可在成套表演中加入队形变化和集体配合的动作。表演者可以利用轻器械,如花环、旗子等,还可采用一些风格化的舞蹈动作,如爵士舞等,以达到烘托气氛,感染观众,增加表演效果的目的。

三、健美操运动的特点与价值

(一)健美操运动的特点

1.集健美和健身于一体

健美操是以身体练习为基础,以运动解剖学、运动生理学、运动训练学等多学科为理论基础。在动作设计和编排上健美大方,强调力度和弹动,能使身体各部位的关节、韧带、肌肉得到充分锻炼;在连续中等强度的有氧练习中,能促进心肺机能的发展。在增强体质的同时,还能培养健美的体形和风度。因此,健美操是一项既注重外在美的锻炼,又强调

内在美的培养的人体运动方式。

2.鲜明的节奏感和韵律感

健美操是一种在音乐伴奏下进行的身体练习，音乐是健美操的灵魂。无论是健美操的动作编排和设计，还是运动强度的控制，都需要根据所选音乐的特点来进行不同的安排。与艺术体操相比，健美操更强调动作的力度、制动。因此，健美操的音乐节奏趋于鲜明强劲，风格趋于热烈奔放。健美操音乐多取材于迪斯科、爵士、摇滚等现代音乐和具有上述特点的民族乐曲，而正是音乐中的高低、长短、强弱、快慢等有节奏的变化，使健美操更富有一种鲜明的现代韵律感。此外，旋律清晰、活泼轻快、情绪激奋的音乐，不仅能振奋练习者的精神，使人产生跃跃欲试之感，而且能使人在练习过程中，忘却疲劳，产生一种轻松愉快的心情。

3.动作的多变性和协调性

健美操成套动作的多变性，不仅表现在动作的节奏和力度上，而且表现在动作的复合性方面。其每节操很少是单个关节的局部动作，大多为多关节的同步运动。如在完成大幅度的上肢动作时，常伴有腰、膝、髋、踝和头部等身体部位的动作。这不仅可以使身体各关节的活动次数成倍增长，而且能有效地改善和提高人们身体的协调性。

4.广泛的群众性

随着健美操运动的不断普及，越来越多的人参与其中。健美操，尤其是健身健美操，其练习形式多样，运动负荷和难度可以自我调节，不同年龄、性别、形体、素质、个性、气质的练习者都可以根据自己的情况择项参加锻炼，从中找到适合自己的练习方式，愉悦身心，因而深受广大群众的喜爱。此外，由于健美操运动不受气候的影响，对场地、器材条件的要求也不高，练习起来简便安全，适合不同地区、不同条件的单位和部门开展。因此，这项运动具有广泛的群众性。

（二）健美操运动的价值

1.全面促进身体健康

中等强度的有氧健美操练习，能够有效燃烧身体中的脂肪，在塑造形体的同时，能够有效提高身体的心肺功能；由于健美操的动作组合灵活多变，涉及身体各个部位的协调配合，长期练习，能提高人体的协调性和灵活度；健美操是一项体现力度和控制的运动，无论是四肢还是躯干，在练习中都需要展现力量以便进行更好、更准确的控制，因此，长期练习，可增强身体素质。

2.心理调节作用

从音乐风格和音乐节奏的选择上，就能看出健美操是一项节奏欢快、热情洋溢的运动项目，因此，在进行健美操练习的过程中，运动者很容易获得愉快的运动体验；健身健美操的动作大多较为简单，且重复性强，因此群众参与度比较高，有利于参与者自信的培养；在欢快音乐节奏的带动下，伴随着肢体的伸展，练习者能够释放不良的心理情绪，精神状态能够得到良好的改善，从而在生活中更加积极、乐观，自身也会获得一种满足感和成就感。

3.健美操运动的社会价值

随着越来越多的人参与到健美操运动中，其在身体健康和心态、心理、情绪方面发挥的积极作用也必然会向更广泛的人群传播。依托健美操良好的健美、健身价值，能够带动更多的人认识到参与体育运动、参加健身运动的重要性。在参与运动的同时，人们的身体健康水平、精神文化水平和艺术修养及精神风貌都有了整体性的提高。

四、健美操基本动作

健美操基本动作是健美操运动的基础，是最小单元的元素动作。健美操任何组合动作都是以它为基本元素进行编排的。将健美操基本动作按一定的需要进行不同的编排则会产生不同难度、不同强度、不同风格及不同视觉效果的动作组合。

健美操基本动作主要是由下肢动作、上肢动作和躯干动作组成。

（一）健美操基本动作——下肢动作

1. 无冲击步伐

（1）弹动（Spring）：膝关节有弹性的屈伸。

（2）半蹲（Squat）：两腿分开或并拢，屈膝。

（3）弓步（Lunge）：一腿向前（侧、后）迈步屈膝，另一腿伸直。

（4）提踵（Calf raise）：脚跟向上提起，然后还原。

2. 低冲击步伐

（1）踏步（March）

动作方法：单拍完成动作。两脚在原地交替抬起和落地，如图 9-1 所示。

图 9-1 踏步

完成动作要领：每次落地膝、踝关节依次顺势缓冲；大腿向上抬起时高度适宜。

（2）一字步（Easy walk）

动作方法：4 拍完成动作。两脚依次向前迈一步，并拢，再依次退一步，还原，如图 9-2 所示。

图 9-2 一字步

完成动作要领：每次落地膝、踝关节依次顺势缓冲。

（3）V字步（V-step）

动作方法：4拍完成动作。以右脚为例，右脚向右前迈一步，屈膝缓冲，左脚向左前迈一步成屈膝半蹲，两脚运动轨迹成V字形，然后从右脚开始依次退回原位，还原，如图9-3所示。

图9-3　V字步

完成动作要领：迈出的脚以脚跟落地，过渡至全脚，并注意关节的缓冲及动作的弹性，可加入不同的手臂动作。

（4）恰恰步（Cha cha）

动作方法：2拍完成动作。以右脚为例，右脚迈一步，后半拍左脚在右腿后方快速跟进一步或跳起并步，然后右脚再向前一步，如图9-4所示。

图9-4　恰恰步

完成动作要领：注意节奏的掌握，第一拍两动，第二拍一动，通常和漫步连用。

（5）并步（Step touch）

动作方法：2拍完成动作。以右脚为例，右脚向右侧迈一步，左脚前脚掌并与右脚，稍屈膝下蹲，然后接反方向，如图9-5所示。

图9-5　并步

完成动作要领：落地时膝部应顺势向下屈膝缓冲，动作过程保持腰腹的稳定。

（6）交叉步（Grape-vine）

动作方法：4拍完成动作。一腿向侧迈出，另一腿在其后交叉，稍屈膝，随之再向侧一步，另一脚点地并拢，然后可接反方向，如图9-6所示。

图9-6 交叉步

完成动作要领：交叉步是向侧移动的主要步伐之一，应尽能力增大完成动作的幅度，落地时膝部应顺势向下屈膝缓冲，动作过程保持腰腹的稳定；第一拍和第三拍向侧迈步时，脚跟先着地，然后过渡到全脚掌。

（7）迈步后屈腿（Step curl）

动作方法：2拍完成动作。一脚向右迈一步膝稍弯，另一小腿后屈，如图9-7所示。

图9-7 迈步后屈腿

完成动作要领：第一拍迈一步落地时有一个两腿都屈的过程，接着重心应控制在支撑腿上，保持关节的弹动控制；另一腿绷脚后屈，脚跟尽量靠近臀部。

（8）吸腿（Knee lift）

动作方法：2拍完成动作。一腿支撑地面，另一腿屈膝向上抬起，还原，如图9-8所示。

图9-8 吸腿

完成动作要领：保持支撑腿的弹性缓冲及身体稳定，可吸腿跳起；向上抬起的脚应绷脚背，大腿发力，小腿放松。

3. 高冲击步伐

（1）并步跳（Step jump）

动作方法：2 拍完成动作。以右脚为例，右脚迈一步同时蹬地起跳，左脚并右脚，两脚同时落地，如图 9-9 所示。

图 9-9　并步跳

完成动作要领：单脚起跳，双脚落地，空中保持身体肌肉适度紧张，落地应屈膝缓冲。

（2）上步吸腿跳（Knee jump）

动作方法：4 拍完成动作。右脚迈一步同时蹬地起跳，另一腿吸起，单脚落地，如图 9-10 所示。

图 9-10　上步吸腿跳

完成动作要领：单脚起跳，双脚落地，空中保持身体肌肉适度紧张，落地屈膝缓冲。

（3）开合跳（Jumping jack）

动作方法：2 拍完成动作。两腿并拢屈膝向上跳起，落地成开立，然后再向上跳起，两腿并拢还原落地，如图 9-11 所示。

图 9-11　开合跳

完成动作要领：双脚起跳，双脚落地，落地时两脚尖稍外开，腿向脚尖方向屈膝缓冲，膝盖顺着脚尖的方向弯曲，空中保持身体稳定及肌肉适度紧张。

（4）弹踢腿跳（Flick jump）

动作方法：2拍完成动作。右脚抬起后屈，左脚起跳同时将右膝伸直向前（侧、后）踢出，然后右脚落地同时左腿后屈，接反方向或下一个动作，如图9-12所示。

图9-12 弹踢腿跳

完成动作要领：弹踢腿时大腿先发力，再小腿弹伸，膝关节不要强直，要有控制的向前下方伸。

（5）后踢腿跳（Jogging）

动作方法：单拍完成动作。两脚经过腾空后，一脚落地，另一腿小腿后屈，后屈的脚后跟尽量贴向臀部的反向，然后依次交替进行，如图9-13所示。

图9-13 后踢腿跳

完成动作要领：单腿起跳，单腿落地，空中保持身体肌肉适度紧张，落地屈膝缓冲，大腿内侧并拢，前侧保持在一个平面上。

（6）小马跳（Pony）

动作方法：2拍完成的动作。右脚抬起，左脚蹬离地面跳起向侧跳一小步，右、左脚依次落地并完成交换腿小跳，至右脚站立、左脚前脚掌点地，如图9-14所示。

图9-14 小马跳

完成动作要领：单腿起跳，依次落地。第一拍两动，第二拍一动，不要跳起来，只要实现交换腿动作即可。

（二）健美操基本动作——上肢动作

1. 基本手型

（1）并掌

五指并拢伸直，指关节不能弯曲，大拇指第一指关节紧贴住食指，不要翘起，如图 9-15 所示。

（2）开掌

五指用力，分开伸直，如图 9-16 所示。

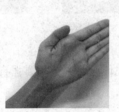 

图 9-15　并掌　　　　　　　　　　　　　图 9-16　开掌

（3）花掌

开掌的基础上，从小指开始依次内旋成一个扇面，如图 9-17 所示。

（4）立掌

手腕用力上屈，五指并拢，同并掌掌形，指关节用力挺直，如图 9-18 所示。

（5）拳

四长指握拳，拇指第一关节扣在食指与中指的第二关节处，如图 9-19 所示。

图 9-17　花掌图　　　　　　　图 9-18　立掌　　　　　　　图 9-19　拳

2. 手臂动作

（1）屈臂摆动

屈肘在体侧自然的摆动，可同时摆动或依次摆动。

（2）冲拳

屈臂握拳，由腰间同时或依次冲至某位置。

（3）推

手掌由肩侧同时或依次推至某位置。

（4）绕和绕环

以肩关节为轴，手臂 180° 至 360° 的运动为绕；大于 360° 以上的运动为绕环。

第二节
瑜伽

瑜伽起源于印度，是东方最古老的健身术之一，被人们称为"东方文明的瑰宝"，因它对心理的减压以及对生理的保健等有明显作用而备受推崇，发展到今天，瑜伽已经成为世界范围内广泛传播的一种身心锻炼修习法。

一、什么是瑜伽

瑜伽是梵文 Yoga 的音译，有连接、结合之意，这也是瑜伽的宗旨和目的。

瑜伽，起源于古印度的修身养性体系，它通过道德修养、呼吸调控、体位练习、冥想静坐等一系列方法，改善身心状态、开发智慧潜能、解悟人生真谛，达到身体和心灵、人体和自然的结合。

为积极响应党和国家健康中国战略的号召，实现推广健身瑜伽、服务全民健身、贡献健康中国的目标，国家体育总局社会体育指导中心全国健身瑜伽指导委员会多年来积极开展全民健身活动，规范瑜伽体位科学训练，大力推广健身瑜伽。

健身瑜伽秉持"循序渐进、全面均衡、安全有效"的原则，结合我国大众健身的实际需求，以促进身心健康为目的，通过自身体位训练、气息和心理调节等手段，改善体姿、增强身体活力、延缓机体衰老，以达到良好的健身效果，满足广大人民群众的健身需求。

健身瑜伽不是瑜伽的一个流派或分支，而是基本涵盖了瑜伽的全部内容，包括调身、调息、调心在内。健身瑜伽是瑜伽中国化、本土化的产物，是瑜伽列入中国全民健身项目的基础，也是我国体育养生运动不可缺少的重要组成部分。随着健身瑜伽的发展与传播，中国的瑜伽行业必将焕发新的生机。

二、瑜伽的起源和发展

（一）瑜伽的起源

瑜伽起源于印度，到目前已有 5000 多年的历史，是东方最古老的强身术之一。瑜伽主体理念与基本体位法则起源于公元前 1500 年（即距今 3500 年），是由古代雅利安人发起，融入古印度河文化，以吠陀诸经为载体而产生的。瑜伽体位法的独立形成和完善，则是在后来由印度瑜伽修行者在山林中完成的。

传说瑜伽修行者刚开始只有少数人，一般是在寺院、乡间小舍、喜马拉雅山洞穴和茂密森林中心地带修持，由瑜伽师讲授给那些愿意接受的门徒，之后瑜伽逐步在印度普通人中间流传开来。

最开始，瑜伽修行者通过模仿大自然的万物——动物、植物等，创造出了瑜伽中的体位法。瑜伽各派别创造的体位法成千上万，真正流传下来、经常被拿来练习的只有数十种，如现在的瑜伽经典体位：风吹树式、蛇攻击式、眼镜蛇式、孔雀式、鱼式、蝗虫式等。相对于现在，传统意义上的瑜伽，更注重凝神冥想和苦行，主要是针对内心灵魂的修炼术。正是因这种练习方式，各派宗教和哲学都将瑜伽作为自己的修行手段。

因此，瑜伽不包含任何宗教，只是宗教借用了瑜伽。

（二）瑜伽的发展

目前，印度有很多专门研究瑜伽的学校，历经几千年悠悠岁月考验的瑜伽功，也正以其独特的魅力征服着世界，开始在世界范围内流行起来。

1. 瑜伽在西方的发展

20 世纪 40 年代，瑜伽传入欧美，并于 60 年代开始普及。西方对瑜伽进行了取舍，舍弃了其中的印度宗教哲学理念，重点接受呼吸和体位的部分。西方人借助人体解剖等现代科技，对瑜伽体位进行了改良和发展，产生了高温瑜伽、阿斯汤伽、能量提升瑜伽、内观流等现代瑜伽新潮。

2. 瑜伽在中国的发展

瑜伽理念传入我国可追溯到东汉时期，唐玄奘法师以音译首先确立"瑜伽"一词。20 世纪 30—40 年代，美国著名瑜伽导师英蒂拉·德菲在中国上海创办了第一所瑜伽学校，宋美龄等高层人士参与练习；20 世纪 80 年代，张惠兰在央视的瑜伽术展示系列节目，使国人对瑜伽体位法开始了解和关注，中国香港和台湾地区则成为瑜伽传播的前沿；十多年来，各类瑜伽会所、瑜伽培训机构开始在大陆兴起，百姓也开始参与瑜伽的习练，瑜伽在大陆已有普及之势。2015 年，国家体育总局社体中心委托中国健美协会，开始了健身瑜伽的体式选择与标准制定等相关研究工作，并于 2016 年开始在全国范围内进行健身瑜伽高级教练员、裁判员的培训工作。

三、瑜伽的流派

瑜伽经过几千年的发展演变，已经衍生出很多派别。在《瑜伽真性奥义书》中，列举了多支瑜伽派系，最基本的包括智瑜伽、业瑜伽、信仰瑜伽、哈他瑜伽和王瑜伽五大体系。

（1）智瑜伽是一个探讨哲学、进行思辨的体系。它提倡培养知识理念，以探求知识和人生的真理。

（2）业瑜伽中的"业"是行为的意思。业瑜伽倡导通过极度克制的苦行，将精力集中于内心修行，引导更加完善的行为。

（3）信仰瑜伽也称爱心瑜伽，它认为智、业、信仰是相互联系的，且知识和行为都应该受到信仰之心的指导。修行者常居于山林或闹市，终身目的是纯洁心灵，杜绝杂念。

（4）哈他瑜伽又译为"赫他瑜伽""哈达瑜伽"，是指通过持戒、精修、炼体、制气、敛退、守意、定年、三摩地八个方面，循序渐进的修持，直至三昧解脱。这八个方面就是后来《瑜伽经》中提倡的"瑜伽八支"。

（5）王瑜伽也称"胜王瑜伽"，着重于通过意念、思维、精神等心理的持修而实现解脱。通常使用莲花坐等一些入定体式进行冥想，一点凝视法是王瑜伽习练者非常喜爱的一种冥想练习。

现代人所练习的瑜伽主要是从王瑜伽和哈他瑜伽发展而来，主要包括调息的呼吸法、调身的体式法和调心的冥想法。

四、练习瑜伽的益处

练习瑜伽的益处数不胜数，除了生理方面，它在心理及精神方面的影响更为显著。

（1）瑜伽体位法的练习，在提高人体力量、平衡、柔韧等身体素质的同时，能控制和调节内分泌系统，加速人体新陈代谢，促进腺体分泌适量激素，保持身体健康。

（2）通过瑜伽练习，能释放身心、平静心绪，达到平和身心、修身养性的目的。

（3）瑜伽能预防和治疗各种身心相关的疾病，对于背痛、肩痛、颈痛、头痛、关节痛、失眠、消化系统紊乱、痛经等病症都有显著疗效。

（4）通过瑜伽练习，能使人更有自信、更热诚、更乐观，在促进心理健康的同时，唤起心理潜能。

五、经典实用的瑜伽体式

按照解剖学中对人体形态的描述，可将瑜伽体式分为前屈、后弯、侧展、扭转、平衡、倒立六个系列体位，在这几个系列中又分别有站姿、坐姿、跪姿、蹲姿、仰卧、俯卧、侧卧等几类体式。

在进行瑜伽体式讲解时，一般会从体式的准备动作、完成过程、呼吸配合、最终体式、还原和对称、功能效用、常见错误、练习禁忌等几个方面进行描述。

（一）常用体式

1. 山式

（1）功法

双脚并拢站立，大脚趾相碰，足跟稍微分开（以便两脚的第二个脚趾相互平行）。抬起并展开脚趾，使重心均匀地放在两脚上。用脚底稳住重心，力量集中在大脚趾上，脚尖与脚跟并齐一致，像屹立不倒的山一样。

收紧踝骨，收腹提臀，使膝盖处于紧张状态，进而感到腿肌、臀肌向上收。

将肩胛骨内收进背部，然后扩展肩膀向背部下沉。挺胸，脊椎骨向上伸展，展开锁骨，颈部挺直。手臂垂放于身体的两侧。肩膀放松，双肩处于同一高度。

眼睛远望与视线同高处，头顶直线垂直于你的骨盆；下巴平行于地面。放松喉部；让舌头放松地平铺在下颚上；放松你的眼睛。

山式，通常是所有站立姿势的开始体位，但同样是一个极为有益的、可单独练习的站立姿势，如图 9-20 所示。

图 9-20 山式

（2）效益

生理功效：改善体形；加强大腿、膝关节和踝关节的力量；锻炼下腹部和臀部的肌肉；减轻坐骨神经痛；减少扁平足。

心理功效：集中精神，增强意志力，缓解焦虑情绪。

（3）注意事项

在做此动作时，下半身要用力，尤其是尾骨要适度紧缩。

（4）禁忌

头痛、失眠、低血压患者在进行较长时间的站姿时要多加留意。

2. 简易坐

（1）功法

取坐姿，先将双腿伸直，屈左腿，再屈右腿，两腿交叉，两脚置于双大腿下，两手搭放在膝盖上，竖直脊柱，头、颈、背保持平直，如图 9-21 所示。

图 9-21　简易坐

（2）效益

结合呼吸法，有助于促进人体内环境的新陈代谢，排除体内毒素。

3. 坐柱式（直角坐）

（1）功法

取坐姿，双腿向前伸直、并拢，竖直脊背，脊背和双腿呈 90°，躯干和双腿呈直角；双手自然地放在臀部外侧，双眼平视前方，如图 9-22 所示。

图 9-22　坐柱式

（2）效益

有助于树立正确的背部姿势，锻炼核心能力以及下背部和大腿力量，并且是一个很好的过渡和衔接的体式。

4.霹雳坐（金刚坐）

（1）功法

双膝跪在垫子上，双脚后伸，双膝及双脚大脚趾并拢，双脚大脚趾交叉。双膝并拢，双脚脚后跟分开。

臀部坐于两脚内侧，两脚跟应在臀部两旁，双手放在双膝上，掌心向下。

竖直脊背，双手自然搭放在两膝上，掌心向下，如图 9-23 所示。

图 9-23 霹雳坐

（2）效益

该体式对消化不良的人非常有用；可加强盆肌，预防疝气和有助于妇女分娩；缓解胃病，如消化性溃疡或胃酸过多也十分有用。这是一个很好的过渡和衔接的体位，也可用于短暂的休息。

（3）注意事项

初学者可能短时间内两脚发痛，不要勉强，立即将双腿伸展向前，手握脚踝，放松地摇动，直到不适感消失，再进行练习。

5.大拜式

（1）功法

霹雳坐开始，双脚、双膝着地。

吸气，双手向上延伸过头顶，大臂贴向双耳。

呼气，双臂带动上身自然伸展向前，双手及前小臂放于地面上，掌心向下，前额着地。臀部贴近脚跟，腹部贴向大腿前侧，大脚趾贴合，脚后跟略分，可在这一体式保持自然放松的呼吸，如图 9-24 所示。

图 9-24 大拜式

（2）效益

此式可放松整个身体，促进背部伸展。

6. 仰卧完全放松式

仰卧完全放松式，也叫挺尸式。通常是在日常瑜伽体式练习前和练习之后进行这个体式，有时在冥想练习中也使用这个姿势。这一体式也常作为进行瑜伽休息术练习时采用的体式。

（1）功法

仰卧，两臂放在身体两侧约 20 厘米处，掌心向上；双腿分开至舒适的位置一般要大于肩宽；两脚自然地放落地上，双脚脚尖自然外展；颈脖和头部各躯干在一条线上；尽量保持身体的相对静止，不要移动身体；闭上双眼，保持自然的呼吸，放松全身，如图 9-25 所示。

图 9-25　仰卧完全放松式

（2）效益

为整个心理、生理系统提供放松。尤其是在睡前或练习前、练习后。

仰卧完全放松式是一个非常令人松弛的姿势，能使神经紧张得到消除，心灵得到安静，是治愈紧张性神经衰弱和失眠症的一个极好的方法。

（二）前屈体式

1. 单腿背部伸展式

（1）功法

以直角坐姿开始。

屈左膝，左髋尽量外展，让左膝落向地面，带动左腿外侧完全放在地面上。左脚掌抵在左大腿内侧，脚跟抵近会阴处。

吸气，双臂由前向上引领上体指向正上方，直至大臂贴向耳侧。

呼气，身体从髋部折叠向下，腹部贴向大腿前侧，前额贴向小腿胫骨，手抓脚掌。保持自然放松的呼吸即可，如图 9-26 所示。

吸气，双手臂经前向上，带动身体回到正中，稍作休息，进行反方向练习。

（2）效益

此体式能伸展腘绳肌；增强肝脏和脾脏，帮助消化。

图 9-26　单腿背部伸展式

2.双腿背部伸展式

效益同单腿背部伸展式，功法上区别为双腿向前进行伸展，如图 9-27 所示。

图 9-27　双腿背部伸展式

3.束角式

（1）功法

坐姿，双腿向前伸直。弯曲膝盖，双脚掌心相合，脚跟靠近会阴。双手抓握脚趾，大腿分开外旋，膝盖下沉直至双膝接触地面。

吸气，延展脊背。

呼气，身体前屈，直至额头贴地，肘部内收或平放地面，如图 9-28 所示。

图 9-28　束角式

吸气，上体慢慢抬起，还原至起始体式。

（2）效益

能使骨盆和腹部得到充分的血液供应，并得到刺激；缓解坐骨神经痛，防止疝气。

（三）后弯体式

1.人面狮身式

（1）功法

俯卧在地板上，额头贴地，两腿伸直，双手放在体侧。

屈肘，两手掌心向下，放在头部两侧。

吸气，保持两小臂平放地上，慢慢把头和胸膛抬高，离开地面。两条上臂应垂直于地面，头要尽量向上方抬起，如图 9-29 所示。

图 9-29　人面狮身式

正常地呼吸，保持这个姿势 15 ～ 30 秒，呼气，慢慢回复到地上。

（2）效益

此式对所有腹脏器官，尤其是肝脏、肾脏，十分有益，它还可以使滑出的椎间盘重新复位，祛除各种背痛。

拉伸颈脖前侧，消除颈脖皱纹。

（3）注意事项

胃溃疡、肺结核患者不能练习此式。

2. 站立后弯式

（1）功法

山式准备

吸气，手臂由前向上至双大臂夹耳，臀部夹紧，尾骨内收。

呼气，推髋向前，脊背后弯，颈脖不要过度后仰，眼睛看向前上方，如图 9-30 所示。

图 9-30　站立后弯式

吸气，上体收回至正中，成山立式。

呼气，手臂落下，回到体侧。

（2）效益

此体式能柔韧背部，强化脊柱；伸展身体前侧肌群。

3. 眼镜蛇式

（1）功法

俯卧在垫子上，两腿笔直，两脚伸展。双肘弯曲，两手手掌平放在胸部下面，额头或脸颊一侧触地，放松全身。

吸气，慢慢地向上抬起头和双肩，伸展身体前侧，直到双臂伸直为止。试着将肚脐尽量靠近地面，如图 9-31 所示。

图 9-31 眼镜蛇式

慢慢呼气，逐渐把躯干放回地板上，动作顺序和之前抬起躯干的方法相反。

（2）效益

此体式可改善呼吸系统，刺激消化系统；可调节子宫和卵巢，对妇科疾病如经期紊乱等恢复有利；消除背部疼痛，柔软脊柱，改善缓解腰肌劳损。

（四）侧展体式

1. 风吹树式

（1）功法

山式站立，双手腹前十指相交。

吸气，翻转手腕，掌心向上，两臂经前上举，直至大臂夹耳。

呼气，上身躯干从腰部弯曲，倾向右侧，转头看向左上方，身体要在一个扇面上伸展；体会身体左侧从髋到到腋窝的伸展增强了，如图 9-32 所示。

图 9-32 风吹树式

保持姿势几秒，然后换另一侧进行练习。

吸气，让上身回到中央位置。

呼气，放下双臂。

（2）效益

此体式能够扩张胸部，放松肩关节；全面调动腰、腹部参与运动，消除腹壁和腰侧的脂肪；促进胃肠蠕动，清除体内垃圾，有助于去除口臭、体臭。

2. 三角伸展式

（1）功法

山式站立，双腿分开 2 ～ 3 倍肩宽。两腿伸直，脚尖应微微向外。

吸气，两臂侧平举，呈"基本三角式"，调整右脚脚尖向右，左脚内扣。

呼气，躯干慢慢向右侧延伸弯曲，在弯腰过程中要保持两臂继续形成一条直线；右手掌放于右脚背或右脚外侧地面，左臂上举，两臂形成一线垂直于地面，掌心向前；伸展脊柱使躯干、臀部及腿后侧在一个平面上，眼睛看向上面的指尖，如图 9-33 所示。

图 9-33　三角伸展式

吸气时，慢慢回复到基本三角式。

呼气，换另一侧进行练习。

吸气，腰侧发力，身体慢慢回复正中。

（2）效益

此体式可增强膝踝关节力量，使其更加稳定；能促进消化；能伸展腿部内侧、后侧、侧腰部以及手臂肌群，可减少腰部、手臂脂肪，塑造腿部线条。

3. 坐姿侧展式

（1）功法

准备姿势：右腿向右侧打开，向内屈左腿，将左脚脚跟抵于会阴处。

吸气，双臂侧平举打开，掌心向下，颈脖伸展，脊背平直。

呼气，向右侧展，右手尽量去触摸脚背，左手左斜上约 45°，眼睛看向左手方向。

吸气，腰背立直，挺胸。

呼气，翻转左手掌心向右，继续侧展，右肘关节抵住膝盖内侧，可帮助身体的侧弯，左手尽量抓住脚趾，如图 9-34 所示。

图 9-34　坐姿侧展式

吸气，腰侧发力，带动上体回复至正中。

（2）效益

伸展腿后侧、侧腰部以及手臂肌群；可减少腰部、手臂脂肪，塑造腿部线条；能帮助消化，促进代谢。

（五）平衡体式

1. 擎天式

（1）功法

山式站立，双手腹前十指交叉，吸气，经前平行上举至双大臂夹耳。

呼气，沉肩，延展脊背。

吸气，抬起双脚脚后跟，如图 9-35 所示。

图 9-35　擎天式

呼气，双脚回落，松开双手，双手掌心相对，经体前平行落下。

（2）效益

可促进脊柱生长，消除脊神经根处的充血；对于体态的训练有很大作用。

2. 树式

（1）功法

山式站立，把重心移到左脚上，收右脚至左小腿处，脚底板贴于大腿内侧会阴下方，膝盖朝外，大腿发力内收，双手放在体侧。

保持平衡，一边用左腿平衡全身站着，一边双掌胸前合十。

吸气，两臂伸直，高举过头，双大臂夹于耳侧。这时，腹腔往内收缩，同时扩大胸脯，在腰部往上延伸；静止，保持这个姿势 30 秒至 1 分钟（2 ～ 3 次深长呼吸），双眼注视固定的物体有助于保持身体的平衡，如图 9-36 所示。

图 9-36　树式

呼气，屈肘，将合十的双掌收至胸部便分开。伸直右腿，恢复山式站立。

继续把左脚放在右腿上，准备另一侧的练习。

（2）效益

树式可以补养和加强腿部、背部和胸部的肌肉；能增强两踝，改善人体态的稳定与平衡，也能增强集中注意的能力；能放松两髋部位，并对胸腔区域有益。

（3）注意事项

不侧髋，膝盖朝外；脚可放于：大腿内侧、小腿内侧、脚踝处。

3.金鸡独立式

（1）功法

山式站立，双手放于体侧。

将身体的重心移向左腿，右腿保持直立，向后屈左膝。左手抓住左脚脚腕处，尽可能贴靠到臀部。

吸气，右手自下而上慢慢举过头顶，尽量保持身体平直、稳定，从上至下呈一条直线；大腿前侧保持齐平；双眼平视前方。尽可能保持住这个体式，6～8次均匀的呼吸，如图 9-37 所示。

图 9-37　金鸡独立式

呼气，放下右腿，右臂按原路返回，恢复到山式站立。

深呼吸调整放松。

按相同的方法进行另一侧的练习。

（2）效益

可调节全身平衡，集中注意力，有增强平衡和专注力的效果；能够伸展大腿前侧肌群，是一个很好的放松和活动大腿前侧的体式。

（六）扭转体式

1.简易扭脊式

（1）功法

取坐柱式，两手平放地上，略微在臀部的后方，两手手指指向后方。

吸气，抬起右脚放在左膝的外侧，同时将右手移过两腿，放在左手之前，在左大腿外侧触地，手指朝左弯，左手稍向后移。

深呼气，向左扭转上体，尽量向后扭头。随着身体的旋转，调整手臂位置。体会扭转动作是从右腰背和腹部推动着的，如图 9-38 所示。

图 9-38　简易扭脊式

吸气，回正中。

呼气，进行反方向的练习。

（2）效益

此体式能伸展脊柱，使脊柱更柔软、灵活，有助于消除较轻的背痛；对椎间盘错位有正位作用，从而使各脊椎和背部肌肉群更有活力及弹性。

2. 动式扭脊式

（1）功法

坐柱式坐在垫子上，两腿尽量向两侧分开，以感觉到舒适为宜。

吸气，竖直脊背，同时两臂侧平举打开。

呼气，以腰关节为轴上体向右扭转，左手抓住右脚大拇指，右手臂在背后伸展，使左右手臂成一条直线，同时头向后，看向手的方向；前手若不能触碰脚趾，可将前手放于两腿之间，一手斜向后，如图 9-39 所示。

图 9-39　动式扭脊式

吸气，朝相反方向扭动躯干，进行另一侧的练习。

结束两侧的练习后，取吸气，双臂还原到侧平举。

呼气，双手手臂还原到体侧，回到准备体式。

（2）效益

对脊柱周边的肌肉及脊神经起了刺激、兴奋的作用。

使各节脊椎和背部肌肉更富有活力及弹性。

3. 三角扭转式

（1）功法

基本三角式准备。

保持两膝伸直同时，将右脚向右方转 90°，左脚向右方转约 60°。

呼气，将上身躯干转向右方，同时俯身向下，使躯干和地面保持平行。

吸气，将脊背向前方延展。

呼气，让左手放在右脚外缘碰触地板，右臂向上伸展，与左臂成一直线。

在保持这个姿势时，双眼注视右手指尖，伸展双肩及肩胛骨，如图9-40所示。

图9-40　三角扭转式

吸气，慢慢先将双手，躯干以致最后将两脚转回各自原来的伸展状态。然后，再转回基本站立式。

呼气，还原到准备体式。

进行另一侧的练习。

（2）效益

对于脊柱和背部来说，三角转动式是一个极佳的姿势。它增加对下脊柱区域的血液供应，滋养脊柱神经，强壮背部肌肉群，消除背部的疼痛；扩张胸部，按摩腹部器官，帮助减少腰围线上的脂肪；髋部、咽旁腱、大腿和小腿腿肚子的肌肉也能够得到伸展和补养。

（七）倒立体式

1. 顶峰式

（1）功法

准备姿势：斜板式。

手指分开并拢或分开均可，吸气，掌根发力推地，尾骨引领身体向上，膝盖伸直，背部平直，眼镜看向肚脐，放松颈脖后侧，你的双臂和背部应形成一条直线，头部应处于两臂之间。整个身体应像一个三角形。

呼气，踩落脚后跟，脚跟尽量的着地，如果脚跟不能停留在地面上，就让脚跟上下蹦弹，来帮助伸展腿腱，可在此保持几次完整呼吸，如图9-41所示。

图9-41　顶峰式

呼气，回复准备姿势。

（2）效益

此体式是一个强身效能极为显著的姿势。它消除疲劳，帮助恢复精力；使心率减慢；伸展和加强困旁腱、小腿肌肉、双踝和跟腱；可以消除脚跟疼痛和僵硬感，软化跟骨刺，强壮坐骨神经，消除肩关节炎。

（3）注意事项

患有高血压和眩晕病的人应向医生咨询是否适宜做此练习。

2. 犁式

（1）功法

仰卧，双腿并拢伸直。双臂放于身体两侧，掌心向下，脚尖向上。

吸气，用腹部力量牵引双腿直立上抬至于地面垂直，双臂下压，上抬臀部、背部，双腿随之向后越过头顶，脚趾尖回勾点地。掌心向上，取双肘内收撑地，双手推送上背部保持背部直立，垂直于地面，如图 9-42 所示。

图 9-42 犁式

呼气，双手还原，脊柱逐节放松回位。

（2）效益

此体式能加强颈、肩力量，提高身体核心部位的力量和控制力；能改善血液在身体内的分布情况，营养大脑。

第三节 欣赏身体形态之美

现代社会，减肥已经成为许多人日常生活中的一部分内容。尤其是对女性朋友而言，纤细、苗条的身材更是毕生追求。为达到这一目标，节食、健身、运动等也成为人们常用的方式。当然，也有人更欣赏健壮、有力的身材。那么，什么样的身体形态是更美的呢？

一、身体形态的概念

身体形态是指人体外部与内部的形态特征。反映外部形态特征的指标有：高度（身高、坐高、足弓高等），长度（腿长、臂长、手长、头长、颈长、足长），围度（胸围、臂围、腿围、腰围、臀围），宽度（头宽、肩宽、髋宽）和充实度（体重、皮脂厚度等）等。反映内部形态的指标有心脏纵膜径、肌肉的形状与膜断面等。

欣赏体育运动的身体形态之美，是将体育欣赏和身体形态结合起来，通过欣赏不同体育项目的身体形态表达，感受不同的美。美的体态应该是健、力、美的结合。美的体态应该是健康的，没有健康的身体，就没有人的形体美。只有健康、匀称的人体形象，才能表现出富有生命力的美，才能显示出生机勃勃和充沛的精力，才能成为人的本质力量的承载体。

二、常见的身体形态

（一）男女不同身体形态的特点

男女性别不同，身体形态也有不同的特点。如男性肩宽臀窄，女性肩宽；男性胸部宽阔、躯干厚实，显得腰部以上发达，女性臀部宽阔、大腿丰满，显得腰部以下发达；男性脂肪多半集中于腹部，女性脂肪多半集中于臀部和大腿；男性重心位置相对女性较高；男性腰节线较低，女性腰节线较高；但若以会阴高或身高减坐高表示腿长，腿身比平均值男女差不多，男性略大于女性。

（二）常见的身体形态

人体体型千差万别，但可大致分为苹果型、梨型、沙漏型、倒三角型和直筒型几类，如图 9-43 所示。

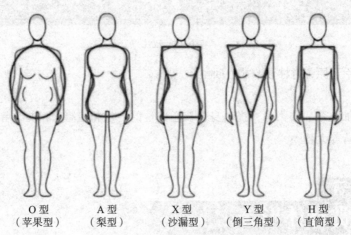

| O 型
（苹果型） | A 型
（梨型） | X 型
（沙漏型） | Y 型
（倒三角型） | H 型
（直筒型） |

图 9-43 不同人体形态

1. O 型（苹果型）

判断：腰围大于臀围。

特点如下。

（1）全身看起来圆鼓鼓，下肢较纤细，整体身材曲线不明显，且胸部、腰部与臀部的比例看起来都比较接近。

（2）O 型体型的人多是因肥胖而造成胸围、腰围、腿围、臀围过大。

（3）脂肪多堆积到腰部和臀部。O 型身材并不意味着腹部必须是整体身材中最大的部位，指的是身体的重心与比例。

2. A 型（梨型）

判断：肩围小于臀围 5 厘米以上。

特点如下。

（1）上半身较小，背窄、肩窄，腰细，臀部宽大且臀围线较低较圆，臀围比肩膀宽。

（2）身上的脂肪分布在臀部、腹部和大腿。

（3）整体看上去上瘦下胖。

3. X 型（沙漏型）

判断：肩围≈臀围≈胸围（之间相差 5 厘米之内），腰围比以上三围小 20 厘米以上。

特点如下。

（1）此身形多出现在女性身上。

（2）胸部、腿部、臀部皆凹凸有致。

（3）腰部曲线明显，肩膀和臀部基本同宽。

4. Y 型（倒三角型）

判断：肩围大于臀围 5 厘米以上。

特点如下。

（1）肩宽，背部较厚，但臀部和大腿却比较窄。

（2）腰粗，臀围线高且扁，脂肪分布不均匀。

（3）与 A 形体型相反，与纤瘦的下半身相比，上半身显得过于臃肿，容易产生头重脚轻的感觉，肩膀过宽与胸部丰满、厚重的"拜拜肉"是主要困扰，胯窄，下肢修长纤细是基本特征。

5. H 型（直筒型）

判断：肩围≈臀围，腰围比肩围、臀围小于 20 厘米以内。

特点如下。

（1）腰臀比例不明显，没有明显的曲线。

（2）肩、腰、臀、大腿部位宽度近似。

（3）正面看起来宽，侧面看起来扁平。

三、欣赏不同的身体形态之美

不同的体育运动项目对运动员的身材有不同的要求，不同的体育运动对人体形态也有不同的影响。有氧运动，不但可以降低体重，减小身体各部位的围度，降低体重指数，还可以减少皮下脂肪含量，改变身体成分，从而使身体曲线更优美。力量练习，能够增加身体部位的维度，增加肌肉含量，改变身体成分，从而使身体线条充满力量感。

接下来，让我们一起欣赏不同体育运动运动员的身体形态之美。

（一）健美操

健美操是一项有氧运动，因此运动员的身材相对匀称，但因其比较注重力量，大腿和手臂维度会相对较大一点。在运动项目上，单人、双人、三人和团体会有不同的配合、造型等，如图 9-44 所示。

图 9-44　健美操

（二）瑜伽

双人瑜伽是两个人进行的瑜伽练习。配合的双方之间没有严格的年龄与性别的限制。双人瑜伽强调通过呼吸和动作的协调，相互之间互借对方的能量同心协力，彼此协助完成一些单人无法进行或比较难实现的瑜伽体式，打破传统瑜伽的"自我感觉"，更加注重与对方分享与交流的练习过程。

瑜伽轮是将瑜伽轮作为辅助器材，配合瑜伽体式进行的瑜伽练习。瑜伽轮可以填补身体与地面的距离，作为支撑，缓解肩膀与脊柱和关节的紧张和压力，配合放松功来做效果非常好；瑜伽轮非常符合人体脊柱的弧度，可支撑起整个后背，让力量能放松舒展到脊柱的每一节椎体，预防肌肉劳损，能够帮助人更好的正位体式，美化形体，塑造马甲线和人鱼线，更快捷地拥有完美形体和柔软身体，增强平衡感，并且它还能够减少练习者对后弯及倒立的恐惧和压力。

不同的瑜伽练习有不同的美，如图 9-45 所示。

图 9-45　瑜伽

（三）艺术体操

艺术体操（Rhythmic Gymnastics）是一项新型的女子竞技体育项目，是奥运会、亚运会的比赛项目。在日本叫"新体操"，而在中国香港和台湾叫"韵律体操"。它有团体赛、个人全能赛和个人单项赛等多种形式，由舞蹈、跳跃、平衡、波浪形动作及部分技巧运动动作组成。一般在音乐伴奏下进行，富有艺术性。艺术体操的主要项目有绳操、球操、圈操、带操、棒操 5 项，它吸收了芭蕾舞、现代舞、民间舞和杂技等精华，有利于发展人的协调、柔韧、灵巧等身体素质，也是进行美育的一种手段，如图 9-46 所示。

图 9-46　艺术体操

（四）健美

健美是一种强调肌肉健壮与美的活动，是对身体的雕刻，起源于古希腊。健美是与人的形体美密切相关的，健美是形体美的基础。人体有对称的造型、均衡的比例、流畅的线条、坚强的骨骼、匀称的四肢、丰满的躯体、弹性的肌肉和健康的肤色，这些都是形体美不可缺少的条件，如图 9-47 所示。

图 9-47　健美

图 9-47（续）

❓ 思考题

1. 对你来说，不同种类健美操运动的魅力体现在哪些方面？
2. 不同类别的瑜伽体式大致有哪些功效？
3. 你更欣赏哪种类型的身体形态？说说理由。

第十章

底蕴深厚的
传统体育

我国民族传统体育有着深厚的文化底蕴，反映着鲜明的民族个性、特点及道德伦理观念。其注重对人精神与心理的锤炼，寓德教育与体育运动之中，不仅锻炼了人的意志品质，还培养了习练者的民族情绪和民族自豪感，提高民族凝聚力。

学习目标

1. 了解中国武术的起源与发展、特点与分类及其健身价值；了解太极拳的概念、太极拳的特点和基本内容及其太极拳的流派；学习一路长拳、8式太极拳、防身自卫和散打。
2. 了解民族传统体育的概念、内涵、特点及民族传统体育项目。
3. 学会欣赏民族传统体育项目。

第一节
武术与太极

武术是以技击动作作为主要内容，以功法、套路和搏斗为运动形式，注重内外兼修的民族传统体育项目。与我国传统文化的诸多方面有着密切的联系，是中国传统文化的重要

组成部分。太极是中国古代最具特色和代表性的哲学思想之一，太极拳基于太极阴阳之理念，是中国武术的优秀拳种之一。

一、源远流长的中国武术

（一）武术的起源

武术的起源要从人类技击的产生开始，在原始社会生产力极为低下、自然环境十分恶劣的生存状态下，人们为了生存，开始用棍棒、石块等作为武器，与野兽进行斗争，并通过数万年的这种基于本能的、自发的、随意的身体动作经验的积累，逐渐产生了击、刺、劈、格、架等技击动作。由于生产、狩猎工具的不断创新，人类在劈、砍、击、刺等技术上积累了更为丰富的经验，武术的雏形初步显现，为武术的产生奠定了基础。据史料记载，原始人类在狩猎、战事等活动前后，一般要跳"武舞"。它既是对搏杀技能操练的一种形式，也是用以宣扬武威的一种手段。武舞是原始社会时期人们将宗教祭祀、教育、娱乐以及搏斗训练融为一体的活动方式。它是原始社会多位一体文化形态的重要组成部分，也是武术最主要的原生形态。

（二）古代武术的发展

武术在生产、生存活动中，由徒手搏击到持械格斗并演变为现代的体育运动，在世界各个地域的人类活动中都曾出现，如拳击、击剑、泰国拳等。但从原始格斗术发展成击舞一体、内外兼修的武术形式，则是由中华民族特有的文化土壤孕育而成的。

随着我国历史的不断发展，中国武术经历了商周时期的"田猎"和"武舞"，春秋战国时期的"角试"，秦、汉、三国时期武术流派雏形出现，唐朝的武举制，宋元时期武艺往表演方向发展，再到明清时期武术文化完备形态的形成。武术作为军事技术、健身手段及表演技艺的多种价值为人们所认识和利用，为后世武术的发展开创了广阔的空间，同时也确立了中国武术在世界武坛的位置。

（三）近代武术的发展

近代中国时局动荡，战火不断，在西方强势文化的猛烈冲击下，各种思潮激烈交锋。民国时期，中华民族积弱积贫，社会各界提倡国粹体育的呼声高涨，中国传统的武术为国人重新认识，一些以研究武术和开展武术活动为宗旨的新兴社团纷纷建立。与此同时，受西方先进体育教育经验的影响，武术进入各级各类学校的体育课堂，并且开始组织各类形式的武术竞赛活动，武术研究也逐步开展，取得了宝贵的学术成果。武术在民国时期得到了极大的演变与发展。

（四）现代武术运动的发展

现代体育文化形态的特征就是高度的社会化和组织化，这两个特征通过各种体育组织，尤其是国际体育组织集中表现出来。现代武术运动的发展同样表现为高度的组织化。

1960年，中国武术队出访了前捷克斯洛伐克，揭开了武术对外交流的序幕。1990年10月，国际武术联合会在北京宣告成立，并于1991年在北京举办了第一届世界武术锦标赛，以后每两年举办一次。1994 年，国际武联被世界单项体育联合会正式接纳入会，从而进一步确立了武术比赛的国际体育地位。

"源于中国，属于世界"的武术，作为我国优秀的民族文化和良好的运动项目，已经成为沟通我国和世界各国人民的桥梁和纽带，必将为东西方文化的进一步交流做出积极的贡献。

二、博大精深的武术运动

（一）武术的内容与分类

我国历史悠久，地域辽阔，武术运动根深叶茂，内容丰富且分类方式多样。按运动形式的分类方法，将武术分为以下三大类。

1. 功法运动

功法运动是以单个动作为主进行练习，以达到健体或增强某方面体能的运动。功法运动主要为武术套路和攻防格斗服务，但也有只练习功法运动以健身为目的的习练者。

2. 套路运动

套路运动是指以技击动作为内容，以攻守进退、动进疾徐、刚柔虚实等矛盾运动的变化规律为依据编成的组合及整套练习。按照练习时的人数多少，套路运动又分为单练、对练和集体演练。

3. 搏斗运动

搏斗运动是两个人在一定条件下按照一定的规则进行斗智、较力、较技的实战攻防格斗。目前开展的较为普遍的有散打和推手，尚未普遍开展的有短兵和长兵。

散打是两人按照一定的规则，并运用武术中的踢、打、摔等攻防技法制服对方的、徒手对抗的武术项目，它是中国武术的重要组成部分，如图 10-1 所示。它分为古传散手（杀伤性强）、现代散打（限制较多）。古传散手作为散打的最早发展，是一种要能对抗单人和兵器或多人的格斗，用头、指、掌、拳、肘、肩、膝、腿、胯、臂等部位攻击，主要的技法为打、踢、拿、跌、摔等，其中还有肘膝等技法，在格斗中讲究出其不意，讲究打赢实用。现代散打就是常见的以直拳、摆拳、抄拳、鞭

图 10-1　散打

拳、鞭腿、蹬腿、踹腿、摔法等技法组成的以踢、打、摔结合的攻防技术。散打没有套路，只有单招和组合，见招拆招。

（二）武术的特点

1. 动作具有攻防技击性

武术动作具有攻防技击性是它的本质特性。例如，散打、短兵等搏斗运动的技术与实用技击术基本是一致的，集中体现了武术攻防格斗的特点。作为中国武术特有表现形式的

套路运动，也都是由攻防动作构成套路的主要内容，通过一招一式表现攻与防的内在含义与精神，是套路技术的核心。

2. 具有内外合一、形神兼备的运动特色

既讲究动作的形体规范，又要求精气神传意、内外合一的整体运动观，是中国武术的一大特点。如形意拳讲究"内三合，外三合"，太极拳要求"以意识引导动作"等。这一特点充分体现了武术作为一种文化形式在长期的历史演变中备受中国古代哲学、医学、美学等方面的渗透和影响，形成独具民族风格的运动形式和练功方法。

3. 内容丰富多彩，具有广泛的适应性

武术的内容和练习形式丰富多样，不同类别的武术项目，其练功方法、动作结构、技术要求、运动风格和运动负荷不尽相同。人们可以根据自己的年龄、性格、职业、体质和兴趣爱好选择练习内容。这种广泛的适应性给开展群众性体育活动创造了有利条件。

（三）武术的健身价值

中国武术注重内外兼修，对身体有着多方面的良好影响，经常练习能收获壮内强外的健身效果。如长拳类套路，包括屈伸、跳跃、平衡、跌扑等动作，通过意志、呼吸的配合与人体各器官的积极参与，能增强肌肉力量，加大关节运动幅度，有效发展柔韧性。而散打对抗中的判断、躲闪、快速还击等，对人体的速度、力量、灵敏、耐力都有良好的促进作用。太极拳则注重调息运气和意念活动，长期练习能够增强人体免疫力，对治疗多种慢性疾病和调节人体内环境平衡均有良好的医疗保健作用。

此外，武术练习还能提高防身自卫能力。通过练习，既可以增强体质，也可以提高攻防格斗的意识。如果长期坚持系统的武术训练，不仅可以掌握防身自卫的知识和方法，还可以提高人体的灵活性和对意外情况的应变自卫能力。

三、太极

所谓太极即是阐明宇宙从无极而太极，乃至万物化生的过程。其中的太极即为天地未开、混沌未分阴阳之前的状态。易经系辞："是故易有太极，是生两仪。"两仪即为太极的阴、阳二仪。太极拳基于太极阴阳之理念，用意念统领全身，通过入静放松、以意导气、以气催形的反复习练，以进入妙手—运—太极，太极—运化乌有的境界，达到修身养性、陶冶情操、强身健体、益寿延年的目的。

（一）太极拳的概念

太极拳是以中国传统儒、道哲学中的太极、阴阳辩证理念为核心思想，集颐养性情、强身健体、技击对抗等多种功能为一体，以掤、捋、挤、按、采、挒、肘、靠、进步、退步、左顾、右盼、中定十三法为运动技术核心，结合易学的阴阳五行之变化，中医的经络学，古代的导引术和吐纳术，形成的一种内外兼修、柔和、缓慢、轻灵、刚柔相济的中国传统拳术，如图 10-2 所示。

太极拳是中国武术的优秀拳种之一。作为一种饱含东方包容理念的运动形式，其习练者针对意、气、形、神的锻炼，非常符合人体生理和心理的要求，对人类个体身心健康以及人类群体的和谐共处，有着极为重要的促进作用。2006 年 5 月，太极拳被中国政府公布为第一批国家级非物质文化遗产。

图 10-2 太极拳

（二）太极拳的特点及基本内容

1. 太极拳的特点

太极拳含蓄内敛、连绵不断、以柔克刚、急缓相间、行云流水的拳术风格，使习练者的意、气、形、神逐渐趋于圆融一体的至高境界，而其对于武德修养的要求也使得习练者在增强体质的同时提高自身素养，提升人与自然、人与社会的融洽与和谐。太极拳的动作柔和、轻灵、缓慢，其运动如抽丝，处处有弧形，似展非展，圆活不滞，动中有静，静中有动。用意识引导动作，意到身随，配合均匀细长的呼吸，整套动作如行云流水，连绵不断，使全身上下得到均匀而协调的活动。其运动强度和运动量较为适中，练习后不易出现代谢机能的激烈变化，适合不同体质和不同年龄的人们，特别是体弱及慢性病患者。太极拳运动便于广泛普及，已成为中华民族对世界健康的一大贡献。

2. 太极拳的基本内容

太极拳的基本内容包括太极阴阳养生理论、太极拳拳术套路、太极拳器械套路、太极推手以及太极拳辅助训练法。其拳术套路有大架一路、二路、小架一路、二路。器械套路有单刀、双刀、单剑、双剑、单铜、双铜、枪、大杆和青龙偃月刀等。

（三）太极拳的流派

传统太极拳门派众多，常见的太极拳流派有陈式、杨式、吴式、武式、孙式等派别，各派既有传承关系，相互借鉴，也各有自己的特点，呈百花齐放之态。由于太极拳是近代形成的拳种，流派众多，群众基础广泛，因此是中国武术拳种中非常具有生命力的一支。

1. 陈式太极拳

陈式太极拳又分老架和新架两种，老架是清初陈王廷所编，原有 5 个套路，又名十三势，另有长拳一百单八势 1 套，炮捶 1 套。从陈王廷起，经过 300 多年的传习，积累了不少经验，对原有拳套不断加工提炼，终于形成了近代所流传的陈式太极拳第 1 路和第 2 路拳套。这两套拳动作都是经过精心编排的，其速度和强度不同，身法、运动量和难度也不尽相同。陈式太极拳是古老的拳种，其他多数流派的太极拳（如杨式、吴式、武式、孙式）跟陈式太极拳有一定的渊源关系。太极名家陈小旺是陈式太极拳第十九世掌门人，文化部公布的第三批国家级非物质文化遗产项目代表性传承人，如图 10-3 所示。

图 10-3　太极名家陈小旺

2. 杨式太极拳

河北永年人杨露禅（1800—1873 年），如图 10-4 所示，酷爱武术，向陈家沟陈长兴学习太极拳，学成返里传习太极拳，因他能避开并制服强硬之力，当时人称他的拳为"沾绵拳""软拳""化拳"。后来，杨露禅根据实践，不断发展已有拳架，又经其孙杨澄甫一再修订，遂定型为杨式大架太极拳，由于练法平正简易，故成为现代最为流行的杨式太极拳。

杨式大架子的特点是舒展简洁，动作和顺、轻灵，刚柔内含，轻沉自然，如行云流水，连绵不绝，锻炼步骤由松入柔，积柔成刚，刚柔相济，能自然地表现出气派大、形象美的独特风格。其架式有高、中、低之分。可以按照学拳者不同年龄、性别、体力条件和不同的要求适当调整运动量。因此，它既适用于疗病保健、益寿延年，又适用于体力较好者用来增强体质，提高技术，适应性广。杨式太极拳是流传最广的太极拳，据统计，全球有三亿人在习练杨式太极拳。1956 年在杨式太极拳的基础上，国家体委组织创编了 24 式简化太极拳。1957 年根据杨式太极拳整理成《太极拳运动》（88 式），1963 年又出版了《杨式太极拳》一书。杨式小架太极拳和二路炮捶仅在少数传人中练习，主要强调技击作用。

图 10-4　杨露禅

3. 吴式太极拳

满族人全佑，清末河北大兴人，初从杨露禅学太极拳大架子，后来拜杨露禅次子为师学小架子，以善于柔化著名。其子始从汉族改姓吴，名鉴泉。吴鉴泉继承和传授的拳式连绵不断，不纵不跳，适应性较广泛。由于吴氏太极拳对拳式有所修改，后人就称为吴式小架子，成为现代流传较广的吴式太极拳。吴鉴泉在北京、上海传拳较久，他打拳式正招圆，舒松自然，虽架式小巧，但有大架子功底，由开展而紧凑，在紧凑中自具舒展，推手时端正严密，细腻熨帖。1958 年曾出版《吴式太极拳》一书。

4.武式太极拳

清末河北永年人武禹襄，初从杨露禅学太极拳，后又学新架太极拳，并在舞阳县得《太极拳谱》，于是以练拳心得归纳锻炼要领为《身法十要》。武式太极拳特点为身法谨严，姿势紧凑，动作舒缓，步法严格，虚实分明，胸部、腹部的进退旋转始终保持中正，用动作的虚实转换和"内气潜转"来支配外形，左右手各管半个身体，出手不过足尖。武式太极拳于民国初年传入北京，后又传入南京、上海。1963年曾出版《武式太极拳》一书。

5.孙式太极拳

清末河北保定人孙禄堂，酷爱武术，先学形意拳，后学八卦掌，勤学苦练，功夫深厚，民国初年始跟郝为真学武式太极拳，参合各家之长，融会贯通，遂创孙式太极拳，并著有《太极拳学》。孙式太极拳的特点是进退相随，舒展圆活，动作灵敏，转变方向时多以开合相接，故又称"开合活步太极拳"。1957年曾出版《孙式太极拳》一书。

上述各式太极拳的风格、姿势虽不相同，但套路结构和动作顺序基本一致，练拳目的皆为健身治病。各式太极拳除拳套外，又各有推手和器械套路练法，如太极剑、太极刀等。

四、你也可以成为"武林高手"

（一）学习一路长拳

长拳，是一种拳术流派的总称，是以套路为主的拳术。拳术的共同特点是姿势舒展、动作灵活、快速有力、节奏鲜明，并多起伏转折、蹿蹦跳跃、跌扑滚翻等动作和技术。一路长拳是长拳的初级套路，比较适合武术初学者。

1.第一段

（1）预备势

① 两脚并拢站立，眼看前方，如图10-5（a）所示。

② 两手握拳，屈肘抱于两体侧，拳心朝上；脸向左转，眼向左侧方平视，如图10-5（b）所示。

动作要点：挺胸、直腰、两肩后张、两拳紧贴腰侧。

(a)　　　　　　　　　　(b)

图 10-5　预备势

（2）马步双劈拳

① 左脚向左开步，同时两拳从腰侧伸向腹前错臂交叉，左拳在里，右拳在外，拳心对

着，如图 10-6（a）所示。

② 两腿屈膝半蹲成马步，同时两拳向左右换臂侧劈，拳眼朝上，眼看左拳，如图 10-6（b）所示。

（a）　　　　　　　　（b）

图 10-6　马步双劈拳

动作要点：开步、抡劈和半蹲的动作，必须同时进行。形成马步之后，两大腿要坐平，脚尖里扣，两膝里合。要挺胸、塌腰、两肩松沉，两拳与肩平行或右拳略高。

（3）拗弓步冲拳

左脚跟和右脚掌同时碾地使上身左转，左腿屈膝，右腿蹬直，成左弓步。在上身左转的同时，右拳先收抱于右腰侧（拳心朝上），继而臂内旋，使拳眼朝上，用力向前冲出，拳路比肩高；左拳和左臂外旋使拳心朝上，屈肘收抱于左腰侧，如图 10-7（a）所示。

（a）　　　　　　　　（b）　　　　　　　　（c）

图 10-7　拗弓步冲拳

动作要点：上述两个动作必须连贯。冲拳要用力，右肩前顺，左肩后牵。两脚脚掌全部着地。

（4）蹬腿冲拳

左脚不动，右脚屈膝提起，用脚跟向前平直蹬出，脚尖勾起。同时右拳外旋使拳心朝上，屈肘收抱于右腰侧；左拳随之成直拳向前冲出，拳眼朝上，眼看左拳，如图 10-7（b）所示。

动作要点：收拳、冲拳、蹬腿三个动作必须同时进行，协调一致。立地腿要站稳，两肩要松沉，左肩前顺，右肩后牵。

（5）马步冲拳

右脚向前落步，脚尖里扣；同时左脚前脚掌碾地使脚跟里转，上身随之左转，两腿屈膝半蹲成马步。在形成马步的同时，左拳和左臂外旋，使拳心朝上，屈肘收抱于左腰侧；右拳随即向右侧方成立拳平直冲出，略比肩高，拳眼朝上，眼看右拳，如图10-7（c）所示。

动作要点：落步、转身和屈膝半群的动作必须与收拳、冲拳的动作协调一致。形成马步之后，两肩稍向后张，左肘向后牵引，挺胸、塌腰。

（6）马步双劈拳

① 上动稍停，两脚不动，两腿直起。左拳从在腰侧向腹前下伸，拳背朝前；在左拳下伸的同时，右臂内旋从右侧方向下、向腹前内收，收至腹前时，两臂成右外左内错臂交叉，拳心对着腹部，眼向右平视，如图10-8（a）所示。

(a)   (b)   (c)

图 10-8　马步双劈拳

② 两腿屈膝半蹲成马步，同时两拳向左右抢臂侧劈，拳眼朝上，眼看右拳，如图10-8（b）所示。

动作要点：与本段的马步双臂拳相同，唯左右相反。

（7）拗弓步冲拳

右脚跟和左脚掌同时碾地，使上身右转，右腿屈膝，左腿蹬直，成右弓步。在上身右转的同时，左拳先收抱于左腰侧（拳心朝上），继而臂内旋，使拳眼朝上，用力向前冲出，拳略比肩高；右拳和右臂外旋，使拳心朝上，屈肘收抱于右腰侧，如图10-8（c）所示。

动作要点：与本段的拗弓步冲拳相同，唯左右相反。

（8）蹬腿冲拳

右脚不动，左脚屈膝提起，用脚跟向前平直蹬出，脚尖勾起。同时左拳外旋使拳心朝上，屈肘收抱于在腰侧；右拳随之成直拳向前冲出，拳眼朝上，眼看右拳，如图10-9（a）所示。

(a)   (b)

图 10-9　蹬腿冲拳

动作要点：与本段的弹腿冲拳相同，唯左右相反。

（9）马步冲拳

左脚向前落步，脚尖里扣；同时右脚前脚掌碾地使脚跟里转，上身随之右转，两腿屈膝半蹲成马步。在形成马步的同时，右拳和右臂外旋使拳心朝上，屈肘收抱于右腰侧；左拳随即向左侧方成立拳平直冲出，略比肩高，拳眼朝上，眼看左拳，如图 10-9（b）所示。

动作要点：与本段的马步冲拳相同，唯左右相反。

2. 第二段

（1）弓步推掌

上动稍停，上身左转，右脚随之向前上步，左腿蹬直，右腿屈膝，成右弓步。在右脚上步的同时，左拳拳心朝上，屈时收抱于左腰侧；右拳随之变为侧上掌向前平直推出，掌指朝上，眼看右掌，如图 10-10（a）所示。

(a)　　　　　　　　　　　　(b)

图 10-10　弓步推掌

动作要点：转身、上步、收拳、推掌的动作，必须协调一致。推掌时，必须使腕关节向拇指一侧弯曲，以小指一侧用力向前推出；推出之后，腕关节尽量向上弯曲，肘臂伸直，肩部松沉并向前顺，挺胸、塌腰，掌指高与眉齐。

（2）拗弓步推掌

两脚不动，步型不变，上身右转。右掌变拳屈肘收抱于右腰侧，拳心朝上；同时左掌变为侧立掌向前平直推出，掌指朝上，眼看左掌，如图 10-10（b）所示。

动作要点：左肩前顺，右肩后牵，两脚不要拔跟或掀脚。

（3）弓步搂手砍掌

① 身从左向后转，右腿挺膝伸直，左腿屈膝半蹲，成左弓步。左掌直腕成俯掌，在转身的同时从左向后平摆横搂，眼随左掌，如图 10-11（a）所示。

② 上动不停，左掌变拳，拳心朝上，屈肘收抱于左腰侧；同时右拳变掌，右臂伸直从后由外向身前成仰掌平摆横砍，眼看右掌，如图 10-11（b）所示。

动作要点：转身、搂手、收拳、砍掌的动作，必须协调一致，但不必过快。砍掌时，肘腕关节都须伸直；砍掌之后，掌心略高过肩，两肩松沉。

图 10-11　弓步搂手砍掌

（4）弓步穿手推掌

① 左拳变掌，由左腰侧经右掌上面向前穿出，掌心朝上；在左掌前穿的同时，右掌内旋使掌心朝下成俯掌，顺左臂下面屈肘收于胸前，如图 10-12（a）所示。

图 10-12　弓步穿手推掌

② 上动不停，左臂内旋，左掌五指捏拢成勾手，勾尖朝下；此时，上身右转，左腿挺膝伸直，右腿屈膝半蹲，成右弓步；同时右掌成侧立掌向前平直推出，掌指朝上，眼看右掌，如图 10-12（b）所示。

动作要点：穿掌与收掌的动作，转身、勾手与推掌的动作，必须分别同时进行；而这两部分动作，又必须协调连贯，中间不可停顿。推掌之后，手腕要尽量向上弯曲，掌指高与后齐；勾手要尽量向下屈，手背略高过肩。

（5）弓步推掌

① 上动稍停，左勾手变为倒掌屈肘收抱于左腰侧，掌指朝下，掌心朝前。

② 左脚向前上步，右腿挺膝伸直，左腿屈膝半蹲，成为左弓步。同时右掌变拳，屈肘收抱于右腰侧，拳心朝上；左掌随之成侧立掌向前平直推出，掌指朝上，眼看左掌，如图 10-12（c）所示。

动作要点：与本段的弓步推掌相同，唯左右相反。

（6）拗弓步推掌

两脚不动，步型不变，上身左转。左掌变拳屈肘收抱于左膝侧，拳心朝上；同时右拳变为侧立掌向前平直推出，掌指朝上，眼看右掌，如图 10-13（a）所示。

(a)　　　　　　　　　　　　(b)　　　　　　　　　　　　(c)

图 10-13　拗弓步推掌

动作要点：与本段的拗弓步推掌相同，唯左右相反。

（7）弓步搂手砍掌

上身从右向后转，左腿挺膝伸直，右腿屈膝半蹲，成右弓步。右掌直腕成俯掌，在转身的同时从右向后平摆横搂，眼随右掌，如图 10-13（b）所示。

上动不停，右掌变拳，拳心朝上，屈肘收抱于右腰侧；同时左拳变掌，左臂伸直从后由外向身前成仰掌平摆横砍，眼看左掌，如图 10-13（c）所示。

动作要点：与本段的弓步搂手砍掌相同，唯左右相反。

（8）弓步穿手推掌

① 右拳变掌，由右腰侧经左掌上面向前穿出，掌心朝上；在右掌前穿的同肘，左掌内旋使掌心朝下成俯掌，顺右臂下面屈肘收于胸前，如图 10-14（a）所示。

(a)　　　　　　　　　　　　(b)　　　　　　　　　　　　(c)

图 10-14　弓步穿手推掌

② 上动不停，右臂内旋，右掌五指捏拢成勾手，勾尖朝下；此时上身左转，右腿挺膝伸直，左腿屈膝半蹲，成左弓步；同时左掌成倒立掌向前平直推出，掌指朝上，眼看左掌，如图 10-14（b）所示。

动作要点：与本段的弓步穿手推掌相同，唯左右相反。

3. 第三段

（1）虚步上架

上动稍停，左脚尖里扣，上身右转，右脚撤回半步以前脚掌点地，左腿屈膝略蹲，右膝稍屈，身体重量落于左腿，成左实右虚之虚步。左掌变拳，在上身右转成虚步的同时，向上顶肘横举在头顶上方，拳心朝向身前，拳眼朝下；右勾手随之变拳，臂内旋使拳下栽，屈肘附在右膝上面，拳心朝向身后，拳面朝下，眼向右前方平视，如图10-14（c）所示。

动作要点：上架之拳，肘略向身后展开，下栽之拳，肘略向前牵引；做虚步时要挺胸、塌腰，左脚实踏地面，右脚虚点地面，虚实分明。

（2）马步下压

① 左腿伸直立起，右腿屈膝提起。同时右拳从下经体前向外抡臂绕环，至右前方时成仰拳平举，左拳下降至背后，如图10-15（a）所示。

(a)　　　　　　　　　(b)　　　　　　　　　(c)

图10-15　马步下压（1）

② 上动不停，左脚蹬地纵起，同时上身从右向后转，右脚在转身后立即落于左脚的原位，左脚随之落于上身左侧，两腿屈膝半蹲成马步。右拳在右脚落地的同时，屈肘收抱于右腰侧，拳心朝上；左拳由后向上抡臂，在形成马步的同时，臂外旋，屈肘以前臂为力点，从上向身前下压，左臂屈肘成直角，拳心朝上，眼看左拳，如图10-15（b）所示。

动作要点：纵跳时，先使左膝略屈，然后蹬地纵起；纵起后，上身在空中向后转；转身后，右脚先落地，左脚随后落地。右拳外抡与提步动作、右拳屈肘抱于腰间与右脚落步动作、左前臂下压与左脚轻步动作必须分别同时进行。

（3）拗弓步冲拳

左脚跟和右脚掌同时碾地使上身左转，左腿屈膝，右腿蹬直，成左弓步。同时，左拳屈肘收抱于左腰侧，拳心仍朝上；右拳随即从右腰侧向前平直冲出，拳眼朝上，眼看右拳，如图10-15（c）所示。

动作要点：与第一节第二动的拗弓步冲拳相同。

（4）马步冲拳

左脚尖里扣，右脚跟里转，上身右转，两腿屈膝半蹲成马步。同时右拳和右臂外旋使拳心朝上，屈肘收抱于右腰侧；左拳随即向左侧方成立拳平直冲出，略比肩高，拳眼朝上，眼看左拳，如图10-16（a）所示。

动作要点：收拳和冲拳动作必须协调一致。形成马步后，两肩稍向后张，右肘向后牵引，挺胸、塌腰。

(a)   (b)   (c)

图 10-16　马步冲拳

（5）虚步上架

上动稍停，右脚尖里扣，上身左转，左脚撤回半步以前脚掌点地，右腿屈膝略蹲，左膝稍屈，身体重量落于右腿，成右实左虚之虚步。同时，右臂向右向上顶肘横举于头顶上方，拳心朝向身前，拳眼朝下；左拳随之内旋使拳下栽，屈肘附在左膝上面，拳心朝向身后，拳面朝下，眼向左前方平视，如图 10-16（b）所示。

动作要点：与本节的虚步上架相同，唯左右相反。

（6）再次马步下压

① 右腿伸直立起，左腿屈膝提起。同时，左拳从下经体前向外抡臂绕环，至左前方时平举，拳心朝上；右拳下降至背后，如图 10-16（c）所示。

② 上动不停，右脚蹬地纵起，同时，上身从左向后转，左脚在转身后立即落于右脚的原位，右脚随之落于上身右侧，两腿屈膝半蹲成马步。左拳在左脚落地的同时，屈肘收抱于左腰侧，拳心朝上；右拳由后向上抡臂，在右脚落地形成马步的同时，臂外旋，屈肘以前臂为力点，从上向身前下压，上臂垂直，前臂平举，拳心朝上，眼看右拳，如图 10-17（a）所示。

(a)   (b)   (c)

图 10-17　马步下压（2）

动作要点：与本节的马步下压相同，唯左右相反。

（7）拗弓步冲拳

右脚跟和左脚掌同时碾地使上身右转，右腿屈膝，左腿蹬直，成右弓步。同时右拳屈肘收抱于右腰侧，拳心仍朝上；左拳随即从左腰侧向前平直冲出，拳眼朝上，眼看左拳，如图 10-17（b）所示。

动作要点：与第一节第二动的拗弓步冲拳相同，唯左右相反。

（8）马步冲拳

右脚尖里扣，左脚跟里转，上身左转，两腿屈膝半蹲成马步。同时，左拳和左臂外旋使拳心朝上，屈肘收抱于左腰侧；右拳随即向右侧方成立拳平直冲出，略比肩高，拳眼朝上，眼看右拳，如图10-17（c）所示。

动作要点：与本节的马步冲拳相同，唯左右相反。

4. 第四段

（1）弓步双摆掌

上动稍停，右脚尖里扣，左脚尖外撇，上身随之左转，右腿蹬直，左腿屈膝，成左弓步。同时，左拳在身前下伸，并与右拳一起变掌，两掌从右向上、向左弧形绕环，至左侧方时，均成侧立掌，左掌直臂平举，右臂屈肘使掌心靠近左肘，掌指均朝上，眼看左掌，如图10-18（a）所示。

(a)   (b)   (c)

图 10-18 弓步双摆掌

动作要点：转身与两掌绕环的动作要同时进行，协调一致。两掌绕环时，肩关节要放松，摆掌动作结束时，左掌抬高与眉齐，右掌抬高与鼻齐，两肩松沉。

（2）弓步穿掌

① 左脚跟稍向外展，左腿全蹲，右腿伸直平铺成仆步，上身随之右转，向右脚处前探。在转身的同时，左掌和左臂内旋，反臂上举成勾手，勾尖朝上；同时，右掌从身前向右脚处横搂。眼随右掌，如图10-18（b）所示。

② 上动不停，右掌继续向身后按去，至身后反臂成勾手，勾尖朝上；同时上身前移，左腿挺膝伸直，右腿屈膝半蹲，成右弓步；在上身前移的同时，左勾手变掌，臂外旋使掌心朝下，以掌心为力点，从后向下、向前撩起，成仰掌平举，肘、腕伸直，掌高不过肩，眼看左掌，如图10-18（c）所示。

动作要点：上述二动，必须连贯。做仆步时，臀部尽量接近小腿，上身向平铺腿的一侧倾斜。仆步转入弓步时，上身不要立起，要从低处向前探伸移动。撩掌时，肩要松。勾手肘腕关节尽量上屈，臂向上举，上身要挺胸、塌腰。

（3）推掌弹踢

① 勾手变掌，屈肘收抱于右腰侧，屈腕使掌指朝下，掌心朝前；左掌开始变拳。

② 上动不停，左掌变拳屈肘收抱于左腰侧，拳心朝上；同时，右掌成侧立掌从腰

侧向前推出，掌指朝上。右脚不动，左脚随之向前水平弹踢，脚面绷平，眼看右掌，如图 10-19（a）所示。

(a)　　　　　　　　(b)　　　　　　　　(c)

图 10-19　推掌弹踢

动作要点：收拳、推掌、弹踢必须协调、连贯。弹踢时，先使弹踢腿屈膝，小腿后举，然后脚面绷平，膝关节猛然挺伸使小腿向前弹出，整个腿与地面平行，立地腿站稳，上身稍前倾。

（4）弓步上架推掌

左脚向前落步，左腿屈膝，右腿蹬直，成左弓步。同时，右掌和右臂内旋，屈肘横架于头顶上方，成横掌（掌指朝前，掌心向斜上方）；左拳随即变掌，向前成侧立掌平直推出，掌指朝上，眼看左掌，如图 10-19（b）所示。

动作要点：落步要轻，推掌要快。

（5）弓步双摆掌

上动稍停，左脚尖里扣，右脚尖外撇，上身随之从右向后转，左腿蹬直，右腿屈膝，成右弓步。同时两掌向上、向右弧形绕环，至右侧方时，均成侧立掌，右掌直臂平举，左臂屈肘使掌心靠近右肘，掌指均朝上，眼看右掌，如图 10-19（c）所示。

动作要点：与本节的弓步双摆掌相同，唯左右相反。

（6）弓步撩掌

① 右脚跟稍向外展，右腿全蹲，左腿伸直成仆步，上身随之左转，向左脚处前探。在转身的同时，右掌和右臂内旋，反臂上举成勾手，勾尖朝上；同时，左掌从身前向左脚处横搂，眼随左掌，如图 10-20（a）所示。

(a)　　　　　　　　(b)　　　　　　　　(c)

图 10-20　弓步撩掌

② 上动不停，左掌继续向身后搂去，至身后反臂成勾手，勾尖朝上；同时上身前移，右腿挺膝伸直，左腿屈膝半蹲，成左弓步。在上身前移的同时，右勾手变掌，臂外旋使掌心朝下，以掌心为力点。从后向下向前撩起，成仰掌平举，肘、腕伸直，掌高不过肩，眼看右掌，如图 10-20（b）所示。

动作要点：与本节的弓步撩掌相同，唯左右相反。

（7）推掌弹踢

① 左勾手变掌，屈肘收抱于左膝侧，屈腕使掌指朝下，掌心朝前；右掌开始变拳。

② 上动不停，右掌变拳之后，屈肘收抱于右腰侧，拳心朝上；同时，左掌成倒立掌从腰侧向前平直推出，掌指朝上。左脚不动，右脚随之向前水平弹踢，脚面绷平，眼看在掌，如图 10-20（c）所示。

动作要点：与本节的推掌弹踢相同，唯左右相反。

（8）弓步上架推掌

右脚向前落步，右腿屈膝，左腿蹬直，成右弓步。同时，左掌和左臂内旋，屈肘横架于头顶上方，成横掌；右拳随即变掌，向前成倒立掌子直推出，掌指朝上，眼看右掌，如图 10-21（a）所示。

（a）　　　　　　　　　　（b）　　　　　　　　　　（c）

图 10-21　弓步上架推掌

动作要点：与本节的弓步上架推掌相同，唯左右相反。

收势：

① 右脚跟稍向外展，右腿蹬直立起，同时，上身稍向左转，左脚随之向右脚处靠拢并步；在并步的同时，两掌变拳，屈肘收抱于两腰侧，拳心均朝上；脸向左转，眼向左侧方平视，如图 10-21（b）所示。

② 脸转向正前方，两拳变掌，直臂下垂，成立正姿势，如图 10-21（c）所示。

动作要点：立正收势时，头须端正，收下额，挺胸，直腰，松肩，呼吸平稳，精神振作。

（二）"后发先制"——防身自卫的攻防要领

1. 防身自卫

防身自卫即防身术，它是依照法律规定，为维护本人或他人的人身安全以及其他权益免受不法侵害而以自卫防身为目的，运用拳打、脚踢、摔打、擒拿等格斗技击方法，制服对方，保护自己的专门技术。

防身术是一门综合性较强的斗智斗力的技术。它把武术中各种适合实战应用的招法提炼出来，结合现实生活中可能出现受到侵害的各种情况，不断创造、完善，使其成为一种一招制胜的搏击技术，并且具有简单、实用、易学等特点。

2. 防身自卫的基本知识

（1）自卫架势

防身术的基本准备姿势：站立，一只脚踏出一步，并轻轻着地，成侧身姿势，膝部微屈，重心再脚尖。手臂架势采用前后拳势。

（2）人体容易受伤的薄弱部位

防身健身的运动规律是由人体的解剖结构和生理特点所决定的。在防身招数的练习和实际运用中，要想达到自我保护并运用各种技能准确地反击对方的目的，了解人体薄弱部位是极其重要的。人体容易受伤的薄弱部位：①眼睛，忌戳击；②鼻部，易出血、骨折；③耳部，忌扇击；④颈部，颈总动脉；⑤后脑，人体中枢；⑥胸腹部，肋骨骨折；⑦裆部，血管神经丰富敏感；⑧胫部，胫骨骨折。

3. 防身招数

（1）削弱拳力，如图 10-22 所示。

图 10-22　削弱拳力

动作要点：退步、拧腰、后闪。

（2）抓手下袭，如图 10-23 所示。

图 10-23　抓手下袭

动作要点：准确抓手，快速后转身下袭。

（3）转腰抱腿，如图 10-24 所示。

动作要点：转身躲闪，迅速抱腿下压。

（4）抓踢倒摔，如图 10-25 所示。

动作要点：顺势抓脚，上步绊脚要快，尽力抬起。

（5）压肘反制，如图 10-26 所示。

图 10-24　转腰抱腿

图 10-25　抓踢倒摔

图 10-26　压肘反制

动作要点：脖子前弯，反弹后甩，快速挣脱。

（6）扭折手肘，如图 10-27 所示。

动作要点：快速抓手腕，压肘反向扭转，出其不意。

（7）顶撞栽跌，如图 10-28 所示。

图 10-27　扭折手肘

图 10-28　顶撞栽跌

动作要点：防止被扼，提膝顶臀，快速力猛。

（8）猛力肘击，如图 10-29 所示。

动作要点：两手互握，甩动肘击，直捣心窝软肋。

（9）猛力坐下，如图 10-30 所示。

动作要点：快速跌坐，抓腿后倒，将其摔倒。

图 10-29　猛力肘击　　　　　　　　图 10-30　猛力坐下

（三）散打的基本技术

武术散打是指双方在一定规则的限制下徒手对抗，双方都要掌握一些散打的基本动作和技术，经过一定的练习，进行没有固定程式的较技、较勇。当对手接近或进入了你的防守范围时，你就要把自己的肢体变成武器，使用武术散打的各种拳法、腿法、摔法等进攻技术出击；同时，还要让自己的肢体成为盾牌，使用格挡、抄挂、闪躲等防守技术阻止或避开对方的进攻，以便伺机进行出其不意的还击。

1. 自我保护

散打具有很强的攻防特点，在学练中首先要学会自我保护，避免受伤，并在学练散打基本技术的同时，发展各项身体素质。

2. 学会安全的摔倒

当你要摔倒时，首先要做的就是迅速团身滚动，以缓冲倒地的力量，或者下蹲向前、向后、向侧倒地。掌握倒地的方法，可以预防受到攻击时出现伤害事故，也可以防止日常生活中因倒地引起的身体伤害，如图 10-31 和图 10-32 所示。

图 10-31　前倒

图 10-32　后倒

3. 提高身体素质，强壮自我

在散打比赛中，后脑、颈部、裆部是禁止击打部位；此外其他一些身体重要部位，如眼睛、鼻子、胸腹等，则需要进行自我保护，可用手臂、腿部、背部等部位防御对方的攻击。并且提高速度、灵敏性、力量、耐力、柔韧等身体素质，对学练武术散打有着很大的作用。以下选择一些简单实用的练习方法供同学们参考。

练一练：

5 ～ 10 次一组，练习 2 ～ 3 组，间歇 2 ～ 3 分钟，如图 10-33 ～ 图 10-36 所示。

图 10-33 蹲跳冲拳

图 10-34 仰卧屈伸

图 10-35 压肩　　　　　　　　　　　图 10-36 两腿交换跳

4. 实战姿势

实战姿势就是进入对抗前的准备姿势。它的好坏将直接影响到进攻与防守的有效程度，因此学练散打必须掌握规范的实战姿势，以便为进一步学习散打基本技术打好坚实的基础，如图 10-37 所示。

(a) 侧面　　　　　　　　(b) 正面

图 10-37　准备姿势

学练提示

攻 防 要 点

　　散打的基本姿势重心要放在两腿之间，便于步法移动；身体保持侧身，暴露面积要小，要能有效地保护好自身所需防守的各个部位。

5. 基本步法

　　为了完成和实现攻与防的行动，必须通过灵活的步法调整和寻找与对方的最佳距离、实战位置以及进攻角度。随时把握攻击时机，使自己处于最佳位置。

　　进步：前脚向前进一步，同时后脚蹬地向前擦地跟进。

　　退步：后脚提起后退一步，前脚蹬地迅速向后擦地后退。

　　闪步：前脚向一侧横跨一步，后脚蹬地随之侧移。

　　垫步提膝：后脚蹬地向前踏于前脚内侧，同时前腿迅速屈膝前提，如图 10-38 所示。

　　交叉步提膝：后脚从前脚后面插步，前腿迅速屈膝上提，如图 10-39 所示。

图 10-38　垫步提膝

图 10-39　交叉步提膝

6. 拳法技术

　　散打比赛中运用的拳法主要有冲拳、掼拳、抄拳、鞭拳等。所有拳法动作，发力顺序都是起于脚，传于腰、肩、肘，最后达于拳；收拳时要以腰带肘主动收回。

（1）冲拳

　　直线冲拳，力达拳面，如图 10-40 所示。

图 10-40　左右冲拳

（2）掼拳

　　平弧线掼拳，横向击打，力达拳面或偏于拳眼侧，如图 10-41 所示。

图 10-41　左右掼拳

（3）抄拳

上弧线抄拳，拳由下向前方勾起，拳心朝里，力达拳面，如图 10-42 所示。

图 10-42　左右抄拳

（4）鞭拳

防守反击的手法，左手拍挡对方后，以头领先，快速转体，以腰带臂鞭打甩拳，力达拳背，如图 10-43 所示。

图 10-43　鞭拳

7. 腿法技术

散打比赛中运用的腿法主要有蹬腿、鞭腿、踹腿等，主要特点是起腰近，出腿远。起腿时，先屈膝上提，膝部收紧，靠近身体，然后展髋挺膝发力；出腿时，放长击远，求得攻击距离，加大攻击力量。出腿后，迅速还原为实战姿势。

（1）蹬腿

屈膝勾脚向前蹬出，力达脚跟，亦可送髋，脚掌下压，力达脚前掌，如图 10-44 所示。

图 10-44　左右蹬腿

（2）踹腿

屈膝勾脚向侧踹出，踹出后上体、大腿、小腿、脚掌要成一条直线，力达脚掌，如图 10-45 所示。

图 10-45　左右踹腿

（3）鞭腿

侧身横向踢击，蹦脚背，力达脚背至小腿下端，如图 10-46 所示。

图 10-46　左右鞭腿

（4）勾踢腿

转体收腹合胯，直腿勾脚向斜上方擦地勾踢，力达脚弓内侧，如图 10-47 所示。

图 10-47　左右勾踢

8. 摔法技术

摔法是将力量、速度和技巧等融合在一起的复合技术，主要用于防守反击，多为在接住对方进攻性的各种拳法和腿法后所运用的快摔技法。

（1）别腿摔。如图 10-48（a）～（c）所示。

动作要点：准确抓住对方手腕，上步、转身、拧腰，动作迅速连贯。

　　　　(a)　　　　　　　　　　(b)　　　　　　　　　　(c)

图 10-48　别腿摔

（2）抱腿摔，如图 10-49（a）～（c）所示。

　　　　(a)　　　　　　　　　　(b)　　　　　　　　　　(c)

图 10-49　抱腿摔

动作要点：下潜快，抱腿紧，两臂后撤，肩顶有力。

（3）接腿搂腿摔，如图 10-50（a）～（c）所示。

动作要点：抱腿紧，搂腿、推肩协调有力。

(a)	(b)	(c)

图 10-50　接腿搂腿摔

9. 基本防守技术

防守技术在散打比赛中占有非常重要的地位。防守是用来保护自己的方法，但不是消极防御，而是在瞬间选择正确的防守技术，为反击创造条件。防守技术可以分为接触式防守和非接触式防守两种。

（1）接触式防守

接触式防守是指用自己的肢体破坏对手的进攻，改变对手的攻击路线，从而导致对手的进攻偏离目标，或使其重心在防守技术的作用下失去控制的一项技术，如拍挡、格挡、外挂、内挂、抄腿等，如图 10-51 所示。

(a) 拍挡	(b) 格挡

(c) 外挂	(d) 内挂	(e) 抄腿

图 10-51　接触式防守

（2）非接触式防守

非接触式防守是指用自己身体的晃动或位移破坏对手的进攻，这种防守方式通常情况下能够有效接近对方，给予重击。这种防守要有灵活的步法和身法，如侧闪、后闪、绕闪等，不要盲目乱躲乱闪，如图 10-52 所示。

(a) 侧闪   (b) 后闪   (c) 绕闪

图 10-52 非接触式防守

学练提示

与同伴练习摔法，要注意互相保护，并做到以下几点。

（1）最好在垫子或松软的沙坑进行练习。

（2）练习前应先练习几次倒地动作，做好准备活动。

（3）应从"别腿摔""抱腿摔"等摔倒幅度小的动作开始练习。

📖 **知识链接**

攻 防 之 道

防守技术可以使对方的进攻落空或削减对方的力量，有效地保护自己，同时也可为迅速还击创造条件。因此，防守动作不能太大，恰到好处地防住或避开对方的攻击即可，目的是保存体力，准备反击，纯粹的防守只能造成自己的被动和失败。

10. 散打的组合技术

组合技术就是把两种或两种以上的不同手型、手法、步型、步法、腿法等基本功串联起来，进行单人或多人的进攻和防守连贯练习，对提高身体的协调能力和连贯完成不同动作的能力有非常重要的作用。

（1）单人组合动作一

实战姿势—左冲拳—右掼拳—左勾拳—右横摆肘—右勾踢腿—左侧踹腿—实战姿势，如图 10-53（a）～（h）所示。

（2）单人组合动作二

实战姿势—左冲拳—右冲拳—左鞭腿—右鞭腿—转身侧踹腿—后扫腿—实战姿势，如图 10-54（a）～（h）所示。

图 10-53　单人组合动作一

图 10-54　单人组合动作二

（3）双人攻防组合动作

实战姿势、左冲拳—左拍挡、右掼拳—左格挡、右冲拳—左拍挡、右横踢—下挡、右弹拳—左格挡、左横踢—右转撤步下挡、抱推搂摔、实战姿势，如图 10-55（a）～（i）所示。

(a)　　　　　　　　(b)　　　　　　　　(c)

(d)　　　　　　　　(e)　　　　　　　　(f)

(g)　　　　　　　　(h)　　　　　　　　(i)

图 10-55　双人攻防组合动作

（四）学习八式太极拳

1. 预备式

身体自然直立，下颌内收，肩臂松垂；精神集中，双眼平视前方，呼吸保持自然，如图 10-56 所示。

起势，如图 10-57 所示。

（1）左脚向左半步，与肩同宽，脚尖向前。

（2）两手慢慢向前平举，与肩同高，掌心向下。

（3）上体正直，两腿屈膝半蹲，同时两掌轻轻下按，落至腹前，掌膝相对，眼看前方。

学练提示

虚灵顶劲：头颈向上提升，并保持正直，要松而不僵可转动。

动作要点：头颈正直，下颌微收，沉肩、坠肘，眼平视，上下肢动作协调。

(a)　　　　　　　　　(b)　　　　　　　　　(c)

图 10-56　预备式　　　　　　　　　　　图 10-57　起势

2. 第一式：倒卷肱

（1）上体右转，同时右臂外旋，右手向右后上方划弧平举，掌心向上；左手随之翻掌向上，眼看右手，如图 10-58（a）所示。

（2）上体左转，同时右臂屈肘，右手由耳侧向前推出，掌心向前，高与鼻平；左臂屈肘回收，掌心向上，眼看右手，如图 10-58（b）所示。

（3）同（1），方向相反，如图 10-58（c）所示。

（4）同（2），方向相反，如图 10-58（d）所示。

动作要点：腰、胯松沉，上体中正；两手随上体转动弧线运动，速度均匀。

(a)　　　　　　　　　(b)　　　　　　　　　(c)　　　　　　　　　(d)

图 10-58　倒卷肱

3. 第二式：搂膝拗步

（1）重心移至右腿，左脚尖点于右脚内侧；同时，右手上举至右肩外侧，手与耳同高，掌心向上；左臂屈肘，左手收至右胸前，手心向下，眼看右手，如图 10-59（a）所示。

（2）左脚向左前方迈出一步，上体左转，成左弓步，同时，左掌向下经左膝前搂过，按于左胯旁；右手屈收，经耳侧向前推出，掌心向前，高与鼻平，眼看右掌指，如图 10-59（b）、（c）所示。

(a)　　　　　　　　　(b)　　　　　　　　　(c)

(d)　　　　　　　(e)　　　　　　　(f)　　　　　　　(g)

图 10-59　搂膝拗步

学练提示

含胸拔背、沉肩垂肘：即胸要含不能挺，肩不能耸而要沉，肘不能抬而要下垂，全身要自然放松。

（3）右腿屈膝，上体后坐，重心移至右腿，左脚尖翘起；身体右转，左脚内扣，重心移至左腿，右脚收回，脚尖点地，成丁步；同时，左手上举至左肩外侧，肘微屈，手与耳高，掌心向上；右手收于左胸前，掌心向下，眼看左手，如图 10-59（d）、（e）所示。

（4）同（2），方向相反，如图 10-59（f）、（g）所示。

动作要点：重心转换，虚实分明，以腰为轴；松腰，松胯，上下协调一致。

学练提示

手眼相应，以腰为轴，移步似猫行，虚实分清。打拳时必须上下呼应，融为一体，要求动作出于意，发于腰，动于手，眼随手转，两下肢弓步和虚步分清而交替，练到腿上有劲，轻移慢放没有声音。

4. 第三式：野马分鬃

（1）左腿屈膝，上体后坐，重心移至左腿，右脚尖翘起；身体左转，右脚尖内扣，重心移至右腿，左腿点于右脚内侧，成丁步；同时，右手向上、向左划弧，屈臂平举与胸前；左臂外旋，左手向左、向下划弧收于腹前，两掌心上下相对成抱球状，眼看右手，如图 10-60（a）～（c）所示。

（2）左脚向左前方迈出一步，上体左转，重心前移成左弓步；同时，左右手分别向左上、右下分开；左手高与眼平，掌心向上，肘微屈，右手落于右胯旁，掌心向下，指尖向前，眼看左手，如图 10-60（d）、（e）所示。

（3）上体后坐，重心移至右腿，左脚尖翘起；上体右转，左脚尖内扣，重心移至左腿，右脚点于左脚内侧，成丁步；同时右臂内旋，左手向右上划弧屈臂平举于胸前，两掌手心上下相对抱成球状，眼看左手，如图 10-60（f）～（h）所示。

（4）同（2），左右方向相反，如图 10-60（i）、（j）所示。

动作要点：上体正直，两臂分开保持弧形，身体转动以腰为轴。

(a)　　　　　(b)　　　　　(c)　　　　　(d)

(e)　　　　　(f)　　　　　(j)　　　　　(h)

(i)　　　　　(j)

图 10-60　野马分鬃

5. 第四式：云手

（1）重心微向后移，右手向内翻掌，掌心向下，左手向外翻掌，向前上伸于右臂内侧，掌心向上；上体左转，左脚尖外摆，右脚尖内扣，重心移至左腿，右脚收至左脚内侧，成小开立步；同时，随身体左转，左手向上，向左经脸前立圆云转，至身体左侧时，向外翻掌成平举；右手向下，向左经腹前立圆云转至左肩前，掌心斜向内，眼看左手，如图 10-61（a）～（c）所示。

（2）上体右转，重心移至右腿，左脚向左侧横跨一步，脚尖向前；同时随身体右转，右手经脸前向右立圆云转，至身体右侧时，向外翻掌成平举；左手向下，经腹前向右立圆云转至右肩前，掌心斜向内，眼看右手，如图 10-61（d）、（e）所示。

(a)   (b)   (c)

(d)   (e)   (f)

(g)   (h)   (i)

(j)   (k)   (l)   (m)

图 10-61 云手

（3）上体左转，重心移至左腿，两脚均向前，成左弓步；同时，左手经脸前向左立圆云转，至身体左侧时，向外翻掌成平举；右手向下，经腹前向左立圆云转至左肩前，掌心斜向内，眼看左手，如图 10-61（f）、（g）所示。

（4）上体右转，重心移至右腿，左脚收至右脚内侧，成小开立步；同时，右手经脸前向右立圆云转，至身体右侧时，向外翻掌成平举；左手向下，经腹前向右立圆转至右肩前，掌心斜向内，眼看右手，如图 10-61（h）、（i）所示。

（5）上体左转，重心移至左腿，右脚向右侧横跨一步，脚尖向前；同时随身体左转，左手经脸前向左立圆云转，至身体左侧时，向外翻掌成平举；右手向下，经腹前向左立圆云转至左肩前，掌心斜向内，眼看左手，如图 10-61（j）、（k）所示。

（6）上体右转，重心移至右腿，两脚尖均向前，成右弓步；同时，右手经脸前向右立圆云转，至身体右侧时，向外翻掌成平举；左手向下，经腹前向右立圆云转至右肩前，掌心斜向内，眼看右手，如图 10-61（1）、（m）所示。

动作要点：腰胯松沉，以腰为轴，匀速转换。

6. 第五式：金鸡独立

（1）上体左转，重心移至左腿；同时，左手向左划弧至身体左侧，掌心向下；右手下落于右腿外侧，掌心向下，眼看左手，如图 10-62（a）所示。

（2）左腿蹬地立起，右腿随即屈膝提起，成左独立势；同时，右掌向前上屈臂挑起，立于右腿上方，肘膝相对，掌心向左，高与鼻平；左手向左下划弧按于左胯旁，眼看右手，如图 10-62（b）所示。

（3）右脚下落，重心移至右腿，随即左腿屈膝上提成右独立势，眼看左手，如图 10-62（c）所示。

（a）　　　　　　　　　（b）　　　　　　　　　（c）

图 10-62　金鸡独立

动作要点：两手挑按与提膝协调一致；独立腿微曲，上体正直，力求平衡。

7. 第六式：蹬脚

（1）左脚下落，重心移至左腿，右脚收于左脚内侧；两手于腹前交叉，两掌心均向内，如图 10-63（a）所示。

（2）左腿微屈，右膝提起，两手上举合抱于胸前；右脚向右前方蹬出，勾脚尖，力在脚跟；同时，两臂左右分开平举，眼看右掌，如图 10-63（b）、（c）所示。

（3）右脚下落，重心移至右腿；同时两臂下落，两手于腹前交叉，两掌心均向内，眼看右手，如图 10-63（d）所示。

（4）同（2），左右方向相反，如图 10-63（e）、（f）所示。

动作要点：重心平稳，分手和蹬脚动作协调一致。

图 10-63　蹬脚

8. 第七式：揽雀尾

（1）左脚下落，重心移至左腿，右脚收于左脚内侧，脚尖点地，上体微右转；同时，左手平举于胸前；右手向下、向内划弧收于左肋前，两掌心上下相对成抱球状，眼看左手，如

图 10-64（a）、（b）所示。

（2）上体右转，右脚向前方迈出，成右弓步；同时，右臂向右前上方掤出，臂平屈成弓形，高与肩平，掌心向内；左手向左下落于左胯旁，掌心向下，眼看右前臂，如图 10-64（c）、（d）所示。

（3）身体微右转，右手随即前伸翻掌向下；左手翻掌向上，经腹前向上、向前伸至右前臂下方，然后上体左转，重心移至左腿；同时两手下捋，经腹前向左后上方划弧，直至左手掌心向上，高与肩平；右臂平屈于左胸前，手心向内，眼看左手，如图 10-64（e）~（g）所示。

（4）上体微右转，左臂屈肘折回，左手附于右手腕内侧，上体继续向右转，左掌心向前，右前臂呈半圆形，眼看右手腕部，如图 10-64（h）、（i）所示。

（5）右手翻掌，掌心向下，左手经右腕上方向前、向左伸出，两手左右分开，宽与肩同；左腿屈膝，上体后坐，重心移至左腿，右脚尖翘起；同时，两手屈肘经胸前收至腹前，掌心向前下方，双眼平视前方，如图 10-64（j）~（l）所示。

（6）上动不停，重心前移，成右弓步；同时两手向前，向上按出，掌心向前，指尖向上，双眼平视前方，如图 10-64（m）所示。

（7）左腿屈膝，上体后坐，重心移至左腿，身体左转，右脚尖内扣，身体重心再移至右腿，左腿收至右脚内侧，脚尖点地；同时，右手向左屈臂平举于胸前；左手向左、向下、向右划弧至肋前，两掌心上下相对成抱球状，眼看右手，如图 10-64（n）、（o）所示。

（8）同右揽雀尾。唯方向相反，如图 10-64（p）~（z）所示。

动作要点：两臂保持弧形，分手、松腹、弓腿协调一致。

学练提示

练习太极拳是一个循序渐进的过程，需要持之以恒；同时，在练习时应多加观摩，相互学习交流；只要经过认真的练习和不断的努力，都可以收获强身健体的效果。

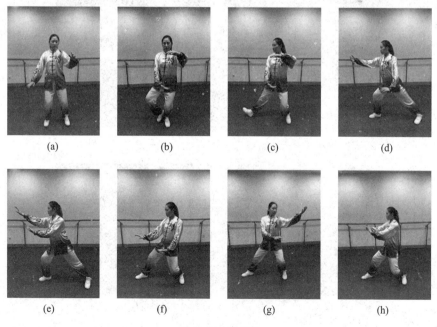

| (a) | (b) | (c) | (d) |

| (e) | (f) | (g) | (h) |

图 10-64 揽雀尾

图 10-64（续）

9. 第八式：十字手

（1）左腿屈膝，上体后坐，重心移至右腿，左脚尖内扣，上体右转；右手向右平摆划弧，与左手成两臂侧平举，肘部微屈；同时右脚尖外摆，成右侧弓步，眼看右手，如图 10-65（a）、（b）所示。

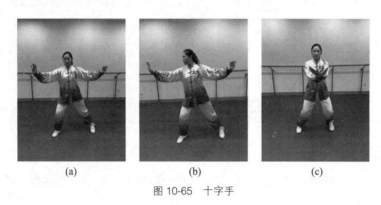

(a)　　　　　　(b)　　　　　　(c)

图 10-65　十字手

（2）重心移至右腿，右脚尖内扣，随即向左收回，两脚距离与肩同宽，成开立步；同时，两手向下经腹前向上划弧交叉于胸前，掌心向内，右手在外，成十字手，眼看前方，如图 10-65（c）所示。

动作要点：圆满舒适，沉肩坠肘。

10. 收势

两手向外翻掌，掌心向下，两臂慢慢下落，停于身体两侧；重心移至右腿，左脚向右脚靠拢，成并立步，眼看前方，如图 10-66 所示。

(a)　　　　　　(b)　　　　　　(c)

(d)　　　　　　(e)

图 10-66　收势

动作要点：周身放松，气沉丹田。

知识链接

八式太极拳动作舒展大方，柔和平稳，圆活连贯，由简至繁；练起来轻松自如，阴阳相合，刚柔相济，均匀缓慢，如行云流水，连绵不断；以连续弓步为主要步型变化，手法动作以中国传统太极拳的正手，即掤、捋、挤、按为主线变化而成。整套八式太极拳基本都是由原地左右对称的单个动作组成，简单易学、动作全面、突出重点、对称均衡，按中等速度练习用时两分钟左右，对于初学者是一套行之有效、真实体验太极拳动作风格的拳术。

（五）练习太极拳的方法

（1）静心用意，呼吸自然。即练拳要求思想安静集中，专心引导动作，呼吸平稳，深匀自然，不可勉强憋气。

（2）中正安舒，柔和缓慢。即身体保持舒松自然，不偏不倚，动作如行云流水，轻柔匀缓。

（3）动作弧形，圆活完整。即动作要呈弧形式或螺旋形，转换圆活不滞，同时以腰作轴，上下相随，周身组成一个整体。

（4）连贯协调，虚实分明。即动作要连绵不断，衔接和顺，处处分清虚实，重心保持稳定。

（5）轻灵沉着，刚柔相济。即每一个动作都要轻灵沉着、不浮不僵、外柔内刚，发力要完整、富有弹性，不可使用拙力。

知识链接

太极拳技法特点如下。

（1）体现心静。沉而不僵，松而不懈。心无杂念，内外兼修。

（2）缓慢柔和。柔中带刚、徐缓轻灵。

（3）动作、呼吸和意念配合。意到气到、气到劲到，气力相合，内外合一。

第二节 民族传统体育项目

民族传统体育是各民族传统文化的重要组成部分，它既是各民族对人体自身的认识和以身体运动为主要内容的健身和娱乐活动，又是人们用来寻求增强体质技能训练的一种特殊教育方式。

一、民族传统体育的概念

民族传统体育是由各民族创造的为获得增强体质的技能而进行的竞技娱乐和教育的一种综合性文化形态，是各民族以身体运动为基本方式的一种动态过程的复合体，是民族文明进步所形成的一种传统的文化生活方式，具有各民族自己的特征。

二、民族传统体育的内涵

作为民族文化重要组成部分的民族传统体育，是一种具有独立的文化形态、具有独自生存的发展历史、具有突出丰富文化内涵的民族特性的传统文化。其内涵主要表现在以下几个方面。

（1）民族传统体育的形成，是特定历史时期的产物，它既是人类自身实践活动的结果，同时在其发展和形成过程中，更深深地受到传统习俗、传统道德、传统教育等相关传统文化形态的影响。

（2）正是由于其本身的"民族性"和"传统性"，使民族传统体育成为一种具有特殊形式的体育活动方式。这就是以竞技强身为核心的体质训练和以表述情感为核心的心理再现。而这两种价值的表现方式，常常是寓于同一种体育行为，成为民族传统体育作为一种文化形态而存在的重要基础。

（3）民族传统体育作为一种民族文化的综合形态，始终与周围环境的其他文化体系有着互相依存和互相作用的紧密联系，成为一种与外界自由地进行物质和信息交换的文化开放系统。这既为不同运动方式和特点的民族传统体育向世人展示提供了条件，同时也为民族传统体育的不同形式从不同民族和现代体育中汲取"营养"打下了基础。

三、民族传统体育项目

民族传统体育项目是先民在历史长河的演进中所创造的珍贵的民族文化，它的形式丰富多彩，内容博大精深，涉及养生、健身、竞技、搏击、休闲、娱乐等社会生活各个方面，具有鲜明的民族特征和文化价值。除了人们熟知的武术、舞龙舞狮、赛马、摔跤、射箭、划龙舟等活动，我国民族传统体育还有很多有趣却鲜为人知的运动，如满族的珍珠球、侗族的抢花炮等。有些项目经过传承发展，在全国乃至世界范围内得到推广，有些项目如赛骆驼、跳马、跳牛等却濒临失传。

（一）民族传统体育项目分类

（1）球戏：蹴鞠、马球、击鞠、捶丸、珍珠球、蹴球、柔力球等。

（2）舞戏：舞龙舞狮、踢踏舞、摇旱船、跳竹竿、霸王鞭、跳铜鼓等。

（3）舟戏：赛龙舟、龙舟竞渡、赛独木舟、赛皮筏等。

（4）水戏：游泳、潜水、游水捉鸭等。

（5）冰雪戏：滑冰、滑雪、打冰嘎等。

（6）棋戏：象棋、围棋等。

其他民族传统体育项目还有蒙古族赛马、高脚竞速等，趣味性强的项目则有抢花炮、

拔河、秋千、风筝、打陀螺、踢毽子、跳绳、投壶等。

（二）民族传统体育项目介绍

1. 珍珠球

珍珠球来源生产劳动——采珍珠，是中国满族人民传统的体育项目，现为全国"民运会"竞赛项目。

珍珠球比赛场地长 28 米，宽 15 米，分为水区、限制区、封锁区和得分区。双方各 7 名运动员上场，其中 1 名队员站在一端准备持网捕捞，2 名手拿蚌型木拍的队员站在对方捕珠者前面拦截珍珠球，其他 4 名队员下"水"与对方队员争夺珍珠球，夺到后把珍珠球投向自己队的持网人，而对方封锁区的 2 名防守队员又要设法用蚌型木拍把投来的珍珠球拦截回去，只有将珍珠球躲过对方蚌型拍的拦截，将珍珠球投入自己队的持网人网里才算得分，投入一次即得 1 分，投入 10 分为一局，三局决定胜负，如图 10-67 所示。珍珠球这项体育活动对抗性强，又有游艺性。参加比赛的队员既要具备高超的技艺，又要具备全队整体配合的战略战术。

图 10-67　珍珠球

2. 舞龙舞狮

舞龙舞狮运动是中华民族的优秀传统体育项目，有着浓郁的中华民族特色和悠久的历史文化背景，深受炎黄子孙的喜爱，如图 10-68 所示。

图 10-68　舞龙舞狮

舞龙运动是指舞龙者在龙珠的引导下，手持龙具，随鼓乐伴奏，通过人体的运动和姿势的变化完成龙的游戏，是通过穿、腾、跃、翻、滚、戏、缠、组图造型等动作和套路，充分展示龙的精、气、神、韵等内容的一项传统体育项目。中华民族是世界上人口最多的国家，世界上凡是有华人居住的地方都把"龙"作为吉祥之物，在节庆、贺喜、祝福、驱邪、祭神、庙会等期间，都有舞"龙"的习俗。舞龙是由龙珠、龙头、龙身、龙尾 10 个人，借助龙珠和舞龙器材，在音乐的烘托下，共同完成动作。舞龙是集体性的项目，要求 10 位队员在音乐的伴奏中，齐心协力，相互配合，其中任何一个人出现错误都将影响动作完成的质量。

舞狮是在花球引导下，一人或多人身披缀以各色丝束并用布缝制而成的狮皮，表演翻腾跳跃的各种动作，烘托出欢悦火热的节日气氛。舞狮形式多种多样，大致分为北狮和南狮两种。最初北狮在长江以北较为流行；而南狮则流行于华南、南洋及海外。近年亦有将二者融合的舞法，主要是采用南狮的形象、北狮的步法，称为"南狮北舞"。

3. 赛龙舟

赛龙舟是中国端午节的习俗之一，也是端午节最重要的节日民俗活动之一，在中国南方地区流行甚广，如图 10-69 所示。关于赛龙舟的起源，有多种说法，有祭曹娥、祭屈原、祭水神或龙神等祭祀活动，其起源可追溯至战国时代。赛龙舟先后传入邻国日本、越南及英国等国家，是 2010 年广州亚运会正式比赛项目。2011 年 5 月 23 日，赛龙舟经国务院批准列入第三批国家级非物质文化遗产名录。

图 10-69　赛龙舟

（1）龙舟运动定义

龙舟运动是一项集众多划手依靠单片桨叶的划桨作为推进方式，运用肌肉力量向船后划水，推动舟船前进的运动。中国龙舟协会的标准比赛龙舟配备有龙头、龙尾、鼓（鼓手）、舵（舵手），以此保持中国民俗传统。在传统龙舟的比赛中，可考虑设立锣（锣手）。根据区域民俗特点不同，龙舟造型在头尾设计方面包括凤舟、象牙舟、龟舟、虎头舟、牛头舟、天鹅舟、蛇舟等形状，均可保留原有规格和名称，但只要是类似划龙舟动作，又统称为龙舟运动。

（2）龙舟竞赛的参赛人数

龙舟竞赛的参赛人数根据龙舟大小而定。龙舟竞赛的参赛人数一般每队为24人，其中登舟比赛队员划手20人，鼓手1人，舵手1人，替补队员2人。如参加传统龙舟竞赛，每支队加锣手1人，共25人。高校龙舟竞赛一般为12人，其中1名鼓手、1名舵手、10名划手。

（3）龙舟竞赛的形式

直道竞速赛：在尽可能短的时间内通过1 000米以内标志清楚而无任何障碍的直线航道。

环绕赛：在半径不少于50米以上，直线距离不少于500米以上的人工或自然水域所进行的多圈赛事。

拉力赛：在自然环境水域，但必须是封闭的航线上所进行的长距离赛事。

（4）龙舟竞赛的赛事

龙舟竞赛的赛事包括世界龙舟锦标赛、世界俱乐部龙舟锦标赛、洲际龙舟锦标赛、全国龙舟锦标赛、全国综合性运动会龙舟赛、地方龙舟赛等。

4. 抢花炮

抢花炮是流行于壮族、侗族、仫佬族等少数民族地区的一项极具民族特色的民间传统体育运动，如图10-70所示。参与抢花炮的每支队有8人，队员通过突破、挡人、变向、快冲等方式冲进对方炮台，将花炮放入即算得分。规则类似于西方的橄榄球运动，故被称为"东方橄榄球"。抢花炮运动历史源远流长，大约在500年前兴起，在少数民族地区长盛不衰，有着深厚的群众基础，在农历三月三以及秋收之后，广西一些少数民族地区民间会自发组织抢花炮运动。

传统的"花炮"是一个铁制圆环，直径约5厘米，外用红布或红绸缠绕。比赛场地通常设在河岸或山坡上，不限人数，也不分队数，每炮必抢，三炮结束。从1986年第三届全国少数民族传统体育运动会开始，抢花炮被列为正式比赛项目。正式的抢花炮比赛，场地为表面平坦的长方形草坪或土地，长60米，宽50米，花炮为直径14厘米的彩色圆饼状，用不会伤及队员的橡胶做成。比赛规则是在规定的时间内，以将花炮攻入对方花篮的次数多少来判定胜负。

图 10-70　抢花炮

5. 蒙古族赛马

赛马是"男儿三技"中的一项，是真正考验"马背民族"的后代骑术如何的一种比赛项目，如图 10-71 所示。其主要项目有赛奔马、赛快马和马术三项。前两项是比赛项目，后一项是马上的竞技表演项目。通常是在祭敖包和那达慕大会时进行的。

图 10-71　蒙古族赛马

（1）赛马要求

蒙古族赛马不分男女老少，均可参加。少则几十人，多则上百人，一起上阵，直线赛跑，赛马比赛距离不等，由过去的 20 公里、30 公里、40 公里逐渐缩短为 3 000 米、5 000 米、10 000 米。为了减少马的负荷量，不论老少，大都不备马鞍，不穿靴袜，只着华丽彩衣，配上长长的彩带，显得格外英武。

（2）赛马规则

比赛一般以红旗或口哨为令。比赛开始，在众人的欢呼声中扬鞭策马，竞相追赶，观者欢呼鼓掌踩脚助威，先到达终点者为优胜。赛马结束时，一般要举行授奖仪式，获奖的马匹和骑手要并排列队于主席台前，先由专人在台上唱颂赞马词，接着往名列榜首的骏马身上撒奶酒或鲜牛奶等。

（3）赛马过程

参赛者一律不备鞍辔，不穿靴袜，身着彩衣，头束红、绿绸带，骑于马背上。开赛前，先列队于草原上，再策马成一路纵队，绕着临时搭建的蒙古包转。边走边唱，然后一起到起跑点集合，在发令员一声令下之后，众健儿便策马扬鞭冲向终点。

6. 高脚竞速

高脚竞速又叫踩高脚马，以前则谓之"竹马"或"骑竹马"，如图 10-72 所示。高脚马原本是湘、鄂、渝、黔四省边境地区苗族、土家族人在地面积水的雨季代步、涉水过浅河的工具。这项民间传统的体育活动，一直为该地区各民族青少年儿童所喜好。

高脚竞速是一项很有趣的运动项目，它不仅能达到锻炼身体的目的，而且能培养顽强的意志品质。高脚竞速所需的器材简单，不受场地大小限制，具有较强的娱乐性和很高的健身价值。虽然说是靠两根竹竿来跑步，但高脚竞速的速度却一点也不慢。据了解，在全国少数民族传统体育运动会上 100 米的速度是 12 秒 5。如果不经过专门训练，这个速度是一般人无法达到的。

图 10-72　高脚竞速

第三节
欣赏传统文化之美

民族传统体育美的内容包括身体美、运动美、精神美。如武术、舞龙舞狮、蒙古族的赛马等彰显个体的体形美与姿态美。民族传统体育是自然美与社会美的集合，也是动作美、音乐美、人体美和服饰美的集合，完美的舞技、富有民族地方特色的服饰，融合了自身的民族特色的民族音乐，赋予了民族传统体育动作美的灵性和艺术生命力，令人心驰神往，妙不可言。

一、武术运动的美学欣赏

武术有着独特的表演价值功能，通过高超娴熟的技艺、扣人心弦的搏斗技巧，体现中华民族的一种拼搏向上的民族精神。俗话说"内行看门道，外行看热闹"，学会欣赏武术，体悟武术的民族精神与技击之美。

（一）形体美

武术运动对手眼身步法都有严格的要求。技击练习对力量和时机掌握的要求都有利于塑造运动员的形体美。只有美的身体才能带来美的运动，武术运动员的身体形态是否健美，不仅会影响武术的演练风格，而且会影响到武术表演的艺术效果。形体美由姿态美、身体美组成。同舞蹈、体操、戏剧一样，武术也同样有造型艺术美的方面，如长拳中，站如松、坐如钟等舒展大方的动作；象形拳惟妙惟肖地模仿各种动物的千姿百态；在竞技比赛中，重如铁、快如风的搏击等，这些优美的姿态、漂亮的动作，都是通过运动员健康的身体、强劲的体魄所表现出来的。武术运动中的形体美首先表现在一个运动员矫健的形体，其次是表现在面部表情上，力求自然，随势而发。

（二）技艺美

技艺美是与武术套路的技术结构特点和演练者的技术发挥相联系的，如图 10-73 所示。武术套路的演练，不仅能反映出演练者的创造性、独特性和艺术性，也能反映出其武术套路的风格特点，能充分体现武术的技艺美。技艺中又包含有技巧美、动态平衡美等多种审美因素。在以柔克刚、以短敌长的技巧中，你会感受到武术的技巧美；在运动中求平衡，平衡中求运动，你会体会它的动态平衡美。

图 10-73　武术的技艺美

（三）风格美

不同拳术、器械在动作方法、节奏、劲力要求上也有所不同，风格差别也较大，具有不同的风格美，如图 10-74 所示。拳术方面，如长拳要求动作舒展大方，身型要求顶平颈直、沉肩、挺胸、收腹、塌腰；太极拳则要求动作柔和缓慢、圆活连贯，行动如抽丝、迈步如猫行。武谚有"刀如猛虎""刀走黑，剑走青"之说，说明刀法凶狠、剽悍，动作快速有力，呼呼生风，气势雄厚。剑要求"耀如闪电、舞如长风、气若长虹贯天、形近三尺春水"。棍要求势势紧连、步步紧逼、大开大合、起伏有致，时而声东击西，时而指上打下，刚劲迅猛，势不可挡。枪要求"枪扎一条线""出枪如游龙出水，入枪如猛虎入洞"，身法灵活多变，步法轻快、敏捷。

图 10-74　武术的风格美

二、如何透过规则欣赏高手的功夫

武术套路竞赛的裁判评分是以规则为准绳，以运动员现场技术发挥为依据，采用减分、给分和加分的方式进行的。

（一）从动作质量分的评判欣赏武术套路

武术套路是由诸多武术单个动作所组成，每一个完整动作又是由"型"与"法"所构成。"型"是指手形、步形、身型。套路演练中，定势动作主要看其"型"正确与否。"法"是指手法、步法、身法、腿法、眼法、跳跃、平衡和各种器械的方法。对"法"的评判着重要看方法是否正确，运行路线是否合理、清楚，力点是否准确等，如图 10-75 所示。

图 10-75　武术套路

（二）从整套演练水平的评判欣赏武术套路

1. 对功力的评判

运动员套路演练的功力水平，主要通过劲力和协调两个方面来体现。

劲力主要是指运动员在完成动作时对力的运用与表现。套路演练时的劲力，要求用力顺达、发力完整、刚柔得当、力点准确。

协调主要是指运动员在完成动作时，身体各部位及器械的合理配合。武术讲究手、眼、身法、步协调一致，眼随手走，手到步到，上下相随，等等，这些都是协调配合的具体要求和表现。劲力与协调是相辅相成、不可截然分开的统一体。

2. 对演练技巧的评判

套路既然是武术的一种表现形式，那么，武术套路竞赛必然讲究演练技巧，主要包括精神、节奏、风格三方面。

精神主要是指内在心志活动的表现。演练者应该是全神贯注，形神兼备，具有攻防意识和战斗气势。

节奏主要是指对动、静、快、慢之间关系的处理技巧。套路演练时，节奏处理要富有韵律感，快得令人振奋，慢得耐人寻味。

风格主要是指整个套路的技术特点和运动风貌。看演练者的动作技术演练是否符合项目的特点要求，是否体现项目技术特色。

3. 对编排的评判

套路编排对演练效果、得分高低有着直接的关系，主要包括内容、结构、布局三方面。

内容主要是看整个套路中，基本动作、技术方法是否充实、全面，是否具有代表性。

结构主要是指套路中动作的衔接与安排是否合理、紧凑，是否顺畅、和谐、巧妙，是否起伏转折、富于变化。

布局主要是指整个套路演练对场地的运用是否合理、恰当、均衡，是否富有变化。

（三）从难度动作的评判来欣赏武术套路

难度动作是竞技武术套路发展的产物。比赛过程中，运动员对难度动作完成得成功与否，直接影响他的比赛成绩与名次。

三、舞龙舞狮美学欣赏

舞龙舞狮不仅发展成具有健身、娱乐、竞技等价值的体育运动，而且更是具有独特表演艺术性和审美功能的文化形态。中国古代的美学思想对舞龙舞狮有着深刻的影响，中国传统美学范畴中"气韵""形神""趣"等在舞龙舞狮中都有着集中的反映。

（一）"气韵"在舞龙舞狮中的体现

"气韵"的内涵是"气"与"韵"的融合，它在舞龙舞狮中被充分体现出来，如图 10-76 所示。

图 10-76　舞龙舞狮所体现的"气韵"

舞龙舞狮所要竭力渲染和营造的，就是一种团结奋进、自强不息的民族的精神。舞龙舞狮实质上是在以一种潜移默化的方式，对世人灌输、宣传、倡导、实践那种战无不胜、攻无不克的"阳刚、劲健、发展、进取"精神。舞龙舞狮要掌握"起""落""高""低""快""慢""轻""重""刚""柔"的分寸，要达到相互补充、相互衬托的辩证统一。这种统一的结果，便是表现出鲜明的节奏感。

（二）"形神"在舞龙舞狮中的表现

"形神"就龙狮而言，"形"指龙狮的外形：龙，有一种神奇威武的形象，"头像马或骆驼，耸一副鹿角，乍两只牛耳，圆凸凸的虎目虾眼，似要喷出火来，隆挺着狮鼻，飘动着羊须，大张着驴嘴，露出赫赫的獠牙，有时还吐出宝剑一样的舌头来"，龙身则蜿蜒起伏，身长近 20 米；狮子的外形为头大颈粗、铜铃眼、阔嘴、圆脸、宽下巴、全身披长鬃。在舞龙舞狮中，渗透着中国传统审美情趣的龙狮形象，已不是凶恶、狞厉的猛兽，而是被美化成威风可爱、象征和平安宁、五谷丰登的祥龙瑞狮。"形是外在的、具体的运动形式，神是指内在的、心理的、精神的内容"，"形"与"神"的统一、和谐，是舞龙舞狮所表现出的精神境界与风度气概的本源，如图 10-77 所示。

图 10-77　舞龙舞狮所体现的"形神"

（三）"趣"在舞龙舞狮中的展现

舞龙舞狮取物于龙狮，会融于人体，再现了龙狮的生性本能，并赋予了人的喜怒哀乐，如图 10-78 所示。这种取自然动物生性动作成人体趣乐的审美思想，正是传统美学范畴"趣"影响的结果。传统美学范畴中"趣"的审美心理促使舞龙舞狮以趣适人、以趣娱人、以趣感人、以趣贯穿始终。

图 10-78　舞龙舞狮所体现的"趣"

？ 思考题

1. 太极拳特点是什么？有哪些流派？

2. 民族传统体育项目有哪些？

3. 武术套路竞赛规则从哪几个方面进行评判？

第十一章

引人入胜的
时尚体育

社会的发展不断改变着人们的生活方式，人们参与运动也不仅仅是为了强身健体，更是为了愉悦身心、增加社交。近年来，新颖、动感、充满激情的时尚体育项目不断兴起，其中定向越野和轮滑运动都是时尚体育的代表。

📖 学习目标

1. 了解定向运动与轮滑运动的起源与发展、特点、分类及其锻炼价值。
2. 学习定向运动与轮滑运动的基础知识和技能，掌握定向运动和轮滑运动的基本技巧和方法。
3. 学会欣赏定向运动和轮滑运动。

第一节
定向运动

定向运动起源于北欧，迄今已有100多年的历史。定向运动近来在国内发展迅速，每年都举行100多场正式比赛。定向运动既是一项挑战身体能力的运动，也是一项挑战心理能力的运动。这项运动不仅可以让人提高地图识图能力和辨识复杂地理环境的能力，还可以培养人们勇敢顽强的探索精神。

一、定向运动的简介

（一）定向运动的起源

定向运动最初是由在斯堪的纳维亚生活的瑞典人民发起的。斯堪的纳维亚地处欧洲北部，拥有着一望无际的森林，散布着无数的湖泊，人们必须依靠精确辨别方向的能力，借助地图和指北针，通过林中、湖边小路来往通行。最初的定向运动只是一项军事活动，它作为大众体育项目开展开始于 20 世纪初。

1918 年，瑞典童子军领袖、斯德哥摩业余运动协会主席吉兰特（Maijor Ernst Killander）组织了一次叫作"寻宝游戏"的活动，有 217 人参加了 3 个级别的比赛，取得了巨大的成功，使定向运动富有趣味性，引起民众对这项运动的兴趣，于是，"寻宝游戏"很快在瑞典和欧洲其他国家流传开来。

1920 年，吉兰特为定向运动竞赛制定了包括竞赛规则、路线分类、检查点位置选择、按年龄分组的方法和竞赛组织机构等规则，奠定了现代定向运动的基础，为现代定向运动的推广和发展做出了巨大的贡献，被人们尊称为"现代定向运动之父"。

（二）定向运动的家族

根据国际定向运动联合会的定义，定向运动被划分为徒步定向、山地自行车定向、轮椅定向和滑雪定向。其中徒步定向（俗称定向越野）（Cross-Country Orienteering）是各种定向运动比赛中组织方法比较简便，开展最为广泛的一种，它要求参赛者借助地图和指北针，在尽可能短的时间内按顺序到达若干个被标记在地图和地面上的检查点。

二、安全定向　快乐永享

定向运动通常设在森林、郊外、城市公园和校园等区域。环境较为复杂，掌握一定的野外知识是非常有必要的。

（一）个人着装

在野外，穿着的服装应舒适、宽松、柔软，遵循多层原则，应付野外温度变化的方法就是反复地增减衣服。爬山出汗，穿轻薄运动服即可；在阴冷潮湿、阳光照不到的森林中，就要穿长袖保暖衣服；衣服被汗打湿了，应及时更换，保持清爽、暖和。

鞋子：徒步健身，对鞋子的选择都应讲究。在不平的路面步行时，鞋子的舒适与否关系到脚疲劳的程度。步行鞋既轻又软，具有机械性。购买步行鞋时，应该注意的要点如下：脚尖和脚后跟的强度要适中，应有防滑条纹；试穿时，脚尖最好能自由活动。

（二）野外安全注意事项

（1）在大自然中，受伤或生病的发生率较高，为了预防万一，应随时携带常用药品及救护用品。

（2）被石头拦倒或被树枝刮伤是家常便饭。手脚轻微碰撞，可冷敷，再将患部抬高，这样的紧急处置已经足够。头部受重撞后发生呕吐现象便有危险，要尽快送医院。

（3）发生腹痛或腹泻时，最好不要再吃任何东西，暂时保暖，躺下休息。腹泻时要多喝水补充水分，常带腹泻等备用药是十分重要的。

三、定向运动初体验

定向越野作为一种新兴的运动，在世界各地正吸引着越来越多人参与并为之狂热。因为它既是一种户外休闲、娱乐运动，又是一种竞技运动，同时在装备上要求较低，有地图和指北针就可以进行。

（一）基本装备

徒步定向（俗称定向越野）是各种定向运动比赛中组织方法比较简便，开展最为广泛的一种。该运动就是利用一张详细精确的地图和一个指北针，按顺序到访地图上所指示的各个点标，以最短时间到达所有点标者为胜。徒步定向通常设在森林、郊外地区和城市公园里，也可在校园、工厂里。

1. 地图

定向运动地图是一种按一定比例尺展现地貌、地物平面位置和高程的正射投影的平面地形图形。与一般地图相比，定向运动地图更加详尽地记录了地面的情况。

如图 11-1 所示，定向运动竞赛地图一般由地图比例尺、地貌符号、地物符号、磁北方向线、地图地域颜色、地图图例注记、比赛路线和检查点符号说明表八大要素组成。

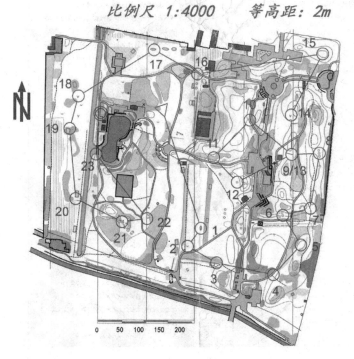

图 11-1　定向比赛地图

（1）比例尺

比例尺也称缩尺，表示图纸上的长度跟其相应的实际长度之比。地图上某两点之间的距离与相应的实地两地之间的水平距离之比，称为地图比例尺。其表达形式为

地图比例尺＝图上距离 ÷ 实地距离

地图长度单位一般为厘米（cm）。如某幅地图上长 1 厘米，若相当于实地距离 10 000 厘米。则此幅地图比例尺为 1∶10 000 或 1/10 000。因此，比例尺越大，图上测量的精度就越高；比例尺越小，图上测量的精度就越低。

（2）地貌符号

地貌即地球表面高低起伏的各种形态，如山地、谷地、平地等。它与一般地图相比，更加详尽地记录了地面的情况。它利用等高线表示山的形状和高度，利用各种颜色表示植物分布和前进的难易程度，利用各种符号表示地面的特征。如图 11-2 所示，为国际定向运动地图图例。

图 11-2 国际定向运动地图图例

知识链接

等高曲线法表示地貌的原理

等高曲线法是以成组的等高线表示地貌的。成组的等高线的形成原理是假设用一组平行且等距的平面,将地面上起伏的山体从底到顶水平切开,山体外廓与平面相截所形成的一组大小不等的截口曲线,再将这些截口曲线垂直投影到同一平面上,然后按照比例尺将其绘制在图纸上,即制成平面地形图。

(3)地物符号

地物,即分布在地表面上自然形成和人工建造的固定物体,如江河、湖泊、居民点、道路、水利工程建筑等。地形,即地貌和地物的统称。地面上的各种地物是用不同形状、大小不一、色彩有别的符号在地图上表示的。地物符号的种类包括面状符号、线状符号、点状符号。

2. 指北针

指北针是定向运动中运动员可以使用的合法的辅助工具之一。定向运动员使用的指北针一般都是以装有磁针的透明有机玻璃盒为主体,根据选手使用方式上的差异分为基板式和拇指式,如图11-3所示;有的指北针在有机玻璃盒内装有起稳定作用的特殊液体,能够增加磁针的稳定性,特别适宜在奔跑中使用。

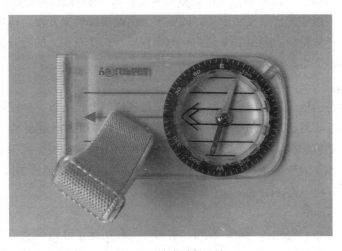

图 11-3　拇指式指北针

指北针归零作业是使用森林指北针相当重要的前置作业。它的步骤是:首先将指北针水平放置,然后根据所在地的情况,适当修正磁偏角度。测量目标方位角时,必须现场的北方与地图的方格北平行,然后指北针之红色进行线对准目标地,读出目标与方格北的角度并校正地图的方位偏差角,即为目标方位角。

使用指北针应注意以下几点。

(1)尽量保持指北针水平放置。

（2）指北针不要离铁、磁性物质太近。

（3）不要将磁针的S端与N端混淆，以免造成误判。

（4）使用前，要检查磁针是否灵敏，其使用方法是用一钢铁物体多次扰动指北针，若磁针每次都能摆动并迅速停止于同一处，则表明磁针灵敏；反之则不灵敏，指北针不能使用。

（5）注意存放的位置，不要放在充满电磁效应的地方，也不能置于阳光下暴晒。

（二）定向越野的基本技能

定向运动的实质就是利用最短的时间达到规定的目标点，即用最短的时间完成定位和定向两个任务，这就要求我们首先要学会辨明方向、判断方位，找准所在位置，明确目标和路线，迅速找到目标点。

1. 实地判定方位

实地判定方位是指在实地辨明方向。在野外，可帮助我们辨明方向的工具很多，白天可利用手表和太阳来分辨方向，晚上可利用星体来辨别方向，还可以利用地物特征、风向、建筑物等来判定方位。

（1）利用指北针判定方位

方法：将指北针放平。待磁针完全静止后，磁针的红色一端即N端代表北面，蓝色一端即S端代表南面。如果测定方位的人面向北，则他的左为西、右为东、背后为南。

（2）利用地物判定方位

在有地物和植物生长的野外，可以根据日常生活习惯和自然客观规律进行方向判定。如在北半球，我们居住的房屋或用于朝拜的庙宇大门通常都朝南开设；树木一般南的一侧枝叶茂盛，色泽鲜艳树皮光滑，向北的一侧则相反；长在石头上的青苔喜阴湿，以背面为多旺；积雪多半是朝南的一面先融化。

2. 标定地图

标定地图就是给地图定向，即使地图的方位与实地的方位一致。标定地图可以将定向的地物地貌符号与实地的地物地貌一一对应，这不仅可以帮助我们迅速查看地图，了解实地地物的分布、地貌的起伏和它们之间的关系，还可以帮助我们根据地图上的路线选择具体的实地运动路线。这一技能将贯穿整个运动过程。常用的标定地图的方法有概略标定、利用指北针标定、利用地物标定。

（1）概略标定地图

地图上的方位是：上北、下南、左西、右东。当在实地正确地辨别了方向之后，只要将越野图上的上方对向实地的北方，地图就已标定。该方法简单、易学，是定向越野比赛中最常用的方法。

（2）利用指北针标定地图

定向地图上标有磁北线，用红色粗线条标出，箭头指向地图的上方。利用指北针标定地图时，通过转动地图，使指北针上的红色指针与磁北线的方向吻合或平行。由于指北针上的指针和地图上的磁北线都是红色的，所以也称此方法为"红对红"或"北对北"。

（3）利用地物标定地图

① 利用直长地物标定地图：直长地物是指较长的线状地物，如铁路、公路、土垣、沟

渠和高压线等。

方法：首先应在图上找到这段直长地物，然后转动地图，使图上的直长地物与实地的直长地物方向一致，最后对照两侧地形，使图与实地各地形点的关系位置相符。

② 利用明显地形点标定地图：在实地找到一个与地图上地物符号对应的明显地物，如小桥、亭子、独立的建筑等，然后转动地图使图上的站立点至目标的连线与实地的站立点至目标的连线重合。

方法：首先，选择一个图上与实地都有的明显的地物，然后转动地图，使图上的站立点至目标的连线与实地的站立点至目标的连线重合。

3. 确定站立点在地图上的位置

确定站立点在地图上的位置是从事定向运动的一项基本技能。主要方法是通过标定地图，将地图与实地的地物、地貌进行逐一对照，确定自己的方位。

（1）直接确定

当自己所处位置在明显地形点上时，只要从地图上找出该地形点，即可确定站立点。这是最常用的确定方位的方法。

（2）利用位置关系来确定

当站立点位置在明显地形点附近时，可以利用相对位置关系来确定。利用位置关系法确定站立点主要依据两个要素：一是站立点至明显地形点的方向，二是站立点至明显地形的距离。在地形起伏明显的地方，还可以结合高差情况进行判定。

（3）利用交会点确定

当利用点附近无明显地形时，可以利用"交会法"确定站立位置。当站在线状地物时，比较常用的有90°法、连线法。

90°法：当运动在线状地物如道路、沟渠山脊线上，在与运动方向相垂直的运动方向线能够找到明显的标志物就可以用90°法，线状地物与垂直方向线的交点即为站立点。

连线法：当在线状地物上运动，同时待测的位置刚好在某两个明显的地形点的连线上时，可以利用这种方法确立站立点的位置。

（三）定向——智力与体力的双重比拼

定向运动中智力的较量，主要体现在路线的选择上，这是定向运动的技术关键，正确的路线选择可以达到事半功倍的效果。而良好的体能是定向运动的基础，定向越野的越野跑实际上是一种长距离的间歇式赛跑（在途中常常需要停下来看图或定向）。这种在户外环境中的奔跑，肌肉的紧张与放松，身体的负荷与精神的专注，不断地交替进行，且需要蜿蜒前行，避开崎岖路段，对体能的要求是十分严格的。

1. 选择路线的原则

（1）"有路不越野"原则：地图显示性强，点与点之间道路标示详细，则可选择"有路不越野"。因为道路有利于运动中图地对照，还有利于运动中随时明确站立点在图上位置，不易迷失方向。如路与路的交叉口，路的拐弯角，路的最高点、最低点等。同时，道路相对光滑、平坦，不仅有利于提高奔跑速度，还可以节省体力。

（2）"择近不择远"原则。若两点之间起伏不大，树林稀疏，通透性强，则可选择"择近不择远"。

（3）"走高不走低"原则。如果不得不越野，应尽量在高处（如山脊）行进，避免在低处（如山谷）行进。因为，第一，地势高，展望好，便于确定站立点和保持行进方向；第二，高处通风、干燥，荆棘、杂草、虫害及其他危险少；第三，人们都习惯在高处行走。因此，像在山脊这样的地方，常常会有放牧、砍柴的人踏出的小路，便于提高运动速度。

（4）"遇障提前绕"原则。在起伏较大、树林密集、障碍大的地段，一定要"遇障提前绕"。

2. 保持体能的方法

（1）正确的跑步姿势

定向越野时应主要采用身体正直或稍微向前倾的姿势，要尽量使身体的各部分（头、躯干、臂、臀、腿、足）的动作协调配合，并且善于利用跑中产生的支撑反作用力与惯性不断前进，使身体保持平稳。

（2）正确的呼吸方式

跑步时最好采用口鼻呼吸，以满足越野中的需氧量。呼吸要有节奏、平稳、自然。

第二节　轮滑运动

轮滑运动是新潮、时尚、好玩且具有锻炼意义的休闲运动，它是从滑冰运动演变而来的，不受气候和场地限制，以其独特的魅力成为世界上发展最快的运动项目之一，它也是集娱乐、健身、竞技、惊险于一体的，充满无穷魅力和乐趣的新兴体育项目。

一、轮滑运动简介

（一）轮滑运动的起源

轮滑是一项需要穿备带滚轮的特制鞋子在坚硬的地面滑行的运动，是从滑冰运动过渡而来的。据记载，轮滑鞋大约在公元 1100 年左右出现，是将骨制滚轮钉在皮靴上的鞋子，其后多年间不断有人尝试制作各种形状的轮滑鞋，但都没有流行推广。真正的轮滑鞋是由美国的詹姆斯·普利姆普顿于 1863 年发明，他用金属轮子代替木质轮子，制造了一种有四个轮子且轮子并排排列的轮滑鞋，接近现代双排轮滑鞋的样式，滑起来可以转弯、前进和后退，深受大家欢迎，这个发明极大地推动了轮滑运动的发展。轮滑鞋的不断改进与发展，不仅使轮滑技巧更易掌握，也促使轮滑运动越来越受人们认可和喜爱。

（二）轮滑运动的种类和特点

轮滑既是一项休闲运动，同时也是一项竞技运动。常见的轮滑比赛项目有速度轮滑、轮滑球、平地花式、极限轮滑、花样轮滑等。

📖 **知识链接**

轮滑德比（Roller Derby），也可以叫作轮滑阻拦赛，来自速度轮滑双排轮滑组别短道速滑，后来发展为独立项目，相当有国际地位。这项体育运动因动作狂野粗暴且极具攻击性而享有盛名，但参与者却出人意料地多为女性。轮滑德比的比赛场地为圆形溜冰场，两队分别派5名队员上场，其中3名拦截队员、1名策应队员、1名得分前锋。第一声哨声响起，拦截队员和策应队员迅速滑出；第二声哨声再响，位于队伍最后方的前锋奋力滑行，只要超过对方策应队员，即可成为领先前锋。超过对方队员越多，得分越高。每两分钟为一次堵塞，每次堵塞后计算前锋得分。

除了具有健身性外，相对于别的体育项目，轮滑还有许多特别之处，如娱乐性、观赏性、工具性、经济性等。轮滑运动的娱乐性表现在很高的趣味性上，通过进行轮滑运动，不仅可以出汗、出声，还能哈哈大笑，感受快乐，从繁重的课业压力中释放出来，与朋友一起运动，促进交流、缓解压力、放松身心。轮滑运动的观赏性表现在技巧上，轮滑运动不仅有速度性，还有很高的花样技巧和自由式技巧，通过增加技术难度和器材质量，使得轮滑运动妙趣横生、惊险刺激，看起来非常精彩。而轮滑运动的工具性在于其可作为交通工具，只要我们前行的道路是较为平整和坚硬的地面，轮滑完全可以帮助我们步行千里而不知疲倦，在拥堵的城市路上轮滑，无疑是一种时髦而别致的选择。经济性则体现在装备的低廉和耐用上，一双鞋子和一套护具就可以用很久，无须频繁地更换，不需要固定的场所，节约了场地使用费等。

二、轮滑运动中的安全防护

轮滑是一项快速运动，容易发生运动损伤，在玩轮滑前一定要加强安全防护，保护好自己。

（一）轮滑运动常见的损伤

皮肤擦伤：如果滑行的地面不平整，在滑行速度过快的情况下，跌倒会容易造成着地处皮肤的大面积擦伤。

关节损伤：在跌倒时，人会下意识用手撑地，姿势不当会容易造成手腕关节、肘关节、肩关节的扭伤、脱臼，严重的会造成骨折，下肢的膝关节和髋关节也容易造成磕碰伤。

脑震荡：如果不慎在跌倒时头部撞地，会造成脑震荡或血肿，是比较严重的伤害。

尾椎骨损伤：初学者容易发生跌坐的失误，撞击尾椎骨，发生骨折或骨裂。

（二）轮滑运动的自我保护方法

首先，在练习前应充分做好热身活动，特别是关节和肌肉的拉伸；其次，应戴好防护用具，全套的护具包括头盔、护肘、护腕、护膝等，练习前检查好轮滑鞋的螺丝等部件是否紧固；再次，应选择地面平整的练习场所，初学者应有熟练的同伴或辅导教师帮助辅导；

最后，要掌握摔倒的技巧，正确的摔倒技巧能通过弯曲的关节缓冲身体跌倒的冲力，从而保护身体，特别注意不能手臂反关节撑地。

三、轮滑运动初体验

（一）掌握基本动作

1. 陆上模仿练习

（1）基本姿势

头部直立，上体前倾，双腿微屈，全身放松，脚距 20 厘米，膝不过足尖。

（2）侧蹬练习

右脚伸直向右后蹬出，移重心至左脚，收右腿，再蹬左脚，交替进行。

（3）滑步练习

脚尖分开 60°，左脚向前滑出呈弓步，移重心至前脚，收后脚向前滑出，交替进行。

2. 有鞋练习

（1）站位

平行站位、外"八"站位、内"八"站位、"T"字站位，如图 11-4 所示。

图 11-4　四种基本的站立方法

> 📖 **知识链接**
>
> 挑选轮滑鞋应注意以下几点。
>
> （1）听声音：好的轮滑鞋滑行声音小，落地声音敦实低沉。
>
> （2）试弹性：好的轮滑鞋滚轮弹性高。
>
> （3）看材料：好的轮滑鞋支架是钢、塑钢或铝合金。
>
> （4）试穿：好的轮滑鞋容易站稳，不会使重心左右倒。

（2）移重心

① 平行站位，上体移向一侧，身体重心移至支撑腿，交替进行，如图 11-5 所示。

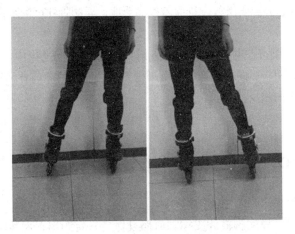

图 11-5　原地重心左右移动练习

② 平行站位，蹲起练习，由慢至快。

③ "八"字站位，原地高抬腿踏步，如图 11-6 所示。

④ "八"字站位，外"八"走步练习，重心跟进。

⑤ "八"字站位，一只脚沿脚尖方向滑成弓步，后腿蹬直滑行，收至原始站位，再交替进行，如图 11-7 所示。

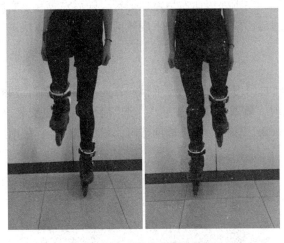

图 11-6　原地高抬腿踏步练习

图 11-7　弓步练习

（3）滑行练习

① 走步＋双脚滑行练习

"八"字站位，走步，惯性大时，两脚平行站立向前滑行。

② 侧蹬＋双脚滑行练习

"八"字站位，一脚侧蹬，身体向蹬地脚异侧移重心，异侧腿成弓步，随后蹬地脚收回，两脚平行站位滑行，交替进行。

③ 双脚交替侧蹬滑行练习

"八"字站位，一脚侧蹬，身体向蹬地脚异侧移重心，异侧腿成弓步，蹬地脚蹬地滑行后收回，异侧脚成支撑腿并单脚滑行，待原蹬地脚落地，异侧脚即可侧蹬，反复交替单脚滑行。

（4）转弯练习

走步过程中，双脚可交替向要转弯的方向摆脚尖。滑行过程中，主要依靠惯性转弯，双脚近距离平行站立滑行，向右转弯时，右脚稍靠前，重心稍微前移，右腿微屈，身体右倾；向左转弯时，动作方向相反。

3. 刹停练习

（1）内"八"字刹停

在平行滑行的过程中，脚尖内靠，脚跟外分，成正三角，屈膝向外侧蹬地摩擦以降低速度直至停下。

（2）"T"字刹停

单脚支撑滑行时，异侧脚横放支撑脚后面且保持一定距离，屈膝降重心至支撑脚，利用异侧脚横放的内刃与地面摩擦降低速度直至停下。

（3）转弯减速刹停

利用惯性转弯降低滑行惯性，直至停下。

（二）尝试花样动作

1. 交叉步

此项技术一般运用于左转弯。左转弯时，右脚向右蹬出，重心移至左腿滑行，身体左前倾，右脚蹬地后交替至左脚左前落地，左脚外刃向右后蹬地滑行，随后左脚移至右脚前内侧再交替成左腿支撑，再加上手臂摆动，依次交替。技术成熟后，可利用此方法进行右转弯，要点一致，如图 11-8 所示。

2. 曲线向后

内"八"站位，双腿微屈，双脚同时用内刃向前垂直于脚的方向蹬地。同时，两脚跟逐渐分开，后滑至两脚站位稍大于肩时，脚跟收拢成外"八"继续后滑，反复交替进行。在进行练习的时候，可以通过摆放标志物、画标志线来辅助练习，增加趣味性，如图 11-9 所示。

图 11-8　交叉步练习

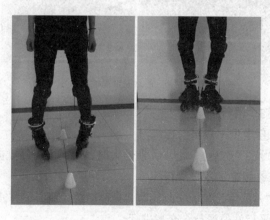

图 11-9　曲线向后练习

3. 双脚蛇形

双脚平行站位，用右脚内刃蹬地，重心移至左侧，成左侧支撑前滑，右腿在体前伸直，随后，恢复基本站位，然后左脚内刃蹬地交替进行。滑行时，注意上体前倾，双腿弯曲，两臂张开维持平衡。当技术成熟后，可通过减小标志物的距离来提高练习难度，巩固技术，如图 11-10 所示。

图 11-10　双脚蛇形滑行

（三）挑战难度动作

1. 腾空

滑行到一定速度时变为平行滑行，预备起跳时，双腿屈膝，降低重心；起跳瞬间，双腿伸直，双臂上摆，大腿主动发力贴近胸部；落地时，滚轮同时着地，触地后身体随重心下蹲，上身前倾。

2. 前后转换

向前滑行和向后滑行的转换主要依靠腾空与转体来完成。在保持前滑速度时，双脚平行前滑，右腿提膝向左，身体外转 180°右脚落地，同时左腿提膝内扣收回，两腿靠拢，屈膝落地转至向后滑行。向后滑行和向前滑行动作要点一致。

3. 其他

除此之外，还可以根据场地或者增设器材来增加练习难度，如滑行—腾空上台阶、滑行—腾空单脚落地、滑行—腾空转体 360°、滑行—横劈腿穿越障碍等。而这些难度动作，都需要依靠基本的技术组合完成，因此，基本技术是基础，要想驾驭好这项运动，为自己带来更多的乐趣和收获，还是需要更多的时间刻苦练习的。

📖 **知识链接**

随着使用时间的增加，轮滑鞋的轮子会渐渐磨损，所以要常常检查轮子。如果滑行频繁，需要每周检查一次轮子，检查时，主要查看轮子的磨损程度，如果轮子有一侧磨损较严重，则须调换位置，以免轮子会因偏刃而报废。

欣赏时尚元素之美

定向运动与轮滑运动都是近几年在我国流行起来的新兴时尚运动，不同的运动项目折射出的是不同的文化特色，感受这项运动的流行时尚元素，了解它的文化背景，能帮助我们更好地欣赏运动之美。

一、体验定向魅力，演绎多彩人生

定向运动的魅力是无限的，参与这项运动，我们将无极限地感受着定向运动给我们带来的众多体验，如图 11-11 所示。

图 11-11　定向比赛

（一）体验融于自然的乐趣

定向运动，通常设在森林、郊外和城市公园。告别了以往的体育场或者是各种球馆，将运动与大自然融入，暂时告别喧嚣的城市，在静谧的野外，品味大自然的一切。

（二）感受追求人生目标的价值

定向运动是一项有利于智力与体能发展的运动项目，既可以作为大脑的"调节剂"，也可以作为体能的"补充剂"。定向越野在培养人的道德品质方面有独到的作用，可以培养参与者的团队精神以及尊重同伴、相互鼓励、奋力拼搏的精神；还能接触不同的人群，积累丰富的社交知识和经验，提高社交能力。

（三）追求挑战自我的精神

作为一项体育运动，定向越野对人体最突出、最直接的影响就是获得强身健体、增强体质的效果，它可以提高速度、耐力、柔韧、力量、灵敏等身体素质。定向运动是要进行各种穿越和徒步，在过程中要克服很多困难，是对体力、智力、耐力的考验，无形当中又是对自我的一种挑战。

二、体验轮滑魅力，追求极限人生

轮滑运动带来的不仅是风一般飞行的感觉，还有释放激情、彰显个性、炫耀自我的快感。轮滑运动的美在于人的身体在进行轮滑运动时展现出来的美。轮滑运动，根据其项目的需要，选择了适合轮滑运动的动作，按照美的规律和尺度来塑造健美而强壮的身躯，从而又由健美而强壮的身躯来表现优美的动作。花样轮滑是轮滑运动中观赏性最高的项目。在花样不同的滑行中，展现各种各样的体育美，那么，如何欣赏一场精彩的比赛呢，我们可以从以下几个方面来欣赏。

（一）平衡之美

平衡之美，主要是在进行轮滑时，练习者做平衡动作时表现出的稳健，这种稳健的优美可以给人强烈的美的感染，从而使人们赞叹不绝，如图 11-12 所示。例如，燕式步，即练习者使用单脚支撑滑行，另一腿直腿后摆、前摆或侧摆高于髋，既可以向前滑行，也可以向后滑行。同时，也可利用燕式接续步，完成多种燕式姿态的动作进行滑行，这种有一定难度的平衡之美，也会使观赏者觉得美轮美奂，从而获得愉悦感。例如，高腾空做出一定难度的动作后，所接的落地技术表现出的稳健，会让观赏者的情绪先由紧张再到放松再到愉悦，这种情绪的高度变化，也会让人感到兴奋；这种稳，也可以给人以美的震撼。

图 11-12　轮滑平衡之美

（二）速度之美

速度之美，是轮滑运动中表现出练习者惊人的速度技能的一种美，看到练习者飞速地滑行、脚下如行云般地不断交替、流畅地前进或后退又保持较高速度、转弯感觉不出减速，通过速度表现出超高的难度，让人享受又震撼。而速度的获得，又依靠强大的力量之美，因为力量支撑了速度，速度又展现出了力量美，这两美的结合，可以使我们跟随练习者体验速度带给我们的刺激感，体验力量维持的速度展现给我们的标准滑行动作，从而使我们产生兴奋与美的惊奇，如图 11-13 所示。竞赛者之间速度的快慢可以带给我们强烈的对比感，使我们昂扬、振奋，感受到轮滑运动中人体充满活力的美，培养我们积极进取、拥有人生美好的感知。

图 11-13　轮滑速度之美

（三）腾空之美

腾空之美，主要是由在轮滑过程中的跳跃体现出来的。练习者跳起后，在空中迅速转体，完成至少一次旋转，随后落地。空中转体的方向可以是顺时针，也可以是逆时针。腾空时旋转的周数决定了跳跃是一周跳、两周跳、三周跳还是四周跳。跳跃可以单独完成，也可以组合完成或连续完成，组合越丰富、越连续、持续越多，则表现出的难度越大。在轮滑运动过程中，腾空的高度决定了旋转的难度，腾空越高，则完成的难度越轻松。但是，腾空高也意味着落地不稳，这就需要练习者的身体控制与落地技巧的巧妙配合。在比赛中，腾空完成的技术动作，需要惊人的弹跳力和超凡的身体素质，向人们尽展体质美，如图 11-14 所示。

图 11-14　轮滑腾空之美

（四）花样之美

花样之美，主要体现在轮滑运动要完成各种类型和不同难度的具有一定艺术性的单个动作或成套动作，其审美价值较高。在花样表演或比赛中，不论是单个动作还是成套动作，都要求幅度大、舒展、协调、节奏感强、造型美观大方。轮滑运动不仅表现出练习者的力量、灵敏、柔韧、协调等素质，还充分展示了各种优美的人体造型。除此之外，轮滑运动还考验练习者是否拥有娴熟的技术和自我创编能力，将新颖独特的动作与风格相一致的音乐合理编排，从而彰显动作的舒展、协调和美观，充分展示优美的动态形象和韵律感，使观众强烈感受到力的造型、美的展示，感受到青春活力的生命美。轮滑运动的花样变化，体现出练习者精湛的技艺，练习者通过技艺，使健、力、美融为一体，达到了绝妙无比的艺术境界，美不胜收，向人们展示了另一种体育之美。

？ 思考题

1. 你了解定向运动的起源吗？谈谈定向运动的特点。

2. 轮滑都有哪些滑行练习，你能将它们组合在一起吗？请列出你所想的组合，并实际操作一下。

3. 你最喜欢哪项时尚运动呢？喜欢的原因是什么？

参考文献

[1] 张建新.大学体育文化教程 [M].北京：北京体育大学出版社，2012.

[2] 常静，许庆兵，等.大学生体育文化素养与运动实践教程 [M].北京：新华出版社，2015.

[3] 罗时铭，曹守和.奥林匹克学 [M].3 版.北京：高等教育出版社，2016.

[4] 吴纪晓.大学生健康教育 [M].北京：高等教育出版社，2005.

[5] 王健，何玉秀.健康体适能 [M].北京：人民体育出版社，2007.

[6] 第 29 届奥林匹克运动会组委会.第 29 届奥林匹克运动会竞赛项目通用知识读本 [M].北京：北京体育大学出版社，2006.

[7] 陈庆合.大学体育教程 [M].北京：中国铁道出版社，2015.

[8] 高宝华，霍焰.普通高校体育与健康实践教程 [M].天津：南开大学出版社，2013.

[9] 慷慨.奥林匹克运动项目（下）[M].呼和浩特：内蒙古人民出版社，2008.

[10] 田野.运动生理学高级教程 [M].北京：高等教育出版社，2003.

[11] 邓树勋，王建，乔德才.运动生理学 [M].北京：高等教育出版社，2004.

[12] 王瑞元.运动生理学 [M].北京：人民体育出版社，2002.

[13] 黄和平，李成.体育保健学 [M].江西：江西高校出版社，2013.

[14] 翟向阳，卢红梅，等.体育保健学 [M].浙江：浙江大学出版社，2013.

[15] 李鸿江.田径 [M].3 版.北京：高等教育出版社，2014.

[16] 张英波，孙南.跑、跳投 [M].北京：北京体育大学出版社，2009.

[17] 朱保成，白先月.足球入门 [M].安徽：安徽科学技术出版社，2009.

[18] 李吉慧.现代足球训练理论与实践 [M].北京：人民体育出版社，2008.

[19] 周爱光，刘丰德.乒乓球运动 [M].广东：高等教育出版社，2014.

[20] 唐建军.乒乓球实战技巧 [M].北京：北京体育大学出版社，2003.

[21] 蔡继玲，吴修文，等.乒乓球 [M].北京：北京体育大学出版社，2002.

[22] 于可红，郑其适，陈浩.羽毛球训练教程 [M].广东：高等教育出版社，2016.

[23] 陈浩.羽毛球运动 [M].浙江：浙江大学出版社，2015.

[24] 邵明虎.小球教程：乒乓球、羽毛球、网球 [M].北京：北京师范大学出版社，2012.

[25] 谢成超，杨学明，等 . 大学网球教程 [M]. 北京：化学工业出版社，2016.

[26] 周文胜，闫美怡 . 网球基础与实战技巧 [M]. 四川：成都时代出版社，2011.

[27] 李雄辉，王萌，等 . 看图学打网球 [M]. 北京：人民邮电出版社，2016.

[28] 梅雪雄 . 游泳 [M]. 广东：高等教育出版社，2007.

[29] 黄宇顺 . 游泳 [M]. 四川：成都时代出版社，2010.

[30] 秋实 . 游泳入门 [M]. 广东：广东世界图书出版公司，2008.

[31] 张瑞林 . 游泳 [M]. 北京：高等教育出版社，2010.

[32] 王金宝 . 游泳 [M]. 北京：人民教育出版社，2007.

[33] 尹默林 . 游泳运动与水中健身 [M]. 上海：上海大学出版社，2013.

[34] 杨桦 . 游泳运动教程 [M]. 北京：北京体育大学出版社，2014.

[35] 蔡仲林，周之华 . 武术 [M]. 广东：高等教育出版社，2005.

[36] 周殿学，周洪生 . 防身术 [M]. 吉林：吉林文史出版社，2014.

[37] 周殿学，周洪生 . 散打 [M]. 吉林：吉林文史出版社，2014.

[38] 唐绍军 . 舞龙舞狮的传统审美思想研究 [J]. 吉林体育学院学报，2008，24（3）：142-143.

[39] 王洪 . 健美操教程 [M]. 北京：人民体育出版社，2000.

[40] 马鸿韬 . 健美操运动教程 [M]. 北京：北京体育大学出版社，2007.

[41] 国际体操联合会 . 竞技健美操竞赛规则 2017—2020 [S]. 中国健美操协会译印刷，2017.

[42] 国家体育总局社会体育指导中心 .2016 健身瑜伽竞赛规则及裁判法（试行）[S]. 北京：全国瑜伽运动推广委员会，2016.

[43] 国家体育总局社会体育指导中心 . 健身瑜伽体位标准教案（试用本）[S]. 安徽：国家体育总局九华山健身瑜伽营地，2016.

[44] 董范，曹志凯，牛小洪 . 户外运动学 [M]. 2 版 . 武汉：中国地质大学出版社，2014.

[45] 逯明智 . 高山滑雪 [M]. 辽宁：东北大学出版社，2011.

[46] 晓华 . 轮滑高手 [M]. 北京：中国宇航出版社，2006.